权威·前沿·原创

皮书系列为
“十二五”国家重点图书出版规划项目

汽车工业蓝皮书
BLUE BOOK OF
AUTOMOTIVE INDUSTRY

中国汽车工业发展年度报告（2016）

ANNUAL REPORT ON THE DEVELOPMENT OF CHINA AUTOMOTIVE INDUSTRY (2016)

编　著 / 中国汽车工业协会
中国汽车技术研究中心
丰田汽车公司

社会科学文献出版社
SOCIAL SCIENCES ACADEMIC PRESS (CHINA)

图书在版编目（CIP）数据

中国汽车工业发展年度报告.2016/中国汽车工业协会，中国汽车技术研究中心，丰田汽车公司编著.—北京：社会科学文献出版社，2016.4

（汽车工业蓝皮书）

ISBN 978－7－5097－8965－0

Ⅰ.①中… Ⅱ.①中… ②中… ③丰… Ⅲ.①汽车工业－经济发展－研究报告－中国－2016 Ⅳ.①F426.471

中国版本图书馆 CIP 数据核字（2016）第 063492 号

汽车工业蓝皮书

中国汽车工业发展年度报告（2016）

编　　著／中国汽车工业协会
中国汽车技术研究中心
丰田汽车公司

出 版 人／谢寿光
项目统筹／吴　敏
责任编辑／宋　静　吴　敏

出　　版／社会科学文献出版社·皮书出版分社（010）59367127
地址：北京市北三环中路甲 29 号院华龙大厦　邮编：100029
网址：www.ssap.com.cn
发　　行／市场营销中心（010）59367081　59367018
印　　装／北京季蜂印刷有限公司

规　　格／开 本：787mm × 1092mm　1/16
印 张：20.5　字 数：273 千字
版　　次／2016 年 4 月第 1 版　2016 年 4 月第 1 次印刷
书　　号／ISBN 978－7－5097－8965－0
定　　价／128.00 元

皮书序列号／B－2015－434

《中国汽车工业发展年度报告（2016）》
编　委　会

主要编撰者简介

夏胜枝 动力机械及工程博士，高级工程师。中国汽车工业协会秘书长助理，科技部、工业和信息化部项目评审专家，中共襄阳市委决策支持顾问，曾任汽车工业科技进步奖励基金委员会理事，武汉大学客座教授。2003年以来，历任吉林省吉林市汽车工业办公室党组成员、副主任，吉林省吉林市科学技术局党组成员、副局长，北京汽车集团有限公司产品科技部经理助理、规划产品部经理助理，北京汽车研究总院有限公司党委委员、副院长，北京汽车集团有限公司发动机项目组副组长，北京汽车股份有限公司北京分公司副组长，工业和信息化部规划司投资计划处副调研员、调研员，湖北省襄阳市经济和信息化委员会党委副书记、副主任，襄阳市汽车产业办公室主任、新能源汽车产业办公室主任等职。

汪正胜 研究员级高级工程师，中国兵器装备集团公司首席科技专家，国务院特殊津贴获得者，长安汽车工程研究总院总工程师。国家汽车新产品技术委员会委员，新能源汽车技术委员会委员（工信部）。曾担任“十二五”国家科技计划项目专员（交通领域），国家863计划“节能与新能源汽车总体专家组”责任专家。

1994～2000年，先后主持开发的长安公司JL465Q汽油机项目、JL368Q汽油机80%国产化分获中国兵器装备集团公司科技进步二等奖，SC6331B/SC1014XB汽车项目、SC6331B微客/SC1014XB微货获重庆市科技进步奖二等奖和优秀产品奖。2004～2010年，主持开发的长安之星系列汽车项目获中国兵器装备集团公司科技大会特等奖；与西安交通大学合作的“基于金属喷涂与电刷镀技术的覆盖件模具快速制造技术与装备”获陕西省科学技术个人一等奖；“SC6350长安之星系列微型汽车开发”获中国兵器装备集团公司科学技术个人特等奖。自2002年开始，主持了国家863计划课题“长安中度混合动力乘用车开发”，于2002年12月、2003年12月、2004年12月、2006年1月顺利通过了国家科技部组织的专家组专题节点检查、阶段验收及终验收；课题成果已经成功应用在奥运会示范工程中，并受到中共中央国务院表彰。

倪　全　高级经济师，中国汽车工业协会政策研究室主任。曾参与全国汽车行业发展规划、发展战略制定，项目管理以及汽车行业课题研究等工作。参与编写《汽车工业“十五”规划》《政府工业管理与行业发展战略研究文集》。负责编写“用信息技术改造提升汽车工业的政策措施”“推动企业兼并重组实现汽车产业结构优化升级的政策措施”“中外合资汽车企业现状及可持续发展趋势研究”“中国工业化和城市化进程对汽车产业的影响研究”“实施大型城市限购限行的规定对汽车产业的影响研究”“中国自主品牌汽车发展战略及政策研究”“‘十三五’时期汽车行业发展战略研究”等政府委托课题。

傅连学　中国汽车技术研究中心情报所副所长，《中国汽车工业年鉴》期刊社社长，研究员，长期从事汽车产业发展战略与规划的研究工作，曾多次主持或参与了中国汽车工业五年规划的研究与编制工作，并多次主持或参与了国家发改委、工业与信息化部等汽车行业主管部门委托的汽车产业发展重大课题研究项目，编著或合作编著《中国汽车工业年鉴》、《我国汽车产业中长期发展趋势与对策研究》、《汽车产业发展常用分析方法与应用》、“汽车安全蓝皮书”等，其中，工业与信息化部委托的“我国汽车产业中长期发展趋势与对策研究”项目曾获得中国汽车行业科学进步奖二等奖。

摘　要

“汽车工业蓝皮书”是关于中国汽车工业发展的综合系列报告，2015年首次出版。《中国汽车工业发展年度报告（2016）》是由中国汽车工业协会和中国汽车技术研究中心共同组织汽车行业多位专家撰写，客观、公正、准确、全面论述2015年度中国汽车工业发展情况和趋势的权威性著作。

全书包括总报告、乘用车篇、商用车篇、新能源汽车篇、零部件篇和附录六大部分。总报告发布了中国汽车工业2015年度全年发展数据，揭示了在国际和国内经济发展大环境下的中国汽车工业发展的趋势和规律，以及中国汽车工业在世界汽车工业和我国国民经济中的地位，分析了2015年中国汽车工业热点问题，预测了未来汽车技术发展趋势和2016年汽车市场走向。

乘用车篇、商用车篇、新能源汽车篇从国内、国际两个市场切入分析了2015年整车发展情况，阐述了产品细分市场和国内区域细分市场发展趋势和规律，提出了乘用车是拉动我国汽车工业长期增长的主因、新能源汽车将会近期高速增长的判断，并对乘用车、商用车和新能源汽车健康可持续发展提出了相关建议。

本书对于汽车消费者、汽车制造业、国家各级汽车工业管理部门极具参考价值。服务社会消费者，服务汽车制造业，服务政府管理部门是编辑本书的宗旨。

Abstract

Blue Book of Automotive Industry is a series of reports on the development of China's auto industry and was first published in 2015. It is an authoritative and comprehensive work coauthored by industry experts and scholars organized by China Association of Automobile Manufacturers and China Automotive Technology & Research Center, providing objective, impartial, accurate and comprehensive information on the development of China's auto industry in 2015.

This book includes six parts, including general report, passenger vehicles, commercial vehicles, new energy vehicles, components and parts, and appendix. The general report includes the complete data of China's auto industry throughout 2015, revealing the development trend and law of China's auto industry under the international and domestic economic development and the position of China's auto industry in global auto industry and national economy under global economic integration, analyzing the hot issues in automotive industry in 2015, and predicting the development trend of China's auto industry in 2016.

The chapters on passenger vehicles, commercial vehicles and new energy vehicles include a mass of data on the development of finished automobiles in domestic and international markets in 2015, elaborating the development trend and law of product market segment and regional market segment, proposing that passenger vehicles are the major factor contributing to the growth of China's auto industry and new energy vehicles will sustain high-speed growth for a long period, and offering beneficial suggestions to the sustainable development of passenger vehicles, commercial vehicles and new energy vehicles.

It also provides important reference to automobile consumers, automobile manufacturing industry and administrative authorities of the automotive industry at all levels. To better serve consumers, automobile manufacturing industry and administrative authorities, we edited this book.

目录

Ⅰ 总报告

Ⅱ 乘用车篇

Ⅲ 商用车篇

Ⅳ　新能源汽车篇

Ⅴ　零部件篇

Ⅵ　附录

皮书数据库阅读**使用指南**

CONTENTS

Ⅰ General Report

Ⅱ Passenger Vehicles

Ⅲ Commercial Vehicles

Ⅳ New Energy Vehicles

Ⅴ Components and Parts

Ⅵ Appendices

总 报 告

General Report

B.1

2015年中国汽车工业发展报告

摘　要：　本报告发布了2015年世界汽车工业和中国汽车工业的相关数据，分析了中国汽车工业在世界汽车工业和中国宏观经济中的地位以及汽车工业的技术发展趋势和热点问题。基于对2015年中国汽车工业运行形势的分析，预测了2016年中国汽车工业的发展态势。

关键词：　汽车工业　中国品牌　汽车产业结构

一　2015年全球汽车工业发展形势与中国汽车工业的地位①

（一）全球汽车工业发展形势

2015年，世界经济增长缓慢，大宗商品价格下跌、贸易和资本

① 本节内数据来源于Marklines。

流动疲软以及一系列金融波动事件使各国增长步伐进一步放缓并出现分化。2015 年，全球汽车销量约为 8731 万辆，相较于 2014 年全球销量 8534 万辆，同比增长 2.3%。在发达经济体汽车市场中，美国车市再创历史新高，欧洲车市走势良好，日本车市连续三年微增长后再度下滑。在新兴市场中的金砖国家，中国汽车产销再创全球新高，但受宏观经济的影响，销量增幅同比下降 2.2 个百分点；印度汽车销量同比增长 7.8%；巴西和俄罗斯等的新车销量均呈同比下降态势。不过，随着油价下跌、消费者购买力增强，全球车市将持续保持稳步增长的局面。

1. 发达经济体汽车市场

（1）美国汽车市场

2015 年，美国新车销量同比增长 5.9%，达到 1792 万辆，超过 2000 年 1741 万辆的最高纪录，创历史新高。尽管利率预计将逐渐上升，近期美元升值给净进口带来负面影响，但油价下跌、财政调整放缓和宽松货币政策持续等因素将继续支撑国内需求，促使销量持续走高。从分车型销量来看，乘用车同比下降 2.0%，而轻型载货车和中重型载货车同比分别增长 12.8% 和 12.9%，成为市场的主要拉动力（见表 1）。

表 1　2014～2015 年美国汽车产销量

单位：辆，%

分类	车型	2014 年	2015 年	同比增速
生产	乘用车	4253098	4163679	-2.1
	轻型载货车	7118288	7618966	7.0
	中型载货车	70290	74660	6.2
	中重型载货车	219026	242790	10.8
	合　计	11660702	12100095	3.8

续表

分类	车型	2014 年	2015 年	同比增速
销售	乘用车	7854996	7695848	-2.0
	轻型载货车	8666224	9778700	12.8
	中型载货车	186342	200654	7.7
	中重型载货车	220405	248804	12.9
	合　计	16927967	17924006	5.9

（2）欧洲汽车市场

2015 年，虽然难民危机和巴黎恐怖袭击让整个欧洲大陆猝不及防，但欧洲央行量化宽松货币政策保持欧元汇率平稳、通胀和通胀预期继续下降以及油价下跌等因素，仍使欧洲新车总销量微升至约 1892 万辆，同比增长 3.3%。其中中东欧 14 国市场同比下跌 15.0%，陷入低迷；2015 年是欧洲汽车销量连续第二年增长，市场走势良好（见表 2）。

表 2　2014～2015 年欧洲汽车产销量

单位：辆，%

分类	区域	2014 年	2015 年	同比增速
生产	西欧 17 国	13149912	14011403	6.6
	中东欧 14 国	6602280	6330323	-4.1
	欧洲总计	19752192	20341726	3.0
销售	西欧 17 国	13718523	15019963	9.5
	中东欧 14 国	4585669	3896895	-15.0
	欧洲总计	18304192	18916858	3.3

西欧主要四国销量均实现增长。其中，德国汽车销量为 348.7 万辆，同比增长 5.4%。大众受柴油机排放测试舞弊丑闻的影响，销量虽

然增长了6.2%，但其在欧洲地区的市场占有率从25.5%跌到24.8%。德国乘用车新车注册量为320.6万辆，同比增长5.6%，仍是西欧最大的乘用车市场。英国市场表现最佳，全年销售汽车306.1万辆，同比增长7.7%。其中乘用车销量为263.4万辆，同比增长6.3%，继续保持西欧第二大乘用车市场的地位；而轻型载货车、重型载货车和客车销量分别为37.2万辆、5.2万辆和4000辆，同比分别增长15.6%、25.5%和16.5%，成为拉动市场的“三驾马车”。法国因较低的贷款利率及新产品的推出，全年销售汽车323.6万辆，同比增长6.8%。其中乘用车新车注册量为191.7万辆，同比增长6.8%，比2014年上升了6.5个百分点，这是法国乘用车市场两年连升；而重型载货车和客车销量分别为4.2万辆和6724辆，同比分别增长11.1%和24.3%，成为市场的主要拉动力。意大利汽车销量为169.9万辆，同比增长16.2%，连续两年上升。其中乘用车销量为157.5万辆，同比增长15.8%；而轻型载货车销量为12.4万辆，同比增长20.8%，是市场增长的主力。

2015年，欧洲所有主要市场汽车销量增长幅度都较大，如爱尔兰、葡萄牙、西班牙、捷克和罗马尼亚等欧盟国家的销量增幅很大，分别为31.2%、24.6%、23.0%、20.8%、20.2%，预计2016年这些国家的汽车销量将继续上扬。

（3）日本汽车市场

2015年日本经济出现部分疲软，但保持温和复苏的基本态势。受中国经济减速影响，日本的汽车生产和出口均出现疲软，个人消费的恢复依旧乏力，加之日本政府对消费税上调的影响，日本汽车销量再次下跌。2015年汽车总销量为503.9万辆，同比下跌9.3%。其中微型车销量为189.6万辆，同比下跌16.6%，是近四年来首次下滑并时隔两年后再次跌破200万辆。商用车中除微型车外，中卡、重卡和客车销量同比增速分别为2.8%、4.5%、11.7%，成为自4月以来新车销量止跌趋稳的主要支撑力（见表3）。

表3　2014～2015年日本汽车产销量

单位：辆，%

分类	车型	2014年	2015年	同比增速
生产	乘用车	8226772	7753144	-5.8
	商用车	1497488	1447516	-3.3
	合　计	9724260	9200660	-5.4
销售	乘用车	4916951	4418552	-10.1
	商用车	639449	620875	-2.9
	合　计	5556400	5039427	-9.3

2. 新兴经济体汽车市场

大部分主要新兴市场国家同时呈现疲软，新兴经济体之间的经济表现差异加大，2015年，中国经济增长放缓，俄罗斯和巴西陷入衰退，以印度为首的南亚地区成为亮点，但也面临着围绕美联储紧缩周期产生的金融压力以及地缘政治紧张加剧带来的风险。

（1）巴西汽车市场

2015年巴西汽车市场总销量从2014年的349.8万辆下跌到256.9万辆，同比下跌26.6%，从其国内年底公布的数据看，其经济跌幅正急剧加大，已陷入20世纪30年代以来最严重的经济衰退。除首次在国内投放销量为30.6万辆SUV外，轿车、轻型载货车、中重型载货车和客车销量分别为181.7万辆、35.4万辆、7.2万辆和2.0万辆，同比分别下跌27.2%、57.4%、47.6%和36.6%。

（2）俄罗斯汽车市场

在2014年底，俄罗斯汽车市场还因汇率因素短期受到提振，但提前透支的消费能力导致其2015年跌势进一步加剧。乌克兰争端导致西方对俄罗斯制裁，原油价格暴跌给身为输出国的俄罗斯带来巨大压力，卢布汇率严重贬值致使进口汽车价格迅速上涨，而俄罗斯政府救市政策一度退坡亦导致车市压力陡增。这些因素直接使2015年俄罗斯乘用车销量在160.2万辆内[①]，较2014年的249.1万辆，同比大跌35.7%。俄罗斯经济急剧下滑和卢布贬值还严重打击了独联体其他国家的经济。

（3）印度汽车市场

在新车上市、油价下跌以及消费者消费信心上涨等因素的推动下，2015年印度汽车总销量为342.5万辆，同比增长7.8%。除轻型载货车销量为37.2万辆，同比下跌4.7%外，轿车和多功能乘用车销量分别为203.4万辆和73.9万辆，同比分别增长9.9%和2.7%；而中重型载货车和客车分别销售23.8万辆和4.2万辆，同比分别增长31.4%和22.9%，成为市场的主要拉动力。

（4）其他市场

印度尼西亚、泰国、阿根廷、南非等新兴市场销量也均下滑。2015年，印度尼西亚汽车总销量为95.4万辆，同比下滑19.9%；泰国汽车总销量为77.1万辆，同比下滑8.6%；阿根廷汽车总销量为59.6万辆，同比下滑11.5%；南非汽车总销量为61.7万辆，同比下滑4.2%。

（二）中国汽车工业的世界地位

从产业规模看，2015年中国汽车产销分别为2450.3万辆和2459.8万辆，同比分别增长3.3%和4.7%，自2013年以来连续三年超过2000万辆，连续七年稳居世界第一。在全球汽车制造业中的市场份额已从2000年的3.5%提高到28.0%，是名副其实的世界汽车制造大国。随着产业规模的高速增长，中国汽车工业的国际地位有了实质性的提升，中国汽车工业成为世界汽车工业的重要组成部分，并从根本上改变了世界汽车产业的格局，为中国成长为世界汽车制造强国奠定了基础。

---

① 俄罗斯统计的乘用车包含轻型商用车。

在各细分市场，2015 年中国共生产乘用车 2107.9 万辆，同比增长5.8%，占全球乘用车总产量的31.6%。2005~2015 年，中国乘用车产量以年均 19.2%的增速持续提高，自 2009 年超越日本后，已连续七年位居榜首。2015 年中国生产商用车 342.4 万辆，同比下降10.0%，占全球商用车总产量的 16.3%。其中，轻型载货车产量占全球轻型载货车总产量的比例由 2007 年的 8.6%提升到 11.8%；受统计口径影响，中国轻型载货车的产量低于美国[①]，居于全球第二位。中重型载货车产量占全球中重型载货车总产量的比例从 2001 年的8.7%上升到30.6%；2005~2015 年，中国中重型载货车产量的年均增速为 8.5%，2007 年超过日本后，已连续九年独占鳌头。客车产量占全球客车总产量的比例由 2013 年的 60.6%上升到 62.2%；2003 年以来中国客车产量一直居世界首位，且自 2005 年以来年均增速达到 8.5%，是世界客车的主要生产大国。

2000 年以来，中国汽车市场呈现中高速增长态势，2001~2010 年年平均增速约为25.0%，2011~2015 年年平均增速约为7.0%，吸引了几乎所有的跨国汽车公司到中国投资，而且使这些跨国汽车公司不断提升中国在其全产业链战略布局中的地位。德国大众、美国通用汽车公司在中国市场的销量都已为其全球销量的 1/3 左右，日本丰田也公开表示中国市场最重要。随着中国汽车市场竞争的国际化，跨国公司不断加大对中国的新车投放力度，以突出其品质优势，“全球同步”在华推出新车已成为多数厂商的竞争策略；2015 年中国广州车展全球首发车型达到 36 种，而上海车展全球首发车型多达 109 种；2015 年跨国车企纷纷以国产化为标签抢占中国市场，高国产化率也成为衡量车型的标准之一。数据显示，2014 年排名前十的豪华品牌，

① 美国 Light-duty trucks 分类包括“Ford F-Series”、“Dodge Ram”及“Chevrolet”，每月厂商数据中包含部分 Medium-duty trucks 的数据。

除了雷克萨斯外，其余 9 个品牌均已实现或者即将实现国产化。早期通过国产化在中国市场取得成功的豪华品牌三强——奥迪、宝马和奔驰似乎成了豪华品牌国产化的标杆，占据着中国豪华车市场 78% 的份额。而紧随其后的捷豹路虎、英菲尼迪、沃尔沃等豪华品牌，甚至连宾利、保时捷、法拉利等超豪华品牌也纷纷宣布国产化或进入中国市场；中国企业在合资合作中的地位也在悄然变化，中方的话语权正在增强，从而更易实现以我为主、为我所用；此外，2015 年在中国召回的汽车共 554.9 万辆，涵盖国内外 60 多个品牌；据统计，自 2014 年 9 月以来，一汽大众销售有限公司、克莱斯勒（中国）汽车销售有限公司、奔驰公司与东风日产销售有限公司以及 12 家日本零部件和轴承企业因违反反垄断法受到处罚，至今收到的反垄断罚单超过 20 亿元。2015 年中国已正式启动汽车业反垄断指南的研究起草工作，将促进反垄断执法进一步常态化、制度化，体现了中国汽车工业管理体制的不断完善和在世界汽车业中地位的持续提升。

二　汽车工业总体规模及其在宏观经济中的地位和作用

（一）汽车工业总体规模[①]

2015 年我国汽车商品零售总额为 36006 亿元，约占全社会商品零售总额的 12%，同比增长 5.3%，增幅同比回落 2.8 个百分点。截至 2015 年底，我国机动车保有量达 2.79 亿辆，其中汽车 1.72 亿辆；机动车驾驶人 3.27 亿人，其中汽车驾驶人超过 2.8 亿人。2015 年新注册登记的汽车达 2385 万辆，保有量净增 1781 万辆，两项指标均达

① 数据采自国家统计局年度报告。

历史最高水平。近5年汽车占机动车比例从47.06%提高到61.82%，全国有40个城市的汽车保有量超过百万辆，11个城市超过200万辆。2015年，新能源汽车保有量达到58.32万辆，同比增长169.48%。小型载客汽车达到1.36亿辆，其中私家车1.24亿辆，占91.53%，同比增长17.77%。全国平均每百户家庭拥有31辆私家车。

2015年，中国汽车产销均超过2450万辆，同比分别增长3.3%和4.7%，增幅同比分别回落4个和2个百分点。其中，乘用车产销首次超过2000万辆，分别为2108万辆和2115万辆，同比分别增长5.8%和7.3%，增幅同比分别回落4个和3个百分点；商用车产销分别为342万辆和345万辆，同比分别下降10.0%和9.0%，降幅同比分别扩大4个和2个百分点；新能源汽车产销分别为34万辆和33万辆，同比分别增长3.3倍和3.4倍。

（二）汽车工业在宏观经济中的地位和作用

汽车工业产业链长、覆盖面广、上下游关联产业众多，在中国国民经济建设中发挥着十分重要的作用。随着中国汽车工业持续快速发展，其在国民经济中的重要地位也在不断加强，并成为支撑和拉动中国经济持续快速增长的主导产业之一。1996～2014年，汽车工业增加值在全国GDP中所占比例由1996年的0.85%上升至2014年的1.44%，年均增速达到1.34%（见图1）。

同时，中国汽车工业的蓬勃发展也显著拉动了上下游关联产业发展。国家信息中心分析认为，汽车产业（包括零部件企业在内）和相关产业的就业比例关系是1∶7，即汽车产业每增加1个就业岗位，就会带动相关产业增加7个就业岗位。从汽车工业链来看，涉及诸多行业，带动100多个产业的发展。国务院发展研究中心对2005年我国62个部门的投入产出流量表进行了分析，结果显示，汽车制造业每增值1元，就可带动上下游关联产业增值2.64元。鉴于汽车对上游钢铁、石化、

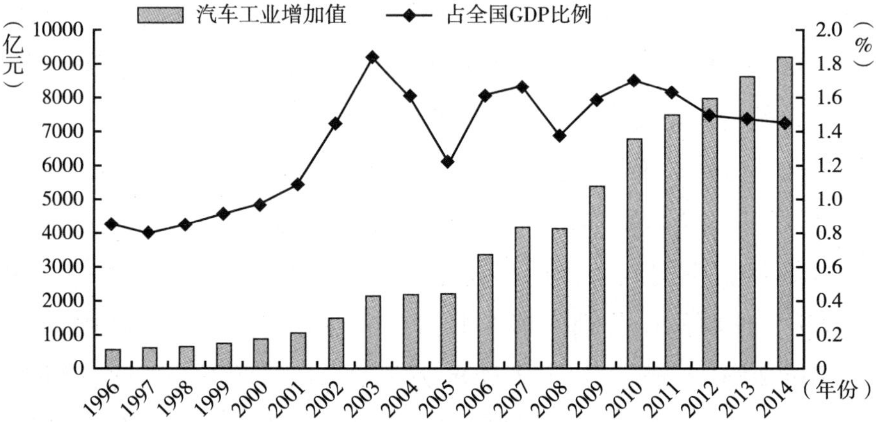

图1　1996～2014年中国汽车工业增加值及其占全国GDP比例

橡胶、玻璃、电子和下游金融、保险、维修、旅游、租赁等产业的拉动作用，2014年中国汽车工业对国民经济的综合贡献度在5%以上。随着汽车工业规模的不断扩大与产品技术的不断发展，汽车工业链条不断完善，汽车工业对上下游关联产业的拉动效应更为显著。

三　汽车工业经济运行分析

2015年，汽车行业面对复杂的国内外经济环境和不断加大的经济下行压力，坚持国家稳中求进的工作总基调，主动适应经济发展新常态，行业总体实现了良好发展。据2015年全国汽车行业14764家规模以上企业主要经济指标快报，行业整体运行平稳，主要经济指标呈不同幅度增长，增幅比上年有所减小。

（一）主营业务收入平稳增长，增速趋缓

2015年，全国汽车行业规模以上企业累计实现主营业务收入73159.32亿元，同比增长4.73%，增幅同比下降7.35个百分点。

从2015年汽车行业规模以上企业主营业务收入增长率变动来看，第一季度增长率为4.84%；上半年增长率为3.84%，增幅比第一季度回落1个百分点；前三季度增长率为2.36%，增幅比上半年回落1.48个百分点；全年增长率为4.73%，比前三季度提高2.37个百分点。从全年各月主营业务收入累计增长率来看，均低于上年同期（见表4）。

表4　2014～2015年汽车行业主营业务收入增长率变动情况

单位：%

时间	1～2月	1～3月	1～4月	1～5月	1～6月	1～7月	1～8月	1～9月	1～10月	1～11月	1～12月
2015年	6.22	4.84	4.55	3.95	3.84	3.03	2.50	2.36	2.83	4.18	4.73
2014年	18.82	16.91	16.06	14.94	14.60	14.83	14.11	13.27	13.11	12.16	12.08

从全国汽车行业不同经济类型规模以上企业实现主营业务收入情况来看，2015年，外商投资企业（含中外合资企业）累计实现主营业务收入30478.55亿元，同比增长2.30%，增幅同比下降9.27个百分点；内资企业累计实现主营业务收入39893.43亿元，同比增长6.25%，增幅同比下降6.30个百分点。

从全国汽车行业规模以上企业各小行业实现主营业务收入的具体情况来看，在5个小行业中，除摩托车整车制造业外，其他4个小行业主营业务收入均高于上年，汽车制造业、改装车制造业、汽车零部件制造业和摩托车零部件制造业增长率分别为1.68%、5.45%、8.29%和8.28%；摩托车整车制造业主营业务收入低于上年，同比下降1.91%（见表5）。

（二）利润总额、利税总额小幅增长

2015年，全国汽车行业规模以上企业利润、利税总额呈小幅增长。累计实现利润总额6274.96亿元，同比增长1.74%，增幅同比

表 5　2014～2015 年汽车行业各小行业实现主营业务收入情况

类型	企业数（家）	主营业务收入(亿元)		增长率（%）	增长额（亿元）
		2015 年	2014 年		
汽车制造业	480	34508.60	33937.68	1.68	570.92
改装车制造业	838	3308.83	3137.70	5.45	171.12
汽车零部件制造业	12090	32117.23	29659.56	8.29	2457.67
摩托车整车制造业	204	1478.80	1507.53	-1.91	-28.73
摩托车零部件制造业	1152	1745.86	1612.30	8.28	133.57
合　计	14764	73159.32	69854.77	4.73	3304.55

下降 16.16 个百分点。累计实现利税总额 9931.78 亿元，同比增长 2.93%，增幅同比下降 11.08 个百分点，其中，主营业务税金及附加为 1453.76 亿元，同比增长 0.02%，增幅同比下降 6.90 个百分点；应缴增值税 2203.06 亿元，同比增长 8.67%，增幅同比提高 0.43 个百分点。

从 2015 年全国汽车行业规模以上企业利润、利税总额增长率变动来看，利润、利税总额增长率基本处于负增长状态，第一季度利润总额同比下降 0.43%，利税总额同比增长 0.35%；上半年利润总额、利税总额同比分别下降 1.58% 和 1.21%，降幅与第一季度相比，利润总额扩大了 1.15 个百分点，利税总额由正增长变为负增长；前三季度利润、利税总额同比分别下降 3.85% 和 2.75%，降幅与上半年相比，分别扩大了 2.27 个和 1.54 个百分点；进入第四季度后，降幅收窄，增长率由负转正，全年利润、利税总额增长率分别达到 1.74% 和 2.93%（见表 6）。

从全国汽车行业不同经济类型的规模以上企业实现利润总额情况来看，2015 年，外商投资企业（含中外合资企业）累计实现利润总额 2941.46 亿元，同比下降 6.30%，由上年正增长变为负增长；内资

表 6　2015 年汽车行业规模以上企业利润、利税总额增长率变动

单位：%

项目	1～2月	1～3月	1～4月	1～5月	1～6月	1～7月	1～8月	1～9月	1～10月	1～11月	1～12月
利润总额	-0.49	-0.43	-0.11	-1.46	-1.58	-1.95	-3.86	-3.85	-2.63	1.02	1.74
利税总额	-2.94	0.35	0.21	-1.08	-1.21	-2.37	-3.40	-2.75	-0.81	2.30	2.93

企业累计实现利润总额 3089.29 亿元，同比增长 8.70%，增幅同比下降 8.29 个百分点。

从全国汽车行业规模以上企业各小行业实现利润总额的具体情况来看，2015 年，在 5 个小行业中，改装车制造业、汽车零部件制造业、摩托车整车制造业和摩托车零部件制造业利润总额均高于上年，其中，汽车零部件制造业和摩托车零部件制造业增长率均超过 10%，分别为 13.41% 和 10.86%；改装车制造业和摩托车整车制造业增长率均低于 10%，分别为 0.22% 和 9.91%；汽车制造业利润总额低于上年同期，同比下降 5.62%（见表 7）。

表 7　2014～2015 年汽车行业规模以上企业各小行业实现利润总额情况

类型	企业数（家）	利润总额(亿元)		增长率（%）	增长额（亿元）
		2015 年	2014 年		
汽车制造业	480	3441.25	3646.00	-5.62	-204.75
改装车制造业	838	156.61	156.27	0.22	0.34
汽车零部件制造业	12090	2464.79	2173.29	13.41	291.50
摩托车整车制造业	204	94.38	85.87	9.91	8.51
摩托车零部件制造业	1152	117.93	106.38	10.86	11.55
合　计	14764	6274.96	6167.81	1.74	107.15

从全国汽车行业规模以上不同控股企业实现利润总额情况来看，2015 年，在 6 类不同控股企业中，4 类控股企业利润总额高于上年同

期，两类控股企业利润总额低于上年同期，其中，集体控股企业增长率为7.12%；私人控股企业和港澳台商控股企业增长率较高，均超过20%，分别为21.15%和24.40%；其他控股企业增长率为10.56%；国有控股企业和外商控股企业利润总额同比分别下降4.46%和10.57%（见表8）。

表8　2014～2015年汽车行业规模以上不同控股企业实现利润总额情况

控股类型	企业数（家）	利润总额(亿元)		增长率（%）	增长额（亿元）
		2015年	2014年		
国有控股	709	2968.49	3107.02	-4.46	-138.53
集体控股	261	114.74	107.11	7.12	7.63
私人控股	10575	1630.65	1345.99	21.15	284.66
港澳台商控股	547	169.03	135.88	24.40	33.15
外商控股	1898	995.59	1113.23	-10.57	-117.64
其他控股	774	396.46	358.58	10.56	37.88
合　计	14764	6274.96	6167.81	1.74	107.15

（三）固定资产投资稳步增长

2015年，全国汽车行业规模以上企业累计完成固定资产投资11859.03亿元，同比增长14.20%，增幅同比提高4.81个百分点。

从2015年固定资产投资增长率来看，第一季度为7.18%；上半年为12.86%，增幅比第一季度提高5.68个百分点；前三季度为11.67%，增幅比上半年回落1.19个百分点；全年增长率为14.20%，增幅比前三季度提高2.53个百分点。从全年各月累计增长率来看，呈前低后高的平稳上升走势（见表9）。

2015年，全国汽车行业规模以上企业固定资产投资资金来源合计为12136.33亿元，其中，上年末结余资金为185.24亿元，本年资

表 9　2014～2015 年汽车行业规模以上企业固定资产投资增长率变动情况

单位：%

时间	1～2月	1～3月	1～4月	1～5月	1～6月	1～7月	1～8月	1～9月	1～10月	1～11月	1～12月
2015 年	4.61	7.18	8.28	9.45	12.86	11.70	11.86	11.67	13.63	13.83	14.20
2014 年	20.36	13.35	11.15	12.59	11.98	11.27	9.90	10.04	10.08	10.05	9.39

金来源为 11951.09 亿元。从汽车行业资金来源构成情况来看，自筹资金 10703.8 亿元，占行业资金来源的 89.56%。

从 2015 年全国汽车行业规模以上企业各小行业完成固定资产投资情况来看，除改装车制造业和摩托车整车制造业外，其余 3 个小行业完成的固定资产投资均高于上年同期（见表 10）。

表 10　2014～2015 年汽车行业规模以上企业各小行业完成固定资产投资情况

类型	固定资产投资(亿元)		增长率(%)	增长额(亿元)
	2015 年	2014 年		
汽车制造业	2728.75	2339.93	16.62	388.82
改装车制造业	530.41	531.48	-0.20	-1.07
汽车零部件制造业	8203.43	7134.91	14.98	1068.52
摩托车整车制造业	128.70	138.19	-6.87	-9.49
摩托车零部件制造业	267.74	240.01	11.55	27.73
合　计	11859.03	10384.52	14.20	1474.51

（四）亏损企业家数有所上升

2015 年，全国汽车行业规模以上亏损企业为 1916 家，同比增长 20.28%，增加亏损企业 323 家。2015 年，亏损企业亏损额为 345.50 亿元，同比增长 18.62%，其中，国有控股亏损企业、私人控股亏损企业、港澳台商控股亏损企业、外商控股亏损企业和其他控股亏损企业亏损额分别为 148.92 亿元、52.04 亿元、7.67 亿元、63.97 亿元和 66.49 亿元，同比分别增长 9.70%、17.54%、9.83%、62.78%和14.39%；集体控股亏损企业亏损额为 6.40 亿元，同比下降 6.30%。

（五）应收账款增速依然较高，产成品库存资金小幅增长

2015 年末，全国汽车行业规模以上企业应收账款为 9447.35 亿元，同比增长 20.03%，增加资金占用 1576.54 亿元。产成品库存资金为 2510.72 亿元，同比增长 2.69%，增加资金占用 65.77 亿元。

2015 年末，全国汽车行业规模以上企业应收账款和产成品库存资金占流动资产的 34.76%，比上年上升 1.40 个百分点。

（六）2015年汽车商品进出口

2015 年，我国宏观经济增速放缓，国内有效需求不足，汽车商品进口出现自 2006 年以来首次同比下降，汽车整车进口降幅更为明显；从出口情况来看，由于国际经济增长预期放缓，一些地区政治形势波动加剧，也在很大程度上影响了汽车出口的增长。中国汽车工业协会统计整理的海关总署汽车商品进出口数据显示，2015 年，汽车商品进出口总额为 1573.72 亿美元，同比下降 13.96%。具体而言，2015 年汽车商品进出口大致呈现以下特点。

1. 汽车商品进口情况分析

（1）汽车商品进口金额同比降幅超过 20%，主导商品均呈快速下降趋势

2015 年，汽车商品进口结束上年快速增长，呈明显下降趋势。累计进口金额 773.26 亿美元，同比下降 21.58%。从全年汽车商品进口金额变化情况来看，各月进口同比降幅均达到两位数，其中 2

月、5月、8月和10月降幅更为明显。

在七大类汽车进口商品中，只有摩托车进口呈较快增长，累计进口金额继上年后再次超过1亿美元，同比增长超过50%。其他六大类汽车商品进口均呈明显下降，其中，汽车整车下降更快。

从近十年汽车商品进口情况来看，2006年进口总额首次超过200亿美元，2014年接近千亿美元，创历史新高，2015年尽管下降，但十年来进口商品年均增速达到15.66%，总体呈现快速增长势头。

（2）汽车整车进口比上年明显下降，排名前10国家进口量占9成以上

2015年，受上年库存压力以及国内需求下降的影响，汽车整车进口同比呈明显下降，共进口110.19万辆，同比下降22.73%；进口金额450.88亿美元，同比下降25.98%。从各月汽车进口表现来看，1月和9月进口量同比降幅略低，其他各月降幅均超过10%，其中2月、5月和8月降幅超过30%。

2015年，在汽车主要进口品种中，三大类汽车进口品种同比均呈明显下降。其中，越野车进口47.18万辆，同比下降19.90%。在越野车细分品种中，排量为1.0~1.5升系列汽油车和排量为2.5~3.0升系列柴油越野车增速略低，其他各系列越野车品种同比均呈下降。轿车进口35.25万辆，同比下降24.95%。在轿车主要进口品种中，排量为1.0~1.5升系列汽油车进口量呈较快增长，其他各系列汽油车品种同比有所下降。小型客车进口26.43万辆，同比下降23.20%。在小型客车细分品种中，1.5升及以下小排量汽油车品种呈迅猛增长，2.0升以上各系列汽油车品种同比呈较快下降。2015年，上述三大类汽车品种共进口108.86万辆，占汽车进口总量的98.79%。

2015年，汽车进口量位居前10的来源国家依次是日本、美国、德国、英国、韩国、墨西哥、斯洛伐克、匈牙利、葡萄牙和法国，分

别进口 26.31 万辆、26.06 万辆、21.88 万辆、9.68 万辆、5.52 万辆、5.07 万辆、2.70 万辆、1.93 万辆、1.70 万辆和 1.54 万辆。与上年相比，匈牙利进口量略有增长，其他国家均呈下降，其中英国、韩国、墨西哥和斯洛伐克降幅更为明显。2015 年，我国从上述十国共进口汽车 102.39 万辆，占汽车进口总量的 92.92%。

从近十年汽车整车进口情况来看，2006 年进口量仅有 20 万辆左右，2011 年首次超过百万辆，此后五年整车均保持百万辆规模，十年年均增长 19.13%，高于行业增幅。

（3）汽车零部件进口下降，发动机降幅居前

2015 年，随着零部件制造水平的提高和国产化水平的进一步提升，汽车零部件进口也结束上年增长，呈一定幅度下降。累计进口金额 320.65 亿美元，同比下降 14.61%。在汽车零部件主要品种中，与上年同期相比，四大类零部件品种均呈一定幅度下降。其中发动机进口 68.13 万台，同比下降 15.94%，降幅比上年扩大 15 个百分点，进口金额 18.62 亿美元，同比下降 17.13%，降幅比上年扩大 11.66 个百分点。在发动机主要品种中，六大类品种进口量和金额均呈不同幅度下降，其中所占比重最大的排量为 1.0～3.0 升发动机共进口 66.32 万台，同比下降 15.29%，占发动机进口总量的 97.34%；进口金额 16.95 亿美元，同比下降 15.13%，占发动机进口总额的 91.03%。

汽车零件、附件及车身进口金额为 267.92 亿美元，同比下降 14.97%，在中国汽车工业协会统计的七类主要细分品种中，电控燃油喷射装置进口金额呈较快增长，其他六类品种呈一定幅度下降，所占比重最大的变速箱降幅最大。

汽车、摩托车轮胎进口金额为 5.88 亿美元，同比下降 16.93%，其中汽车内胎降幅略低，其他品种降幅较明显。

其他汽车相关商品进口金额为 28.23 亿美元，同比下降 8.56%。

从近十年零部件进口金额变化情况来看，2006～2011年保持较快增长，年均增速超过18%，2012年略有下降，2013～2014年呈恢复性增长，2015年降幅加大。总体而言，零部件进口金额十年年均增速低于汽车整车。

（4）汽车商品主要进口来源国依然保持较高占有率，排名前10国家进口金额占比保持90%以上

2015年，据海关统计，汽车商品进口金额排名前50的来源国家（含地区）累计进口773.03亿美元，占汽车商品进口总额的99.97%。其中进口金额排名前10的来源国家（地区）依次是德国、日本、美国、英国、韩国、墨西哥、斯洛伐克、匈牙利、法国和瑞典，分别进口223.75亿美元、142.71亿美元、138.41亿美元、68.79亿美元、59.70亿美元、20.18亿美元、17.21亿美元、11.56亿美元、9.33亿美元和9.12亿美元。与上年相比，瑞典进口金额呈较快增长，其他国家呈一定幅度下降，其中斯洛伐克和英国降幅最为明显。2015年，上述十国累计进口金额700.76亿美元，占汽车商品进口总额的90.62%。

2. 汽车商品出口情况分析

（1）汽车商品出口呈小幅下降，顺差超过20亿美元

2015年，汽车出口形势依然较为严峻。从国际形势来看，世界经济复苏势头趋缓，发达国家经济增长不如预期强劲，欧洲表现更为低迷，新兴市场和发展中国家增速也在放慢，一些地区政治紧张形势有所加剧，国际市场需求总体疲弱对中国出口形成较大冲击。另外，国内出口企业外贸综合成本居高不下，传统竞争优势继续削弱。受此影响，2015年汽车商品出口总体呈一定幅度下降，累计出口金额800.46亿美元，同比下降5.06%。但是，由于同期进口降幅更大，因此出口总体结束了自2010年以来的逆差，再次出现顺差，2015年，我国汽车出口对外贸易顺差为27.20亿美元，总体仍低于2009

年以前的水平。

从月度汽车商品出口金额同比增长变化情况来看，2 月呈快速增长，6 月增速略低，其他各月均呈下降，尽管第四季度国家相继出台了一系列鼓励出口的优惠政策，但第四季度各月降幅仍然超过 10%，出口严峻形势未能得到有效缓解。

此外，从近十年汽车商品出口表现来看，2006～2008 年出口金额增速超过 20%，2009 年下降较快，2010～2011 年再次呈现明显增长，2012 年后增速趋缓，十年年均增速为 12.32%，增幅低于进口。

（2）汽车整车出口量降幅有所扩大，整车出口量排名前 10 国家出口量占比保持 50% 以上

2015 年，在诸多不利因素影响下，汽车整车出口受到较大冲击，与上年同期相比，出口量和金额双双下降，其中数量降幅更为明显，汽车整车共出口 75.55 万辆，同比下降 20.25%，降幅比上年扩大 20.17 个百分点；出口金额为 124.37 亿美元，同比下降 9.92%，结束上年增长。出口单价为 1.65 万美元，高于上年 0.19 万美元。从月度汽车出口同比增长变化趋势来看，只有 2 月呈快速增长，其他各月均呈明显下降，其中 9 月后各月同比降幅超过 25%。

在汽车整车出口主要品种中，与上年相比，轿车降幅有所扩大，载货车和客车均结束增长，呈较快下降。2015 年，轿车共出口 30.80 万辆，同比下降 16.97%，降幅比上年扩大 4.36 个百分点。在轿车细分品种中，2 升及以上品种呈较快增长，共出口 2.16 万辆，同比增长 12.21%；1.5 升及以下品种依然呈较快下降，共出口 16.98 万辆，同比下降 27.42%，降幅比上年扩大 5.02 个百分点。载货车出口 21.88 万辆，同比下降 26.18%。在载货车细分品种中，载重为 14～20吨柴油车系列品种呈快速增长，共出口 1.31 万辆，同比增长 63.95%；5 吨以下汽油车和柴油车降幅均比上年明显扩大，分别出

口6.82万辆和5.65万辆，同比分别下降17.16%和51.76%，降幅比上年分别扩大17.08个百分点和50.39个百分点。客车共出口11.84万辆，同比下降36.81%。在客车主要品种中，小型客车（9座以下）出口量最大，但出口降幅明显扩大，共出口5.92万辆，同比下降40.36%，降幅比上年扩大36.73个百分点。2015年，轿车、载货车和客车三大类整车品种共出口64.52万辆，占汽车出口总量的85.40%，比上年有所下降。

2015年，整车出口量排名前10的目的国分别是伊朗、越南、委内瑞拉、智利、埃及、哥伦比亚、阿尔及利亚、秘鲁、沙特阿拉伯和孟加拉国，出口量分别为10.84万辆、7.23万辆、3.96万辆、3.95万辆、3.86万辆、3.13万辆、3.10万辆、2.67万辆、2.45万辆和2.42万辆。与上年相比，越南、委内瑞拉和孟加拉国呈较快增长，其他国家有所下降，其中阿尔及利亚和哥伦比亚降幅居前。2015年，共向上述十国出口43.61万辆，占汽车出口总量的57.73%。

从近十年汽车整车出口量变化来看，总体呈明显波动。2008～2010年虽呈较快增长，但增速逐年回落。2009年受国际金融危机影响，下降较快。2010～2012年再次呈快速增长，但增幅依然呈逐年回落。2013年后出口量同比再次下降。在2012年汽车出口量突破100万辆之后，并未延续增长势头，近些年面临的形势更为严峻。

（3）汽车零部件出口金额小幅下降，贸易顺差保持增长

2015年，汽车零部件出口也结束上年增长，有所下降。累计出口金额619.17亿美元，同比下降4.18%；占汽车商品出口总额的77.35%，占比比上年提升0.71个百分点。出口顺差达到298.52亿美元，比上年增加27.86亿美元。在四大类汽车零部件品种中，发动机出口金额比上年略有增长，其他三大类品种均有所下降。

2015 年，发动机出口量结束增长，呈一定幅度下降，共出口 338.68 万台，同比下降 7.52%；出口金额增幅有所减小，共出口 17.83 亿美元，同比增长 6.12%，增幅比上年减小 0.57 个百分点。在发动机主要品种中，排量为 1.0 ~3.0 升系列汽油机品种呈较快增长，共出口 53.50 万台，同比增长 30.52%；出口金额 9.24 亿美元，同比增长 60.19%。出口量所占比重最大的 250 毫升及以下汽油机品种有所下降，共出口 270.46 万台，同比下降 10.84%；出口金额 3.19 亿美元，同比下降 19.98%。

汽车零件、附件及车身出口金额结束上年快速增长，略有下降，共出口 351.85 亿美元，同比下降 0.49%。在统计的七类主要细分品种中，变速箱和座椅安全带出口金额呈较快下降，驱动桥降幅略低，其他四类品种均呈小幅增长。

汽车、摩托车轮胎和其他汽车相关商品出口金额分别达到 126.63 亿美元和 122.86 亿美元，同比分别下降 16.42% 和 1.14%。均结束上年增长。

另据近十年汽车零部件出口金额变化情况来看，除 2009 年和 2015 年出口金额有所下降外，其他年份均呈一定幅度增长，总体表现好于整车。

（4）出口金额排名前 10 位目的国汽车商品出口金额超过 50%，美国依然稳居第一

2015 年，汽车商品出口金额排名前 50 的国家（含地区）累计出口 711.68 亿美元，占汽车商品出口总额的 88.91%。其中，出口金额排名前 10 的国家依次是美国、日本、韩国、越南、墨西哥、德国、伊朗、英国、俄罗斯和沙特阿拉伯，出口金额分别为 170.39 亿美元、61.37 亿美元、31.85 亿美元、27.05 亿美元、25.46 亿美元、24.28 亿美元、21.02 亿美元、18.29 亿美元、16.74 亿美元和 15.46 亿美元。与上年相比，俄罗斯出口金额下降最快，美国、日本、伊朗和英

国小幅下降，其他国家呈不同程度增长，其中越南增速更为明显。2015 年，上述 10 个国家共出口金额 411.91 亿美元，占汽车商品出口总额的 51.46%。

四　中国汽车市场发展分析

2015 年，汽车工业总体保持平稳运行。产销量增速较上年虽有所减缓，但总量保持在 2000 万辆以上规模，稳居全球第一位；汽车品种更新步伐加快，新能源汽车呈现高速增长势头；行业经济效益良好。同时，各车型产销状况差异较大，乘用车保持增长，商用车低于同期水平；汽车出口依然下降。随着汽车市场竞争压力加剧，中国汽车产业逐步转入稳步发展阶段，并加速由“增长速度”向“增长质量”的重心转移，“稳增长、调结构”的发展主题仍将持续。

（一）政策法规

2015 年，与汽车工业相关的各部委及地方政府密集出台了围绕汽车节能环保、消费者权益保障、产业结构调整、产业技术进步和互联网创新应用等几个主要方面的汽车政策措施，引领我国汽车工业进入一个新阶段。这些政策措施呈现以下几大特点。

第一，汽车制造业升级指明了汽车强国建设路径。

《中国制造 2025》战略将通过政府引导、资源整合，实施国家制造业创新中心建设、智能制造、工业强基、绿色制造、高端装备创新等重大工程，要在新一代信息技术产业、高档数控机床和机器人、节能与新能源汽车等十大重点领域实现突破发展；《〈中国制造 2025〉重点领域技术路线图》选择了节能汽车、新能源汽车、智能网联汽车三个方向，从需求、目标、发展重点、应用示范工程、战略支撑五个方面阐述了发展路径，并先后出台了相关标准建设指南、关键共性技术指南。作为中国实施制造强国战略第一个十年行动纲领，《中国制造2025》为汽车业转型升级提供了完备系统的顶层设计。

第二，节能减排倒逼汽车业转型升级。

新修订的《乘用车燃料消耗量限值》和《乘用车燃料消耗量评价方法及指标》明确，到2020年乘用车平均油耗降至5.0升/百公里；《大气污染防治法（修订草案）》增加了制定燃油质量标准应符合国家大气污染物控制要求的规定；《关于全面推进黄标车淘汰工作的通知》全力推进黄标车淘汰工作。在新能源汽车公共交通推广领域，《关于加快推进新能源汽车在交通运输行业推广应用的实施意见》明确了城市公交、出租汽车和城市物流是新能源汽车推广的重要领域。充电设施方面，《关于加快电动汽车充电基础设施建设的指导意见》要求，到2020年基本建成适度超前、车桩相随、智能高效的充电基础设施体系；《电动汽车充电基础设施发展指南（2015～2020年）》要求，到2020年全国要新增集中式充换电站1.2万座，分散式充电桩480万个。五部委还就“十三五”新能源汽车充电设施奖励政策征求了意见。这些都表明我国汽车节能减排工作已进入高强度、大步伐实质性的推进阶段。

第三，“互联网+”催生汽车业态整体创新。

《关于积极推进“互联网+”行动的指导意见》明确了创业创新、协同制造等11项重点行动，提出推动互联网与制造业融合，发展基于互联网的协同制造新模式；《关于促进大数据发展行动纲要的通知》提出，利用大数据实现培育高端智能、新兴繁荣的产业发展新生态，研究推动大数据在研发设计、生产制造等各环节的应用；《网络预约出租汽车经营服务管理暂行办法（征求意见稿）》将“专车”等新业态纳入出租汽车管理范畴，但同时要求网约车应取得合法运营资质。互联网企业与传统汽车企业合作与融合步伐加快。

第四，政府规范管理并加强对产业发展的调控力度。

《新建纯电动乘用车企业管理规定》《外商投资产业指导目录（2015 年修订）》表明政府加强了在遵循市场经济规律下规范产业发展的调控力度。维护消费者权益，破除行业垄断。《汽车维修技术信息公开实施管理办法》要求各汽车生产者应以可用的信息形式、便利的信息途径、合理的信息价格，向所有维修经营者及消费者无差别、无歧视、无延迟地公开所销售汽车车型的维修技术信息；不得通过设置技术壁垒排除、限制竞争，封锁或者垄断汽车维修市场。《深化商业车险条款费率管理制度改革试点工作方案》确定试点地区及改革步骤，扎实推进商业车险条款费率管理制度改革试点工作。维护公平的市场流通秩序，建立公平公正的市场竞争和安全放心的消费环境，保护消费者权益，是汽车市场迈向成熟的标志，也将切实推动中国汽车工业整体转型升级。

第五，各种财税政策出台将深度影响行业发展。

《关于继续提高成品油消费税的通知》已经是 2014 年 11 月底以来第三次提高成品油消费税税率，目前成品油税负比例已增至 45% 左右；《关于贯彻落实减征 1.6 升及以下排量乘用车车辆购置税有关问题的通知》决定自 2015 年 10 月 1 日起至 2016 年 12 月 31 日止，对购置 1.6 升及以下排量乘用车减按 5% 的税率征收车辆购置税；《关于完善城市公交车成品油价格补助政策加快新能源汽车推广应用的通知》明确，至 2019 年城市公交车成品油价格补助中的涨价补助数额与新能源公交车推广数量挂钩；《关于节约能源，使用新能源车船税优惠政策的通知》对使用新能源车船免征车船税；《关于 2016 ~ 2020 年新能源汽车推广应用财政支持政策的通知》明确未来 5 年新能源汽车补贴标准适当退坡。

（二）产业结构

2015年，在全行业汽车产销增速放缓的情况下，汽车行业重点企业（集团）继续稳居主导地位，市场集中度虽略有下降，但仍保持较高水平，其中汽车销量排名前10的生产企业依次为上汽、东风、一汽、长安、北汽、广汽、华晨、长城、江淮和吉利，分别销售586.35万辆、387.25万辆、284.38万辆、277.65万辆、248.90万辆、130.31万辆、85.61万辆、85.27万辆、58.79万辆和56.19万辆。与上年同期相比，一汽销量略有下降，其他企业呈一定增长，吉利和江淮增速更快。2015年，排名前5的企业的市场占有率为72.55%，同比下降1.61个百分点；排名前10的企业销量合计为2200.70万辆，占总销量的89.47%，同比下落0.25个百分点。

（三）产品结构

在中国私人汽车消费不断增长的形势下，汽车市场“商/乘”比

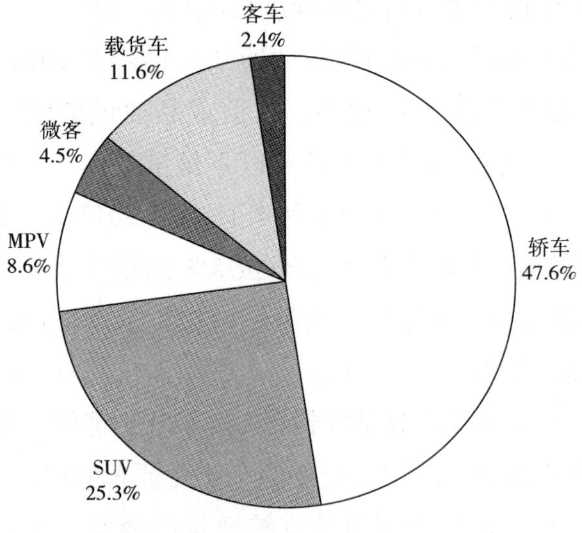

图2　2015年汽车产业结构

持续下降，这几年商用车平均每年向乘用车转移大约1.5个百分点的产销份额，2015年，中国汽车市场“商/乘”销量比值约为0.16。乘用车主体地位进一步巩固，市场份额达85.97%，连续4年超过80%。其中，轿车销量虽然同比下滑5.3%，为1172万辆，但其所占乘用车比例依然最高，达到55.42%；运动型多用途乘用车（SUV）以52.5%的同比增幅快速增长，销量达到622万辆，与轿车销量的比例接近1∶2，所占乘用车销量比例同比提高了8.72个百分点，达到29.42%；多功能乘用车（MPV）同比增长10.1%，但同比增幅下降了36.57个百分点，所占乘用车销量比例同比提高了0.26个百分点，达到9.96%；交叉型乘用车连续2年销量下滑，同比下降17.5%。市场需求日趋多样化，各企业竞争更显白热化。商用车总体销量再度下滑8.97%，其中，载货车（含货车非完整车辆、半挂牵引车）共销售285.59万辆，同比下降10.32%，降幅比上年略有扩大。在四大类货车品种中，重型和中型载货车分别下降25.98%和19.14%，降幅均比上年明显扩大，轻型载货车同比下降6.26%，降幅有所减小，微型载货车保持了小幅增长，同比增长3.07%，客车销售结束上年增长，同比回落2.4%。

2015年，新能源汽车销量同比增长3.4倍，占汽车总销量的比例为1.35%。其中纯电动汽车销量同比增长4.5倍，占新能源汽车销量的比例为74.75%；插电式混合动力汽车同比增长1.8倍，占新能源汽车销量的比例为25.25%。

（四）中国品牌

2015年，中国品牌汽车销售1197.05万辆，其中，乘用车销售873.76万辆，同比增长15.27%，增幅高于上年11.17个百分点，高于同期行业增幅7.97个百分点；占乘用车销售总量的41.32%，占有率比上年提高2.86个百分点。中国品牌乘用车销量自2006年首次超过200万辆后，10年年平均增长16.87%，增速略低于外国品牌，市场占有率一直在40%左右。

中国品牌轿车共销售243.03万辆，同比下降12.50%，占轿车销售总量的20.74%，占有率同比下降1.70个百分点。2015年，销量排名前10的均为外国品牌，累计销售284.80万辆；销量排名前10的中国品牌共销售110.78万辆，是前者的38.90%。

2015年，中国品牌SUV市场占有率稳居第一位，共销售334.30万辆，首次超过轿车，同比增长82.76%，增幅高于上年32.40个百分点；占SUV销售总量的53.74%，占有率比上年提升8.93个百分点。在销量排名前10的SUV品牌中，中国品牌占据七席，优势明显。2015年销量排名前10的SUV品牌累计销售204.80万辆，占SUV销售总量的32.92%。近10年来，SUV市场需求一直保持快速增长，年均增速达到43.70%，明显高于乘用车行业增幅，市场占有率也逐年提升。

2015年，中国品牌MPV共销售186.58万辆，同比增长13.55%，占MPV销售总量的88.56%，占有率比上年提升2.73个百分点。在销量排名前10的MPV品牌中，8个为中国品牌，市场表现继续好于外国品牌。2015年销量排名前10的MPV品牌共销售171.95万辆，占MPV销售总量的81.62%。10年来，MPV市场发生了较大变化，以高端商务用车为主流的市场逐渐缩小，而家用MPV市场正迅速扩大，尤其是2013年以后，一些交叉型乘用车生产企业产品线上移，使得MPV品种更是呈现快速增长势头。尽管2015年MPV市场需求增速放缓，但预计家用MPV市场未来依然会保持稳定增长。

2015年，中国品牌主导企业依然保持较高的市场占有率，在上汽、长安、东风、北汽、长城、江淮、华晨、吉利、奇瑞和一汽销量排名前10的中国品牌汽车中，上汽的中国品牌汽车销量超过200万辆，达到229.01万辆，占中国品牌汽车销售总量的19.13%，长安、东风和北汽的中国品牌汽车销量超过100万辆。10家企业全年共销售中国品牌汽车978.93万辆，占中国品牌汽车销售总量的81.78%。其中共销售中国品牌乘用车753.45万辆，占中国品牌乘用车销售总量的86.23%；共销售中国品牌商用车266.64万辆，占中国品牌商用车销售总量的82.48%。

中国品牌产品的综合质量水平与国际品牌产品的差距不断缩小。J. D. Power发布的中国新车质量报告显示，近年来，自主品牌汽车产品质量持续提升，新车PP100（问题数/百辆车）从2003年的469个锐减到2015年的120个，与国际品牌PP100的差距由2003年的191个缩小至2015年的22个（见图3）。

图3　中国品牌与国际品牌历年的新车质量问题差值

资料来源：J. D. Power亚太公司。

（五）发展趋势

2016年，中国经济处于周期性放缓和结构性调整过程，在中国“十三五”开局之年，汽车行业创新、产业变革和产品结构调整步伐将明显加快。2016年预计中国汽车全年销量为2604万辆（其中，国内销量2540万辆，出口量64万辆），增速约为6%。2016年全年汽车市场需求约在2628万辆[①]。

2016年的中国乘用车市场，汽车消费的刚性需求仍然存在。我国汽车保有量还处于千人100辆左右的水平，仍有继续提升空间。同时，政府一直在鼓励消费，随着国民收入水平平稳上升，一、二线城市换购需求将进一步扩大。受中部崛起影响，2015年中部地区如安徽、湖北等地增幅均超过10%。三、四线城市及农村市场也呈良好增长态势，使得企业更注重下级市场的开发，继续推动渠道下沉，预计未来三、四线城市市场增长潜力将会进一步释放。

政策环境的变化有利于乘用车市场的发展。车辆购置税的减半政策将持续到2016年底，会对全年销售起正向影响作用，在刺激消费的同时有可能提前透支2017年的销量，后续政策是否有所调整，也将影响消费者的需求。新能源汽车政策的持续鼓励，会对2016年市场产生非常积极的影响，随着国务院禁止对新能源汽车的购买限制，可能会拉动北、上、广、深等限购城市的汽车销量。国家明确规定新能源汽车发展规模的目标，将有力推动新能源客车的发展。新的电动车充电国家标准将于2016年正式实施，随着充电设施的完善和其他多项利好政策的落实，预计2016年电动车将延续高速增长态势。

2015年SUV成为乘用车销量的增长亮点。一是随着生活质量的提高和收入的增长，居民在换购升级新车时往往更加看重车辆的空间、视野、动力等方面，SUV恰好满足了消费需求；二是我国还没有针对SUV等大排量、高油耗车型的限制政策，同时近年来油价的

① 全年汽车市场需求 = 总销量 - 出口量 + 进口量。

持续走低都为SUV的高速增长提供了条件，预计2016年SUV销量还会继续保持高速增长趋势。

对商用车市场而言，公路建设的逐步加快、城镇化的推广以及城市物流需求的快速增长对载货车都会产生促进作用；客车市场结构随着新能源客车的加入出现变化，传统公交客车将逐步被新能源客车取代；此外旅游客车以及校车刚需的存在对客车的发展也是利好因素。

目前中国很多城市实行的二手车限迁政策不利于车辆的流通，二手车经营主体和税收等问题也限制了二手车产业的发展。在限购（限牌）城市中，库存二手车在其交易周转期间缺乏临时牌照和临时产权等问题，都影响了二手车的流通和销售，限制了新车的换购需求。城市限购会直接限制消费者的购车需求，对汽车销量带来直接的影响。如果2016年实施汽车限购政策的城市数量继续增加，将会对汽车工业的发展产生更严重的负面影响。

国家出台的《关于开展1.6升及以下节能环保汽车推广工作的通知》中给予的3000元节能惠民补贴在2015年末结束，也会对未来中国品牌小排量汽车产生一定影响。随着2016年中国经济增长方式继续调整，进口车市场需求也会继续下降。出口市场方面，由于目前全球经济的普遍低迷，汇率波动特别是我国汽车出口主要目的国的经济下行以及需求下降会使我国汽车出口继续下滑。

五　汽车新技术与新产品

综观2015年中国车市，新能源汽车无论在市场规模还是在技术升级方面都有了跨越式的发展，信息化、智能化、低碳化继续成为各大厂商关注的技术热点。

（一）传统动力系统效率进一步提升，发动机小型增压化趋势明显

虽然混合动力车和纯电动车由于低油耗和低排放是未来的发展趋势，且2015年销量增长迅速，但尚处于产业化起步阶段，相对于传统动力汽车销量仍然占比很小。所以，对于大多数整车企业来说，为满足乘用车油耗限值，进一步挖掘传统动力系统的节能潜力仍是主攻方向。近年来，增压直喷技术发动机已经逐渐得到普及，中国品牌车企在小型增压直喷发动机方面发力明显。在广州车展上，长城汽车发布其全新1.3T四缸汽油机，广汽展示全新1.0T直列三缸汽油机。而广汽1.3T、奇瑞1.5T机型也分别随传祺GS4、艾瑞泽等新款车型投入市场。

自动变速器AT仍占据市场主导地位，并向多挡化方向发展，在中国市场的产品中，5挡、6挡AT是目前的主流配置，继上年陆风推出搭载8挡AT的X5车型后，长城或于2016年在哈弗H8、H9车型上搭载8挡AT变速器。在双离合变速器方面，东南汽车表示正在研发一款双离合变速器，并计划装用于东南DX7博朗车型上。在合资和进口产品中，6挡AT应用最广泛，7挡、8挡AT也在增长，10挡AT已经列入部分企业的研发计划。

（二）插电式混合动力汽车引领市场，微型纯电动车旺销

在短时间内充电设施难以满足需求、人们驾乘习惯难以改变的情况下，2015年插电式混合动力汽车依然是经济实用的新能源汽车产品。同时，微型新能源汽车不仅突破了“双100”的技术门槛，并在首次全成本核算上低于传统燃油汽车，出现旺销局面。

2015年，中级别纯电动汽车略显尴尬，较高的价格、较短的续航里程以及对充电设施的依赖，均难以改观。技术升级、产业链整合

将成为中级别纯电动汽车市场成败的关键。现有的品牌和产品也将发生分化。

混合动力和纯电动公交客车技术日臻成熟，纯电物流车技术和市场发展迅速。

（三）互联网企业渗透汽车行业，助推车联网技术迅速发展

2015 年的车联网领域蓬勃发展，互联网巨头 BAT 在汽车互联领域跑马圈地，传统主机厂面对咄咄逼人的竞争开始“触网”反击。

随着汽车技术与互联网技术的快速发展以及消费者对汽车智能互联的需求，车联网的建设和发展进入了全面爆发期，由此带来了一场汽车制造领域的重大变革。根据统计资料，汽车产业领域近年来超过 90% 的创新都与汽车智能化系统相关，这一惊人比例大有超越新能源汽车热度的趋势。各国车企纷纷着手汽车智能化和车联网相关技术的开发和实用化。国际主要汽车制造商都已形成自己的信息化平台与技术品牌，如丰田的 G-book、福特的 Sync、通用的 OnStar、宝马的 ConnectedDrive 等，而涉入汽车互联的 IT 企业也推出了自己的技术和产品，如苹果的 Carplay，谷歌的 Android auto 等。我国车联网技术虽然起步较晚，但是主要整车制造商与 IT 企业在近年都已快速展开了行动。目前，无论是国内还是国外，车联网技术发展都方兴未艾，未来的车联网将实现车与车、车与人、车与基础设施之间的互联。车联网技术将是近几年的研发热点，其产品也将快速商品化。

（四）智能化技术稳步发展，未来前景可期

智能汽车已成为全球汽车业竞逐的焦点，与以往任何一次汽车行业的技术更迭不同，这一次技术更迭所引爆的行业角逐将更加激烈，这场竞争已不仅仅停留在车企之间，越来越多的互联网企业正在涌向

这片蓝海。据不完全统计，目前国内互联网、汽车产业两大领域至少有 12 家企业迈出实质性步伐，密集布局竞逐智能汽车。

目前，我国智能汽车开发大多处在研发阶段，但随着国内对智能汽车的开发逐步重视，众多车企也纷纷加入智能汽车的研发行列，形成企业与高校、国外科研机构共同开发智能汽车的局面。

国外智能驾驶技术领先车企的产品基本都已实现部分功能产业化，如自适应巡航、碰撞预警、主动避撞都已成为这些车企中高端产品的标配。部分汽车品牌如奥迪、奔驰、沃尔沃等已经开始试验城市拥堵环境下和高速路况下的自动驾驶。可以预测，智能汽车技术不但会带来汽车技术的颠覆，还会带来汽车业态和汽车社会的巨大变革。

六　汽车行业热点简析

在《中国制造 2025》战略、“互联网 +”行动计划、“一带一路”战略等的牵引下，中国汽车业在中国经济新常态下正进行着转型升级，新的管理方式、新的生产方式、新的产品形态、新的消费习惯正在形成，创新载体正从单一企业向跨领域协同创新转变，智能制造、新能源汽车、智能互联汽车、后市场服务等已成为持续的行业热点。

（一）《中国制造2025》为汽车业描绘美好蓝图

自席卷全球的“工业 4.0”理念发布以来，各个国家以及跨国集团都给予了高度关注，2015 年 5 月，中国提出了顺应时代发展的《中国制造 2025》，部署全面推进实施制造强国战略，提出利用三个十年分“三步走”战略将中国建成制造强国的行动纲领，其中涉及 10 个重点领域，节能与新能源汽车便是其中的重要组成部分。《中国制造 2025》中对于汽车业用节能与新能源汽车来替代，表明传统汽车产业唯有转型升级才能满足中国创新驱动发展的需要。

《中国制造2025》完整地描述了未来汽车技术的四大发展方向，国家对智能汽车、节能与新能源汽车的支持力度在不断加大，汽车行业将迎来极佳发展机遇期。

1. 纯电动汽车和插电式混合动力汽车

在电动化方面，目前的主要目标是"降低成本""加速应用"。到2020年，自主品牌纯电动和插电式新能源汽车年销量突破100万辆，在国内市场占70%以上；到2025年，与国际先进水平同步的新能源汽车年销量300万辆，在国内市场占80%以上。

2015年我国纯电动汽车和插电式混合动力汽车销量为33.1万辆，要在5年后实现年销售100万辆，10年后实现300万辆，面临的挑战极大。

汽车企业的发展目标：到2020年，打造明星车型，进入全球销量排名前10，新能源客车实现批量出口；到2025年，两家整车企业销量进入世界前10，海外销售占总销量的10%。这是中国品牌汽车发展的极好机会。

2. 燃料电池汽车

燃料电池汽车主要是关键材料、零部件的逐步国产化，到2020年，实现燃料电池关键材料批量化生产的质量控制和保证能力；到2025年，实现高品质关键材料、零部件国产化和批量供应。

在燃料电池堆和整车性能方面，到2020年，燃料电池堆寿命达到5000小时，功率密度超过2.5千瓦/升，整车耐久性到达15万公里，续驶里程500公里；到2025年，燃料电池堆系统可靠性和经济性大幅提高，和传统汽车、电动汽车相比具有一定的市场竞争力，实现批量生产和市场化推广。

3. 节能汽车

到2020年，乘用车（含新能源乘用车）新车的整体油耗降至

5 升/百公里，2025 年，降至 4 升/百公里左右。国家制定三阶段和四阶段乘用车燃料消耗量法规就是要引领企业用汽车产品全寿命周期生态设计技术，以最低的资源消耗保障汽车产业可持续发展和国家节能减排战略落地。

4. 智能网联汽车

到 2020 年，掌握智能辅助驾驶总体技术及各项关键技术，初步建立智能网联汽车自主研发体系及生产配套体系。到 2025 年，掌握自动驾驶总体技术及各项关键技术，建立较完善的智能网联汽车自主研发体系、生产配套体系及产业群，基本完成汽车产业转型升级。

智能汽车是智能制造的范畴之一。智能汽车堪称互联网制造业的完美体现之一。智能化的互联网汽车将实现人、车、路和基础设施之间实时四维信息交互，带来交通生态的崭新变革。随着移动互联网技术的深入应用，安全、节能、环保的智能汽车有望逐步演变为日常的主流出行交通工具，道路拥堵、空气污染的困局亦将得以缓解。

（二）“一带一路”助推中国汽车“走出去”

2015 年 3 月，经国务院授权，国家发改委、外交部、商务部联合发布《推动共建丝绸之路经济带和 21 世纪海上丝绸之路的愿景与行动》。至此，由我国 2013 年提出设想，经亚洲投资银行一再扩大成员和博鳌亚洲论坛召开的双重催化作用，“一带一路”战略从顶层设计和规划走向逐步落实。

“一带一路”贯穿亚欧非大陆，一头是活跃的东亚经济圈，另一头是发达的欧洲经济圈，中间广大腹地国家经济发展潜力巨大。丝绸之路经济带重点畅通中国经中亚、俄罗斯至欧洲（波罗的海）；中国经中亚、西亚至波斯湾、地中海；中国至东南亚、南亚、印度洋。21 世纪海上丝绸之路重点方向是从中国沿海港口过南海到印度洋，延伸至欧洲；从中国沿海港口过南海到南太平洋。这是一个让各行各业都充满无限想象的巨大市场。自“一带一路”构想提出以来，已经有沿线 60 多个国家积极响应参与，并愿同各自的发展战略相互对接。这些沿线国家的总人口约 44 亿人，经济总量约 21 万亿美元，分别约占全球的 63% 和 29%。

“一带一路”战略的实施以及各省市的布局夯实了中国与沿线 60 多个国家和地区开展经贸往来的基础，为中国汽车业“走出去”提供了从政策背景、贸易环境到资金、文化等各方面的支持，也给中国汽车业带来了多重发展机遇。

中国汽车业已如同中国经济进入新常态一般，汽车业发展增速进入换挡期，结构调整进入阵痛期，客观上也存在产能的结构性过剩问题，而中国已成为汽车生产大国，但出口量小，品牌弱。因而，正需要有“一带一路”这样一个平台化解正在不断凸显的国内产能过剩问题，以实现“多赢”。

中国汽车工业协会数据显示，2015 年，“一带一路”涉及的中亚、东南亚、西非、东欧、中东等区域，汽车总销量与我国汽车年销量不相上下。随着经济合作的深入，这将给中国品牌提供更大的发挥空间，中国汽车业将迎来“一带一路”国家战略的“大考”，更是中国迈向汽车强国一大契机。

（三）“互联网 +”催生中国汽车技术升级

2015 年初，政府工作报告中提出“制定‘互联网 +’行动计划，推动移动互联网、云计算、大数据、物联网等与现代制造业结合，促进电子商务、工业互联网和互联网金融健康发展，引导互联网企业拓展国际市场”。“互联网 +”被列入国家经济社会发展的重要战略，并快速成为热门词汇。趁着这股东风，许多传统的中国车企纷纷搭上互联网快车，发布了与互联网企业的合作战略。有业内人士就表示，目前中国汽车行业已经走在“互联网+”的前列。

互联网汽车在改善人与车交流方式的同时，将会向车与车、车与路、车与基础设施的交流方向迈进。人、车、路和基础设施的四维交互成为趋势，这也将为无人驾驶技术的完善打下基础。随着IT企业的加速跨界融合，以及传统车企的加速转型，互联网汽车将成为引领汽车行业发展的新趋势，互联网给汽车行业带来的变革影响已从营销、渠道、运营、产品四个维度全面展开，“互联网汽车”“互联网汽配城”“互联网维修店”“互联网4S店”“互联网车险”等创新形式已全面铺开。可以预见的是，未来还将有更多的互联网企业或“传统汽车制造商+互联网”的组合体进入这一充满机遇与创新的领域，相关的汽车电子、通信技术供应商和软件服务商也将得到更多的发展空间。

对于传统的汽车制造业来说，“互联网+”还拉近了智能驾驶、无人驾驶等理想化未来与现实之间的距离。在大数据的冲击之下，汽车行业的现有格局将被打破，汽车产业链和生态圈必将被优化乃至重构。更高效、更个性化的设计与制造，体系化的销售与售前售后服务，实时交互的车联网生态，将成为产业新态势。

（四）购置税减半政策提振小排量乘用车市场

2015年，对车市影响较大的政策莫过于10月开始实施的购置税减半政策。为了提振销量、刺激小排量车销售，9月30日，财政部和国家税务总局联合发布了《关于减征1.6升及以下排量乘用车车辆购置税的通知》，明确自2015年10月1日起至2016年12月31日止，对购置1.6升及以下排量乘用车减按5%的税率征收车辆购置税。随后，国家税务总局又发布《关于贯彻落实减征1.6升及以下排量乘用车车辆购置税有关问题的通知》，进一步明确了相关政策和征收管理工作的贯彻落实情况。

在政策杠杆的作用下，消费者如今在“购置税减半”这一新政下购买1.6升及以下排量的汽车最多可减万元，力度相当大，而是否低于1.6升排量已经逐渐成为消费者购车时所考虑的关键因素之一。与此同时，该政策也在另一方面推动着汽车生产制造企业加大对小排量发动机的生产研发，现如今，发动机小排量涡轮增压化成为必然趋势。

此次购置税减半是自2009年之后，国家实施的第二次汽车救市政策。在政府和企业的共同推动下，2015年1.6升及以下小排量乘用车品种共销售1450.7万辆，占乘用车销售总量的68.6%，同比增长10.4%，依然占据市场主导地位。此次救市既刺激了经济发展又引导了老百姓的绿色消费理念。

（五）《汽车维修技术信息公开实施管理办法》正式出台

2015年9月，交通运输部、环保部、商务部、国家工商总局等八大部委联合发布了《汽车维修技术信息公开实施管理办法》，要求各汽车生产者应在2015年12月31日前，向交通运输部备案其汽车维修技术信息公开的有关信息。汽车生产者应以可用的信息形式、便利的信息途径、合理的信息价格，向所有维修经营者及消费者无差别、无歧视、无延迟地公开所销售汽车车型的维修技术信息，以便于案件的审理、保险理赔，以及汽车的维修、经营。不得通过设置技术壁垒排除、限制竞争，封锁或者垄断汽车维修市场。同时，汽车生产者是信息公开的主体，对未公开或未有效公开维修技术信息且整改不合格的，交通运输部将会同有关部门依法予以处罚。

该办法的实施就是要在制度层面上，打破我国汽车维修技术被汽车经销商垄断、维修服务费用高企的局面。交通运输部将运用信息化技术，建立完善的全国汽车电子健康档案系统平台。作为汽车反垄断的重要组成部分，汽车维修信息公开涉及主机厂、经销商、配件厂、独立维修厂等各方利益的重构。建立实施汽车维修技术信息公开制度，是在我国进入汽车社会新形势下深化汽车维修行业改革、促进汽车维修市场公平竞争、推动汽车维修技术进步、保护消费者合法权益的重要措施，对于保障全社会汽车维修质量、改善道路交通安全、促进大气污染防治具有重要作用，也有利于我国汽车维修业市场监管与国际接轨。

乘用车篇

Passenger Vehicles

B.2

2015年乘用车工业发展报告

摘　要：本报告描述了2015年中国汽车市场乘用车产销情况，分析了轿车、多功能车、越野车、交叉型乘用车四个细分市场较2014年度的发展情况和变化趋势，预测了基于中国2016年度总体经济形势下的汽车工业发展形势，提出了发展乘用车工业的政策建议。

关键词：乘用车工业　轿车　越野车　多功能车　交叉型车

一　2015年乘用车工业发展概况

（一）2015年乘用车市场整体产销情况

1. 2015年乘用车市场规模增加但增速下滑

2015年中国乘用车市场产销分别为2108万辆和2115万辆，同比分别增长5.77%和7.31%。2015年经济增速下行明显，传导到汽车市场，乘用车市场产销增速同比下降明显。尽管有企业的官降和促销行为以及第四季度的购置税优惠政策刺激，乘用车销量增速还是从2014年的9.93%下降到2015年的7.31%。2015年企业生产增速下行更明显，相比2014年下降了4.5个百分点。在市场增速下滑的背景下，企业控制生产，压缩库存，2015年生产量明显小于销售量（见表1）。

表1 2009～2015年乘用车产销量统计

单位：万辆，%

年份	产量	同比增长	销量	同比增长
2009	1038	54.11	1033	52.93
2010	1390	33.83	1376	33.17
2011	1449	4.23	1447	5.19
2012	1552	7.17	1550	7.07
2013	1808	16.49	1793	15.71
2014	1993	10.23	1971	9.93
2015	2108	5.77	2115	7.31

注：表中同比增长是按精确数据计算所得，本表中产量、销量数据四舍五入至“万辆”，因此按表中产量、销量算同比增长可能与表中数据有差别，以下图表同。

资料来源：中国汽车工业协会。

2. 2015年乘用车市场增速先降后升

从月度销量走势来看，2015年乘用车销量呈现明显的“V”形走势。第一季度延续2014年势头，销量、增速均高企；第二季度市场销量季节性下滑，同比增速出现负增长；第三季度销量季节性回调；第四季度购置税优惠政策推出，市场销量大幅攀升，同比增速大幅上扬（见图1）。总体来看，在经济增速下行背景下，乘用车市场下滑形势越来越严峻，国家出台刺激政策稳定车市效果非常明显，也非常及时。

3. 2015年乘用车市场中SUV市场高速增长

从细分市场来看，SUV市场实现高速增长，MPV市场增速下

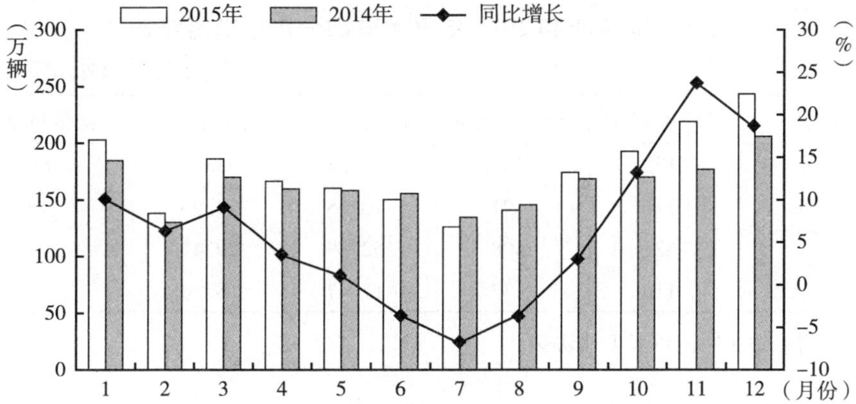

图 1　2014 年和 2015 年乘用车月度销量走势

资料来源：中国汽车工业协会。

降，轿车市场同比小幅下滑，交叉车型市场同比大幅下滑。2015 年 SUV 需求热度有增无减，全年销量 622 万辆，同比增长 52.39%，同比增量达到 214 万辆。需求层面，SUV 产品通过性好、空间大、安全性高、视野开阔，更符合消费者偏好；供给层面，SUV 新产品集中上市，2015 年超过 35 款（不含改款车型），极大地促进了 SUV 市场销量增长。MPV 市场因宏光、欧诺等小型 MPV 增长释放基本完成，市场增速大幅下滑。轿车市场受到消费升级影响，微、小型轿车市场快速萎缩，紧凑型轿车市场被 SUV 市场挤占，2015 年同比下滑 5.33%。交叉车型市场被小型 MPV 市场挤占，2015 年继续快速萎缩，同比下滑高达 17.47%（见表 2）。

4. 2015年自主乘用车企业表现突出

2015 年乘用车销量排名前 10 的企业为：上海大众、上汽通用五菱、上海通用、一汽大众、长安汽车、北京现代、东风日产、长安福特、长城汽车和东风神龙。销量分别为：181 万辆、180 万辆、172 万辆、165 万辆、111 万辆、106 万辆、103 万辆、87 万辆、75 万辆和 71 万辆（见图 2）。

表 2　2014 年和 2015 年乘用车细分市场销量统计

单位：万辆，%

项目	2015 年销量	2014 年销量	同比增长	销量占比	增量贡献
轿车	1172	1238	-5.33	55.41	-66
MPV	211	191	10.05	9.96	19
SUV	622	408	52.39	29.41	214
交叉车型	110	133	-17.47	5.20	-23

资料来源：中国汽车工业协会。

2015 年乘用车市场合资品牌表现不佳，成长性较差。2015 年一汽大众、北京现代、东风悦达起亚同比负增长，上海大众、上海通用、东风日产等企业也仅是个位数增长。相反，自主企业长安汽车、长城汽车、吉利汽车、江淮汽车同比增幅较高，销量规模快速增大（见图 2）。自主企业市场销量表现突出，一方面，抓住了 SUV 市场高速发展的机遇，新品供给优势明显，新品销量快速提升；另一方面，产品品质进步明显，逸动、帝豪、博瑞等车型抢占了合资车型的市场份额。

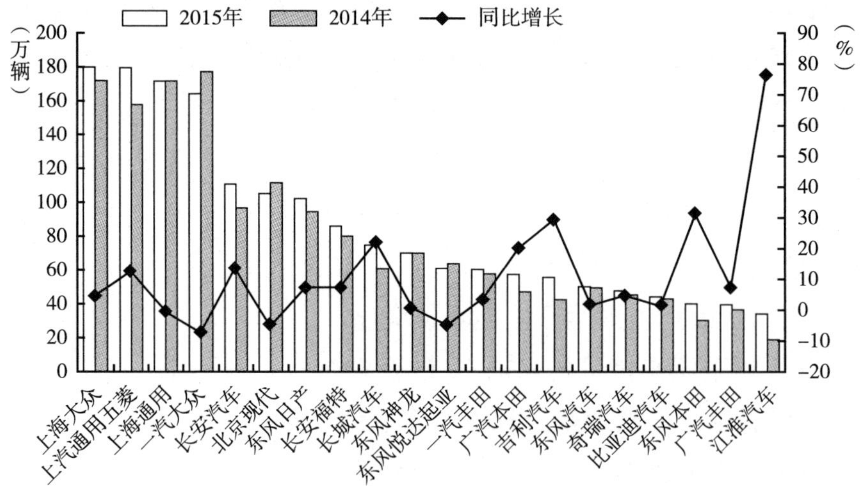

图 2　2014 年和 2015 年企业乘用车销量情况

资料来源：中国汽车工业协会。

（二）乘用车区域市场表现

从区域市场看，东北地区市场表现不好，2015 年乘用车同比增长 7.44%，销售占比仅为 6.47%，销售占比最少且同比增速最低。东北人口外流和经济低迷严重影响了汽车市场的活力。

东部地区仍是目前规模最大的区域市场，但东部地区的市场保有量大、普及程度高，同比增速较低。2015 年东部地区销售占比达到 46.94%，但增长速度仅为 7.52%。

中部、西部地区汽车市场活力较好，尤其是中部地区。2015 年中部地区同比增长 18.82%，是成长性最好的区域，销售占比也达到 23.61%。2015 年西部地区同比增长 9.39%，销售占比为 22.98%（见表 3）。

表 3　2015 年分地区乘用车销量占比

单位：%

区　域	同比增长	销售占比
东北地区	7.44	6.47
东部地区	7.52	46.94
中部地区	18.82	23.61
西部地区	9.39	22.98

注：东北地区为黑龙江、吉林和辽宁；东部地区为北京、天津、河北、上海、江苏、浙江、福建、山东、广东和海南；中部地区为山西、安徽、江西、河南、湖北、湖南；其他划归西部地区。

资料来源：中国汽车工业协会。

（三）乘用车进出口分析

2015 年乘用车进出口数量均同比大幅下滑。其中，出口 43 万辆，同比下滑 18.87%；进口（预期）108 万辆，同比下滑 22.86%。

全球经济低迷，发展中国家经济动荡，严重影响汽车出口。2015年，俄罗斯、巴西两个大市场，汽车产业同比下滑严重，出口销量也受影响。受国内经济增速下滑和进口车型国产化的影响，外加天津“8·12”突发事件的冲击，乘用车进口销量首次出现大幅下滑。

表4　2009～2014年乘用车进出口数量

单位：万辆，%

年份	进口	同比增长	出口	同比增长
2009	41	3.46	14	-52.82
2010	78	90.24	26	85.71
2011	100	28.21	48	84.62
2012	108	8.00	66	37.50
2013	116	7.41	60	-9.09
2014	140	20.69	53	-11.67
2015	108	-22.86	43	-18.87

注：2015年进口数据为预估值。

资料来源：中国汽车工业协会。

（四）2016年乘用车工业发展趋势预测

1. 2016年影响乘用车发展的因素分析

市场有利因素：首先，购置税优惠政策将会刺激乘用车提前消费。购置税优惠政策将给消费者节约较为客观的一笔费用，若2017年政策如期退出，2016年底将会涌现购车热潮，对市场销量的拉动较为明显；其次，我国乘用车仍普及发展，汽车保有量仍不大，市场刚性需求大，尤其是中部和西部地区增长潜力大；最后，国家鼓励新能源和淘汰黄标车政策将加快汽车的更新换代，有利于新车销量的增长。

市场不利因素，首先，经济增速下滑严重影响乘用车市场增速。经济正增长有利于乘用车市场发展。2015年中国GDP增速为6.9%，增速放缓。2015年汽车市场受经济增速影响程度非常明显，2016年这种现象仍会存在。其次，汽车出口仍不乐观，在海外市场大环境未改观的情况下，汽车出口或将继续下滑。

2. 2016年乘用车销量预测

预测2016年乘用车销量为2285万辆，同比增长8.1%。其中，乘用车出口40万辆，同比下滑7.0%。从细分市场看，预期轿车销售1204万辆，MPV销售238万辆，SUV销售768万辆，交叉车型销售75万辆。

二 2015年轿车工业发展概况

（一）轿车市场发展分析

1. 2015年轿车市场产销量分析

2015年轿车产销量分别为1163.1万辆和1172.0万辆，同比分别下滑6.84%和5.33%。轿车产销量基数大，2015年产销均超过1160万辆；轿车市场产量和销量分别下滑85.0万辆和65.7万辆，对乘用车及汽车行业发展产生了一定的负面影响（见表5）。

表5 2009～2015年轿车产销量统计

单位：万辆，%

年份	产量	同比增长	销量	同比增长
2009	747.1	48.32	747.3	48.07
2010	957.6	28.17	949.4	27.05
2011	1013.8	5.87	1012.2	6.62
2012	1076.7	6.21	1074.5	6.15
2013	1210.1	12.38	1201.0	11.77
2014	1248.1	3.14	1237.7	3.06
2015	1163.1	-6.84	1172.0	-5.33

资料来源：中国汽车工业协会。

轿车市场销量排名前 10 的企业依次为：上海大众、一汽大众、上汽通用、北京现代、东风日产、长安福特、吉利汽车、一汽丰田、东风悦达、广汽本田。上海大众、一汽大众、上汽通用位居前三，销量分别为：149.4 万辆、146.8 万辆、131.8 万辆。三家企业销量均超过 130 万辆，市场占有率均超过 11.2%（见表 6）。

表 6　2014 年和 2015 年轿车企业销量情况

单位：万辆，%

序号	企业名称	2015 年	2014 年	同比增长	占有率
1	上海大众	149.4	143.6	4.04	12.75
2	一汽大众	146.8	158.7	-7.49	12.52
3	上汽通用	131.8	146.5	-10.06	11.24
4	北京现代	76.7	85.2	-10.00	6.55
5	东风日产	71.4	75.2	-5.04	6.09
6	长安福特	61.2	58.5	4.64	5.22
7	吉利汽车	50.2	36.9	35.99	4.28
8	一汽丰田	46.5	44.2	5.23	3.97
9	东风悦达	45.8	50.9	-10.10	3.91
10	广汽本田	40.8	42.3	-3.47	3.48

资料来源：中国汽车工业协会。

轿车市场车型销量排名前 10 的依次为：朗逸、轩逸、速腾、捷达、英朗 GT、朗动、桑塔纳、卡罗拉、科鲁兹和福克斯。轿车市场产品销量前 10 名均为合资品牌，其中新品同比增幅相对较大，但市场占有率相差不大，市场竞争激烈。

在轿车市场中，欧系品牌销量最高，其次是中国品牌、日系、美系、韩系和合资自主品牌。中国品牌 2015 年销量为 229.7 万辆，同比下滑 9.35%，中国品牌和合资自主品牌在 2015 年继续呈现大幅下滑趋

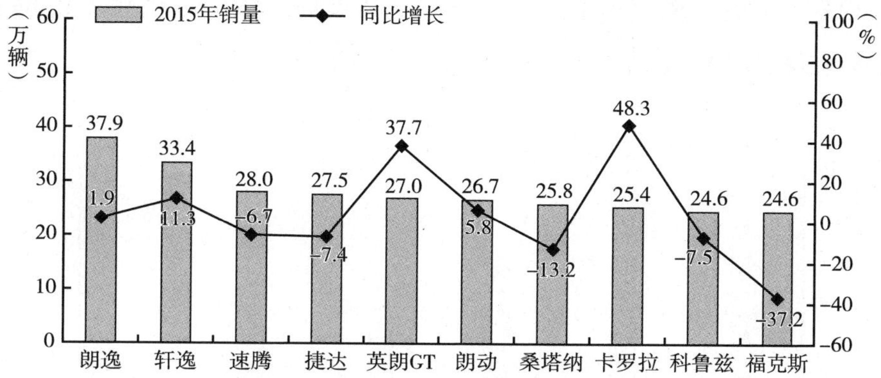

图3　2015年轿车畅销车型TOP10

资料来源：中国汽车工业协会。

势；而与之相对应的合资品牌也呈现负增长态势，除日系品牌外，其他合资品牌2015年均为负增长，尤其是韩系同比下滑明显，而日系品牌在经历2014年负增长后，2015年销量有所反弹（见表7）。

表7　2014年和2015年轿车各系别销量统计

单位：万辆，%

国　别	2015年	2014年	同比增长	销售占比变化
欧　　系	391.6	402.6	-2.74	33.41
中国品牌	229.7	253.3	-9.35	19.59
日　　系	225.5	222.2	1.48	19.24
美　　系	192.7	204.6	-5.81	16.44
韩　　系	122.5	136.2	-10.04	10.45
合资自主	10.2	19.1	-46.91	0.87

资料来源：中国汽车工业协会。

2. 轿车各细分市场发展情况

（1）微型轿车市场

2015年，微型轿车销量持续萎缩，同比减少10万辆，降幅达到

25.0%，在狭义乘用车中的占比下降为1.5%。整个微型轿车市场呈现逐年萎缩趋势（见图4、图5）。

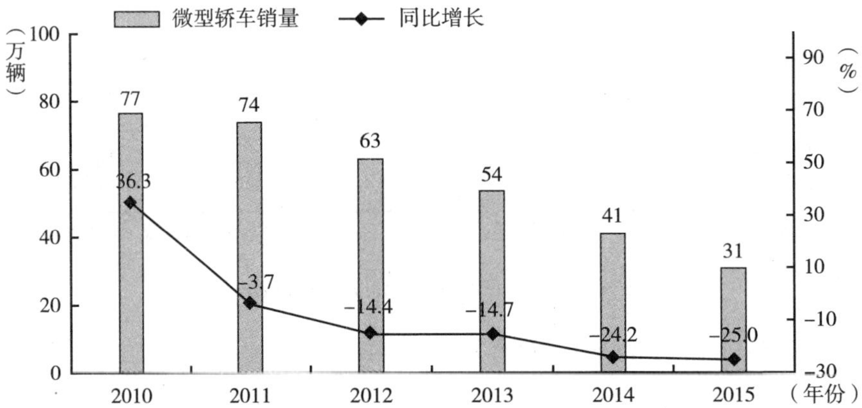

图4　2010～2015年微型轿车销量增长情况

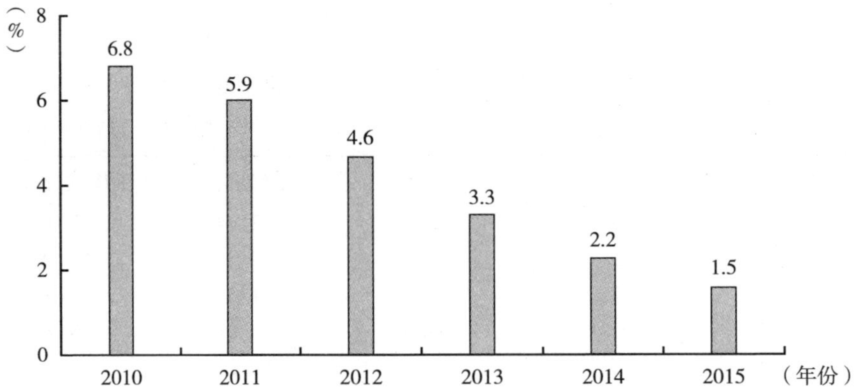

图5　2010～2015年微型轿车占狭义乘用车比重情况

2015年，微型轿车市场销量排名前3的企业依次为：吉利汽车、长安汽车、众泰汽车。前10位企业中有9家企业同比呈下滑趋势（见表8）。

表8　2014 年和 2015 年微型轿车各企业销量情况

单位：万辆，%

序号	企业名称	2015 年	2014 年	同比增长	细分市场占有率
1	吉利汽车	6.2	3.4	82.70	20.30
2	长安汽车	4.7	5.3	-10.57	15.45
3	众泰汽车	4.0	4.3	-7.00	13.02
4	昌河汽车	3.8	6.5	-41.31	12.55
5	奇瑞汽车	3.8	6.6	-42.92	12.30
6	长安铃木	2.5	5.2	-51.66	8.19
7	比亚迪	1.6	3.8	-58.02	5.24
8	上汽通用五菱	1.2	2.4	-49.95	3.97
9	东风日产	0.8	1.4	-45.57	2.53
10	力帆汽车	0.7	0.8	-6.91	2.39

注：力帆汽车 2015 年微型轿车销量为 7320 辆，2014 年销量为 7863 辆。

2015 年微型轿车市场销量排名前 3 的车型依次为：北斗星、奥拓、新奔奔。前 10 位车型中有 5 个车型产品同比呈下滑趋势，而且前 10 位车型中有 3 款为新能源汽车，其同比增长较大（见表 9）。

表9　2014 年和 2015 年微型轿车各车型产品销量情况

单位：万辆，%

序号	车型名称	2015 年	2014 年	同比增长	细分市场占有率
1	北斗星	3.8	6.5	-40.63	12.55
2	奥拓	2.5	5.2	-51.66	8.19
3	新奔奔	2.4	2.4	1.92	7.90
4	奔奔 mini	2.3	0.8	177.34	7.55
5	知豆 D1(电动)	1.8	0.0	—	5.75
6	奇瑞 QQ	1.6	5.0	-67.91	5.28
7	比亚迪 F0	1.6	3.8	-58.02	5.24
8	云 100(电动)	1.5	0.2	569.28	5.05
9	奇瑞 QQ(电动)	1.4	0.8	69.40	4.62
10	熊猫	1.4	2.2	-36.77	4.61

（2）小型轿车市场

2015 年小型轿车销量继续下滑，同比减少 35 万辆，降幅为 17.3%，其占狭义乘用车的比重下降为 8.3%。整个小型轿车市场呈现逐年下滑趋势（见图 6、图 7）。

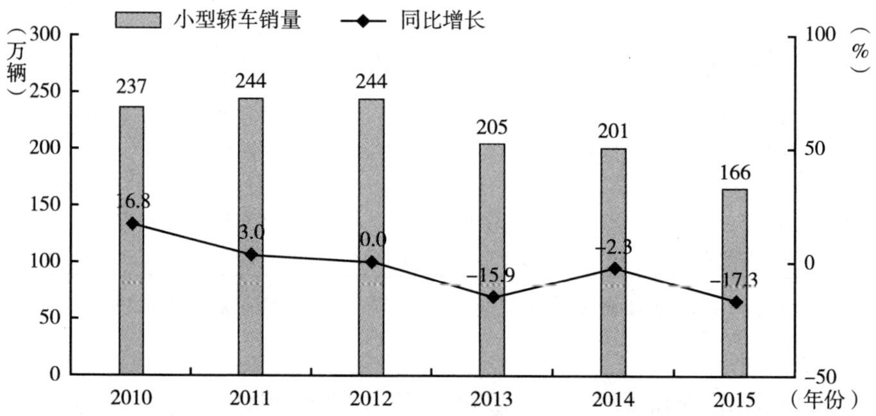

图 6　2010～2015 年小型轿车销量增长情况

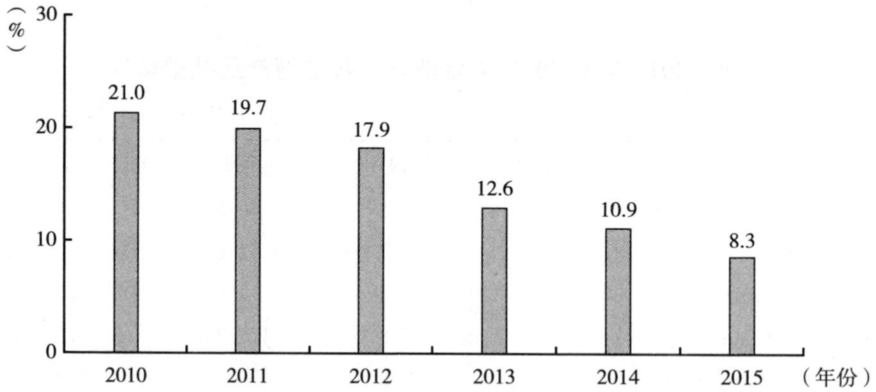

图 7　2010～2015 年小型轿车占狭义乘用车比重情况

2015 年小型轿车市场销量排名前 3 的企业依次为：上海通用、北京现代、上海大众。前 10 位企业中有 7 家企业同比呈下滑趋势。

表 10　2014～2015 年小型轿车各企业销量情况

单位：万辆，%

序号	企业名称	2015 年	2014 年	同比增长	细分市场占有率
1	上海通用	22.7	28.3	-19.85	13.67
2	北京现代	21.4	23.6	-9.47	12.87
3	上海大众	19.6	17.7	10.56	11.80
4	东风悦达	16.6	16.8	-1.20	9.97
5	奇瑞汽车	14.7	11.7	25.70	8.86
6	广汽本田	14.6	13.0	12.44	8.81
7	一汽丰田	11.4	12.8	-10.45	6.89
8	长安汽车	9.3	14.9	-37.40	5.62
9	吉利汽车	7.0	9.9	-29.44	4.22
10	广汽丰田	6.5	7.3	-11.70	3.90

2015 年小型轿车市场销量排名前 3 的车型依次为：赛欧、瑞纳、Polo。前 10 位车型中只有 4 个车型产品同比呈增长趋势（见表 11）。

表 11　2014～2015 年小型轿车各车型产品销量情况

单位：万辆，%

序号	车型名称	2015 年	2014 年	同比增长	细分市场占有率
1	赛欧	21.6	25.3	-14.54	13.04
2	瑞纳	21.4	23.6	-9.47	12.87
3	Polo	17.9	15.8	13.38	10.77
4	起亚 K2	16.4	15.5	5.65	9.88
5	威驰	11.4	12.8	-10.45	6.89
6	飞度	9.6	8.5	13.31	5.78
7	YARiS L 致炫	6.5	7.3	-11.70	3.90
8	风云 2	6.4	4.1	57.09	3.84
9	金刚	5.7	8.0	-28.52	3.46
10	悦翔 V3	5.2	7.0	-25.98	3.13

(3) 中型轿车市场

2015年中型轿车销量小幅下滑，同比下滑26万辆，增幅为-3.6%，其占狭义乘用车的比重下降为35.1%。整个中型轿车市场呈现小幅下滑趋势（见图8、图9）。

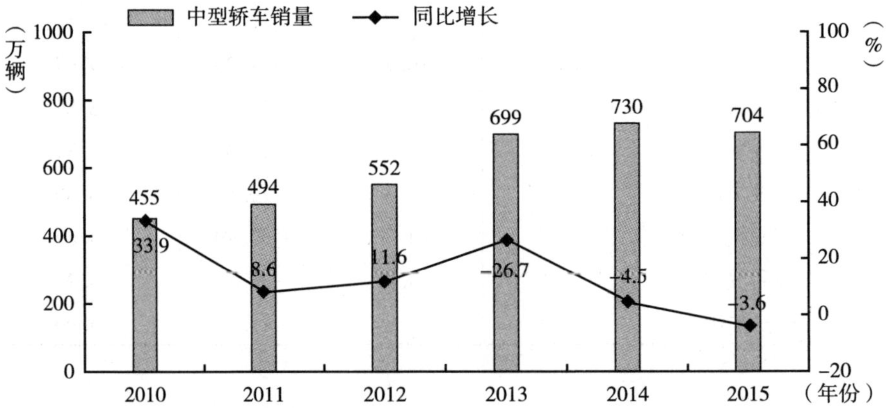

图8 2010～2015年中型轿车销量增长情况

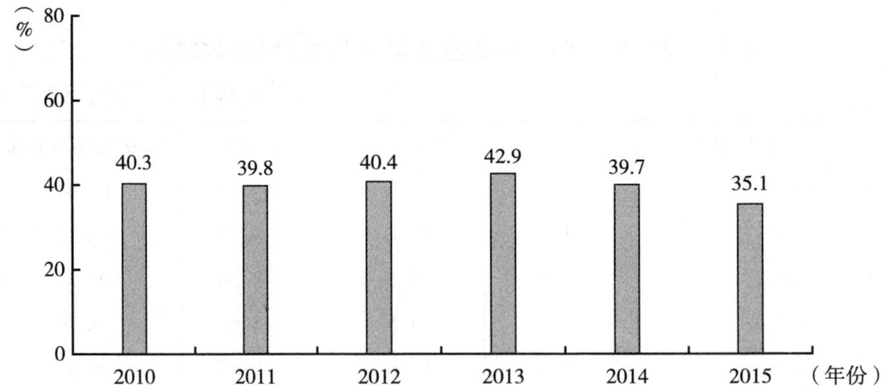

图9 2010～2015年中型轿车占狭义乘用车比重情况

2015年中型轿车市场销量排名前3的企业依次为：上海大众、一汽大众、上海通用。前10位企业中有6家企业同比呈增长趋势。

表 12　2015 年中型轿车各企业销量情况

单位：万辆，%

序号	企业名称	2015 年	2014 年	同比增长	细分市场占有率
1	上海大众	107.4	101.1	6.24	15.26
2	一汽大众	95.3	101.3	-5.93	13.54
3	上海通用	71.3	80.5	-11.53	10.12
4	东风日产	57.6	61.9	-6.96	8.19
5	长安福特	46.0	39.5	16.42	6.54
6	吉利汽车	33.5	23.3	43.86	4.75
7	北京现代	32.3	41.7	-22.50	4.59
8	一汽丰田	30.1	25.9	16.41	4.28
9	东风标致	27.3	23.5	16.30	3.88
10	长安汽车	25.3	16.2	56.44	3.60

2015 年中型轿车市场销量排名前 3 的车型依次为：朗逸、轩逸、速腾。前 10 位车型中有 5 个车型产品同比呈增长趋势（见表 13）。

表 13　2015 年中型轿车各车型产品销量情况

单位：万辆，%

序号	车型名称	2015 年	2014 年	同比增长	细分市场占有率
1	朗逸	37.9	37.2	1.91	5.39
2	轩逸	33.4	30.0	11.34	4.75
3	速腾	28.0	30.0	-6.73	3.98
4	捷达	27.5	29.7	-7.42	3.91
5	英朗 GT	27.0	19.6	37.65	3.83
6	朗动	26.7	25.2	5.84	3.80
7	桑塔纳	25.8	29.7	-13.21	3.66
8	卡罗拉	25.4	17.1	48.29	3.61
9	科鲁兹	24.6	26.6	-7.48	3.50
10	福克斯	24.6	39.2	-37.19	3.50

（4）中大型轿车市场

2015 年中大型轿车销量同比小幅下滑 2.0%，同比减少 4 万辆，其占狭义乘用车的比重下降为 9.6%；整个中大型轿车市场仍呈现小幅下滑趋势，但降幅低于轿车市场整体。

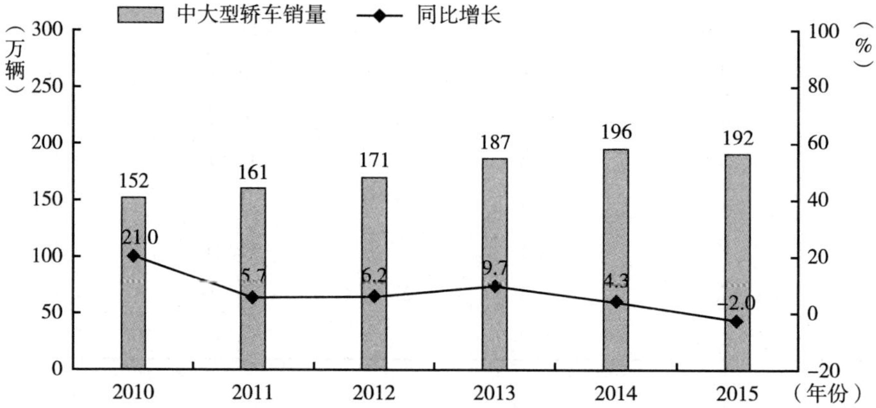

图 10　2010～2015 年中大型轿车销量增长情况

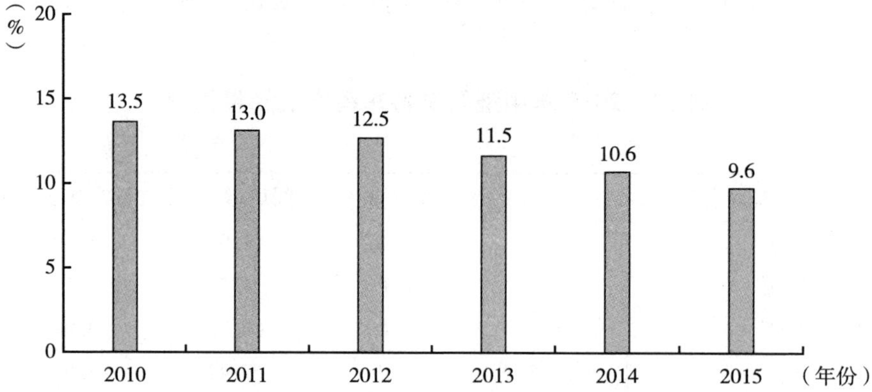

图 11　2010～2015 年中大型轿车占狭义乘用车比重情况

2015 年中大型轿车市场销量排名前 3 的企业依次为：上海通用、北京现代、上海大众。前 10 位企业中有 5 家企业同比呈增长趋势。

表 14　2015 年中大型轿车各企业销量情况

单位：万辆，%

序号	企业名称	2015 年	2014 年	同比增长	细分市场占有率
1	上海通用	32.5	33.7	-3.40	16.96
2	北京现代	23.0	20.0	15.50	12.02
3	上海大众	22.4	24.8	-9.58	11.70
4	一汽大众	18.7	25.5	-26.52	9.78
5	广汽本田	14.1	13.1	8.13	7.38
6	长安福特	13.3	12.2	8.42	6.92
7	广汽丰田	12.8	15.0	-14.81	6.68
8	东风日产	11.2	10.9	2.27	5.83
9	一汽轿车	10.0	12.4	-19.27	5.24
10	东风悦达	10.0	8.2	22.26	5.24

2015 年中大型轿车市场销量排名前 3 的车型依次为：新帕萨特、迈腾、名图。前 10 位车型中有 5 个车型产品同比呈增长趋势（见表 15）。

表 15　2015 年中大型轿车各车型产品销量情况

单位：万辆，%

序号	车型名称	2015 年	2014 年	同比增长	细分市场占有率
1	新帕萨特	20.6	21.8	-5.75	10.73
2	迈腾	15.6	20.7	-24.96	8.11
3	名图	15.5	13.5	14.52	8.06
4	雅阁	14.0	12.6	11.62	7.32
5	凯美瑞	12.1	14.5	-16.14	6.33
6	蒙迪欧	12.0	11.0	9.47	6.27
7	天籁	11.2	10.9	2.27	5.83
8	君威	11.1	11.1	-0.55	5.77
9	君越	8.5	8.4	1.42	4.43
10	迈锐宝	8.0	12.6	-36.10	4.18

（5）豪华轿车市场

2015 年豪华轿车销量大幅增长（13.1%），同比增加 9 万辆，其占狭义乘用车的比重逐年增加，2015 年占比为 4.0%（见图 12、图 13）。整个豪华轿车市场呈现大幅增长趋势，增幅高于轿车市场整体。

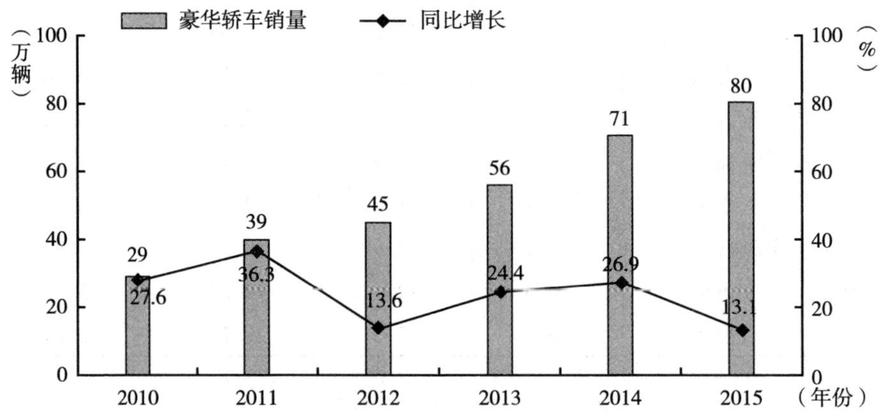

图 12　2010 ~ 2015 年豪华轿车销量增长情况

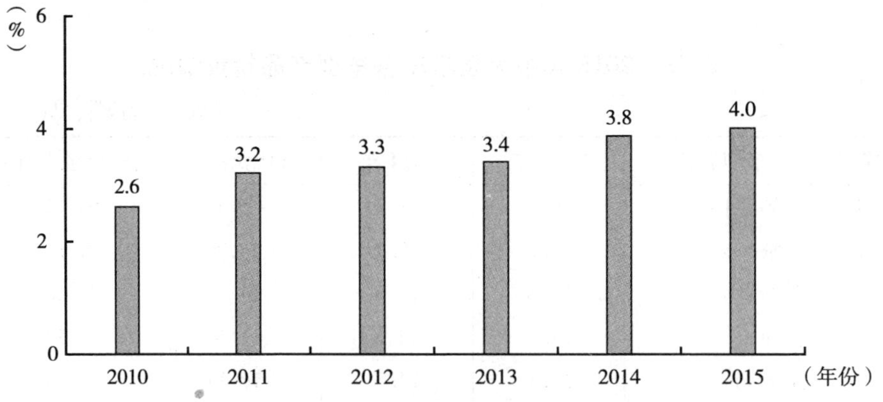

图 13　2010 ~ 2015 年豪华轿车占狭义乘用车比重情况

2015 年豪华轿车市场销量排名前 3 的企业依次为：一汽大众、华晨宝马、北京奔驰。前 7 位企业中有 5 家企业同比呈增长趋势（见表 16）。

表 16　2015 年豪华轿车各企业销量情况

单位：万辆，%

序号	企业名称	2015 年	2014 年	同比增长	细分市场占有率
1	一汽大众	32. 7	31. 9	2. 76	40. 98
2	华晨宝马	24. 6	23. 3	5. 91	30. 82
3	北京奔驰	14. 5	8. 9	63. 10	18. 17
4	上海通用	5. 3	4. 0	32. 97	6. 64
5	东风日产	1. 7	0. 2	613. 36	2. 18
6	长安标致	0. 7	1. 9	-65. 49	0. 83
7	长安福特	0. 3	0. 4	-32. 16	0. 37

2015 年豪华轿车市场销量排名前 3 的车型依次为：奥迪 A6、宝马 5 系、奥迪 A4。前 10 位车型中有 7 个车型产品同比呈增长趋势（见表 17）。

表 17　2015 年豪华轿车各车型产品销量情况

单位：万辆，%

序号	车型名称	2015 年	2014 年	同比增长	细分市场占有率
1	奥迪 A6	14. 8	16. 6	-11. 11	18. 52
2	宝马 5 系	14. 7	13. 8	6. 29	18. 42
3	奥迪 A4	11. 5	12. 0	-4. 20	14. 41
4	宝马 3 系	9. 9	9. 4	5. 00	12. 34
5	奔驰 C 级	8. 5	3. 5	139. 88	10. 65
6	奥迪 A3	6. 4	3. 2	100. 89	8. 05
7	奔驰 E 级	6. 0	5. 4	12. 25	7. 52
8	凯迪拉克	5. 3	4. 0	32. 97	6. 64
9	英菲尼迪	1. 7	0. 2	613. 36	2. 18
10	DS5	0. 7	1. 9	-65. 49	0. 83

3. 轿车市场发展特点及趋势

近年来，在轿车市场发展过程中，A00 和 A0 级别轿车市场销量连续几年大幅下滑，该趋势2016年仍将继续；一方面，在消费升级和汽车普及大趋势下，对微型轿车有需求的用户群体在缩小；另一方面，厂家处于利润考虑，主动控制微型轿车和小型轿车产品销量。但渠道下沉和自主出口业务扩大对小型车有利。2015年新能源微型汽车的快速发展也成为微型轿车市场发展的重要力量，新能源车所占比重已为微型轿车市场的1/4，新能源微型和小型轿车的发展已初见端倪。

A级和B级轿车市场销量连续几年保持大幅上涨趋势后，在2015年首次出现负增长，究其原因，主要是其市场在2015年受MPV市场和SUV市场快速增长的挤压。尽管A级和B级轿车市场2015年增长幅度小幅下滑，但其市场基数大、占比稳定减少，2016年将仍保持小幅下滑趋势。但由于消费升级，增换购用户群体比例仍较大，市场需求仍向中型车和中大型车集中；各厂家仍将中型车视为主战场之一，不断扩大市场竞争能力，合资和自主品牌均不断投入新品，或及时进行产品改进，与此同时，新能源汽车新品也开始增量出现在A级和B级轿车市场。

C级及以上轿车销量2016年仍将继续增长，随着收入增长，个人用户对于豪华轿车的需求增加；经济稳定增长，单位用户的需求量稳中有升。国内市场追大求豪的消费习惯支撑豪华品牌热销，但公车市场逐年缩小的趋势会影响该市场的需求量。

2016年轿车市场预期销量将保持稳定小幅减少，销量预计约1204万辆，同比增长2.7%。

（二）2015年轿车产品进出口情况

1. 轿车进口分析

轿车进口量从2009年出现调整后，2010年开始暴增，2011年突破40万辆，随后的进口车暴增势头受阻，2013年轿车进口42万辆，2014年轿车进口46.6万辆，而2015年1～11月轿车进口31.5万辆，同比下滑26.21%。但进口车的单价保持高位，虽然人民币升值，但进口轿车依旧是水涨船高。

进口轿车的排量主要集中在1.5~2.0L和2.5~3.0L，分别占进口轿车的47.0%和21.2%，其同比分别下滑23.62%和38.48%。

2015年，进口轿车仍主要以德系和日系为主，其中在1.0~1.5L、1.5~2.0L、2.5L以上车型中，德系车所占比重均最大，德系品牌占总进口的比重为45.7%；日系车则在2.0~2.5L车型中所占比重较大，日系品牌占总进口的比重为12.5%，位居第二。

2. 轿车出口分析

2015年轿车出口量继续下滑，出口24万辆，同比下滑25.5%，较2014年减少8万辆，出口形势不容乐观（见图14）。

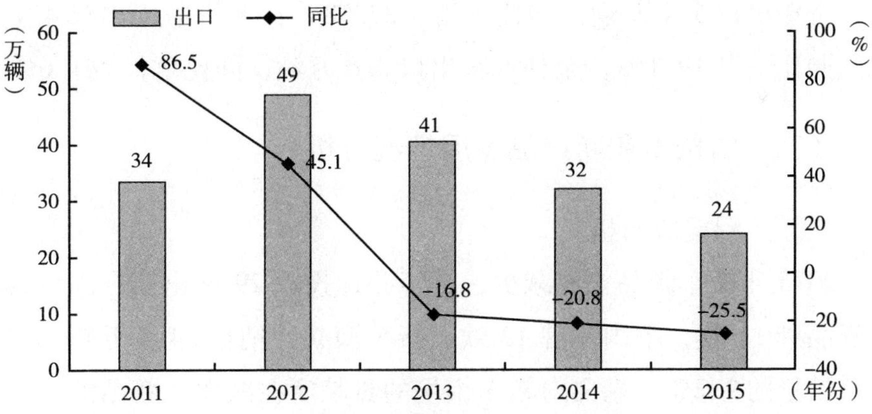

图14　2011~2015年轿车出口情况

资料来源：中国汽车工业协会出口数据。

从细分市场看，2015年中大型轿车出口增长一枝独秀，其他细分市场均呈现下滑态势，但中大型轿车总量较小，不能改变整体出口市场下滑态势（见图15）。

从出口企业排名看，前3为奇瑞汽车、上汽通用、金杯汽车，其

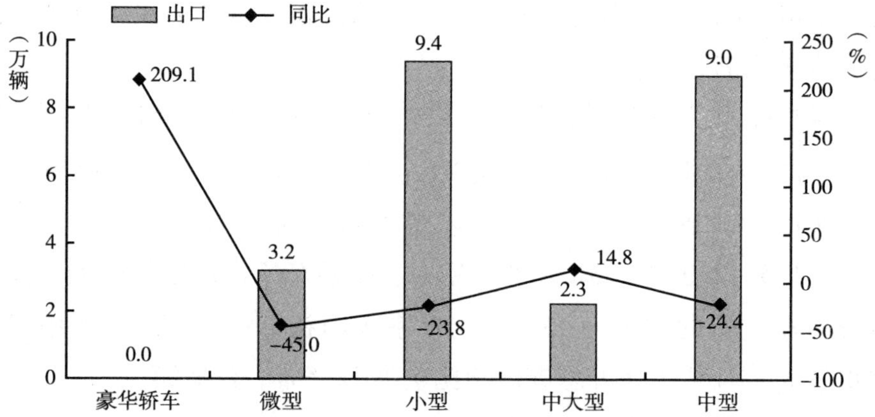

图 15　2015 年轿车细分市场出口情况

资料来源：中国汽车工业协会出口数据。

中，奇瑞出口 5.4 万辆，同比下滑 -22.88%；上汽通用出口 4.1 万辆，同比下滑 19.1%，金杯汽车出口 2.6 万辆，同比增长 241.6%。

（三）新技术和新产品发展情况分析

1. 新产品投放分析

2015 年轿车新品投放减少，全年共计投放 29 款全新产品，其中合资品牌 11 款，中国品牌 18 款。新车型共计销售 24.5 万辆，占轿车总销量的 2.2%，新品对轿车市场的贡献度在减弱，新品的增加主要来自换代新品及新能源产品。新品表现较好的是威朗、博瑞、新蓝鸟、荣威 360、凯翼 C3 等。

中国品牌上市的新车主要有博瑞、荣威 360、凯翼 C3、知豆 D1、海马 M6、奔腾 B30 等。而外资品牌新车中，日系、欧系和美系轿车在 2015 年均有 3 款新品上市。

2016 年可以预见的轿车新品有 16 款，其中自主品牌新品较多，预计有 11 款，其中包括 4 款新能源车型。

2. 轿车产品新技术分析

车载智能系统的普及在2015年持续加快，包括宝马、沃尔沃、丰田、福特等合资品牌均在各自轿车产品中大量普及车载智能系统。而中国品牌则在该领域奋起直追，各企业均在各自新车型和改款上不断加入智能系统，以提高竞争力。

自动驾驶技术尤其是以自动倒车入库、停车为代表的简单自动驾驶技术在大部分中高端车型上开始普及。

2015年，新能源技术在产品上取得较大发展，在2015年的轿车新品中有9款新车型均是新能源汽车，2016年可以预见的新能源车型也有4款，可见，新能源汽车的发展在政策支持下逐渐加速。

可以预见，上述各种轿车产品新技术将在2016年继续得以推广，并向下端车型普及，以提升产品竞争力。

（四）行业运行存在的问题和发展建议

2015年轿车市场首现负增长，主要合资车企基本全线下滑，除受经济环境的影响外，主要还是面临SUV、MPV产品的替代挤压，合资品牌在SUV、MPV市场产品投放相对较少。但从国际主要汽车市场产品结构变化走势来看，轿车市场仍将是未来主要的产品市场，基本占50%的市场，目前，在SUV市场火爆带来市场机遇的同时，车企依然要长远谋划，切实做好轿车市场的布局。

2015年，轿车车企总体来看下滑明显，但吉利轿车的逆势较高，增速值得关注，从产品来看，帝豪EC7与远景产品的再次腾飞以及博瑞在中大型轿车市场的突破功不可没。吉利轿车的逆势上扬为中国品牌车企在轿车市场的发展提供了范本，轿车市场虽然竞争激烈，但中国品牌依然有市场机遇，老产品在改进创新之后，同样可以焕发青春，中高端轿车市场对中国品牌车企并非高不可攀。

三　2015年 SUV 车型发展概况

（一）SUV 市场发展分析

1. 2015年 SUV 市场表现

2015 年，SUV 继续呈加速扩张态势，连续跨越 500 万、600 万整百万辆关口，实现销售 6220279 辆，同比增长 52.39%，较上年的 36.44%增速明显提升，创下 2011 年以来增速新高；占狭义乘用车比重由上年的22.2%上升到31.0%，上升8.8个百分点，市场呈加速扩张势头。

从驱动形式细分来看，两驱 SUV 销售 5141450 辆，同比增长 58.92%，四驱 SUV 销售 1078829 辆，同比增长 27.43%，两驱 SUV 占 SUV 比重由 2014 年的 79.3% 上升为 82.7%，四驱 SUV 占比由 2014 年的 20.7% 下降至 2015 年的 17.3%（见图 16）。两驱 SUV 主导地位继续巩固。

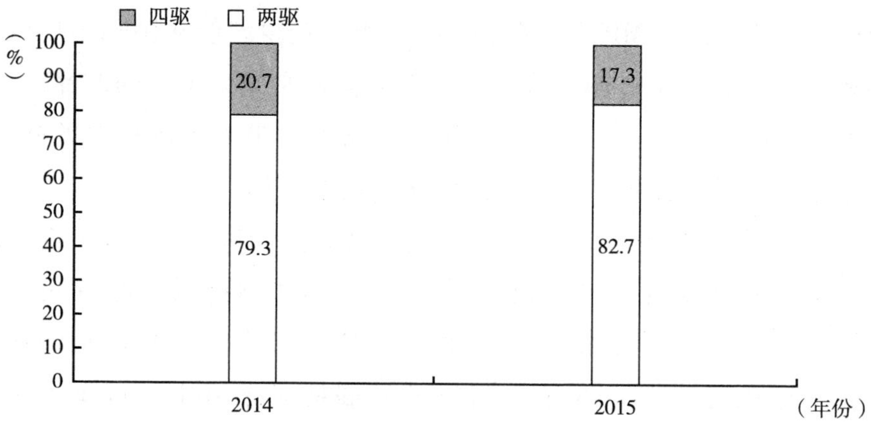

图 16　2014 年和 2015 年 SUV 驱动类型占比情况

资料来源：中国汽车工业协会。

从排量细分来看，1.6 升及以下小排量 SUV 品种增速、增量依然居首位，销量同比增长高达 120.27%，远高于 53.98% 的 SUV 总量增速，增量贡献度高达 71.95%，市场占比由 2014 年的 32.29% 上升至 46.19%，净增 13.9 个百分点，小排量 SUV 产品市场成为 SUV 市场举足轻重的细分市场，是 2015 年 SUV 市场高速增长的一大亮点（见表 18）。

表 18　2014 年和 2015 年按排量细分的 SUV 国内销量

单位：万辆，%

排量细分	2015 年销量	2014 年销量	同比增长	增量	增量贡献度	2015 年占比	2014 年占比	占比差
1 升 < 排量 ≤1.6 升	280.4	127.3	120.27	153.1	71.95	46.19	32.29	13.90
1.6 升 < 排量 ≤2.0 升	250.9	189.1	32.68	61.8	29.04	41.33	47.97	-6.64
2.0 升 < 排量 ≤2.5 升	70.2	62.4	12.50	7.8	3.67	11.57	15.83	-4.26
2.5 升 < 排量 ≤3.0 升	4.7	14.4	-67.36	-9.7	-4.56	0.77	3.65	-2.88
3.0 升以上	0.8	0.9	-11.11	-0.1	-0.05	0.13	0.23	-0.10
SUV 总量	607	394.2	53.98	212.8	100.00	100.00	100.00	0.00

资料来源：中国汽车工业协会。

中国品牌 SUV 继续表现抢眼，全年共销售 313.3 万辆，同比增长 71.30%，高于 SUV 平均增速 18.92 个百分点，增量贡献度高达 60.99%，市场占有率较 2014 年提升 5.56 个百分点，中国品牌在 SUV 市场已占据半壁江山，优势地位在进一步凸显。其他国际品牌 SUV 市场比重均有所下降，合资自主品牌步入 SUV 市场，占据一席之地（见表 19）。

表 19　2014 年和 2015 年 SUV 国别细分市场表现

单位：万辆，%

车系细分	2015 年销量	2014 年销量	同比增长	增量	贡献度	2015 年占比	2014 年占比	占比差
中国品牌	313.3	182.9	71.30	130.4	60.99	50.37	44.81	5.56
日系品牌	101.7	78.0	30.38	23.7	11.09	16.35	19.11	-2.76
欧系品牌	81.7	66.9	22.12	14.8	6.92	13.14	16.39	-3.25
美系品牌	59.0	39.9	47.87	19.1	8.93	9.49	9.77	-0.28
韩系品牌	45.4	40.5	12.10	4.9	2.29	7.30	9.92	-2.62
合资自主	21.0	0		21.0	9.82	3.38	0.00	3.38
SVU 总量	622.1	408.2	52.38	213.9	100.00	100.03	100.00	0.03

资料来源：中国汽车工业协会。

从企业销量排名来看，SUV 销量排名前 10 的企业中，合资品牌占据 6 家，自主品牌有 4 家，长城汽车销量优势依然相对明显，仍然是占有率为两位数的唯一企业，但市场份额有所下降。2015 年中国品牌的长安汽车、江淮汽车 SUV 销量同比成倍增长，扩张强劲。合资品牌的上海通用、东风日产、东风本田都增长较快（见表 20）。

表 20　2015 年 SUV 销量排名前 10 车企销售情况

单位：辆，%

车企	2015 年销量	2014 年销量	同比增长	2015 年占有率	2014 年占有率	占比差
长城汽车	699052	519445	34.58	11.24	12.73	-1.49
长安汽车	355995	153602	131.76	5.72	3.76	1.96
上海通用	328129	178236	84.10	5.28	4.37	0.91
东风日产	312004	202115	54.37	5.02	4.95	0.07
北京现代	295574	267556	10.47	4.75	6.55	-1.80
上海大众	278732	253696	9.87	4.48	6.22	-1.73
东风本田	275356	168705	63.22	4.43	4.13	0.29

续表

车企	2015 年销量	2014 年销量	同比增长	2015 年占有率	2014 年占有率	占比差
长安福特	256811	220641	16.39	4.13	5.41	-1.28
江淮汽车	253067	71487	254.00	4.07	1.75	2.32
奇瑞汽车	192819	205331	-6.09	3.10	5.03	-1.93
SUV 总计	6220279	4081938	52.39	52.22	54.90	-2.68

资料来源：中国汽车工业协会。

从 SUV 产品销量来看，2015 年 SUV 产品销量排名前 15 的产品由 2014 年 9 款合资产品、6 款中国品牌产品变成 6 款合资产品、9 款中国品牌产品，上年销量排名靠前的 IX35、RAV4 等合资产品退出了前 15 名，长安 CS75、瑞风 S3、幻速、宝骏 560、哈弗 H2、传祺 GS4、众泰 T600 7 款中国品牌产品入围排名，中国品牌 SUV 产品强势挺进 SUV 市场（见图 17）。

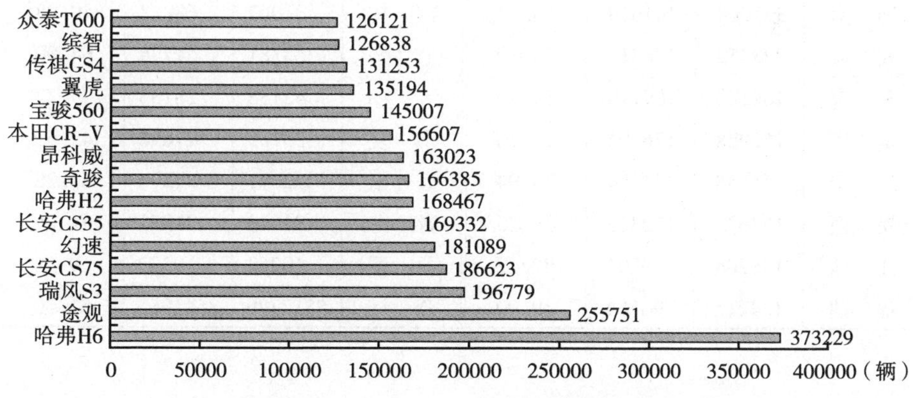

图 17　2015 年 SUV 品牌销量排名

资料来源：中国汽车工业协会。

从 2015 年上户数据来看，有 12 个省级市场 SUV 上户增速高于全国 SUV 平均增速。与 2014 年相比，2015 年 SUV 上户量前十位区域市场排名略有变化，河南上升一位排名第五，四川较2014年下降一位排名第六，其他排名基本没变。在排名前十开外的省级市场中，贵州、甘肃、广西、上海四个区域SUV增速高过全国平均增速，中西部区域SUV市场也呈高速增长态势（见表21）。

表21　2014～2015年SUV区域市场上户情况

单位：辆，%

省　份	2015年	2014年	同比增长	省　份	2015年	2014年	同比增长
广　东	509110	330354	54.11	贵　州	127440	78952	61.41
江　苏	410357	271011	51.42	北　京	124708	101649	22.68
山　东	375978	259305	45.00	山　西	115122	79204	45.35
浙　江	340069	230708	47.40	新　疆	109349	83278	31.31
河　南	334486	207357	61.31	甘　肃	108921	70815	53.81
四　川	334175	217623	53.56	广　西	108617	64002	69.70
河　北	296955	190307	56.00	内蒙古	108095	78917	36.97
湖　北	293257	162250	80.74	黑龙江	104407	72482	44.05
湖　南	231004	141619	63.12	吉　林	97047	68838	40.98
安　徽	228352	128818	77.27	上　海	85381	51776	64.90
云　南	164180	109118	50.46	天　津	42138	28135	49.77
重　庆	162988	126195	29.16	宁　夏	39785	27898	42.61
辽　宁	155158	120334	28.94	海　南	32671	21596	51.28
陕　西	153673	112376	36.75	青　海	31623	21951	44.06
江　西	148204	79204	87.12	西　藏	10264	9333	9.98
福　建	134215	96564	39.00	合　计	5517729	3641969	51.50

2. SUV市场消费特征及趋势

大数据对车主购买SUV关注因素的数据分析显示，SUV需求高增长符合中国国情（路况复杂、自驾游高增长、面子观等）。空间宽敞、安全性好、适应多种路况等特点，满足了消费者对“空间、安全、动力”等的需求；消费者选择SUV目标明确，其他车型不能替代。

表 22　SUV 车主购买关注因素（部分）

单位：%

排名	SUV 车主购买原因	占比	排名	SUV 车主购买原因	占比
1	空间宽敞	7.20	6	大气	5.10
2	能适应多种路况	7.00	7	高端	4.90
3	头部余量多	5.90	8	视野开阔	4.70
4	皮实	5.70	9	动力强劲	4.60
5	底盘高	5.50	10	有面子	4.50

从对2015年用户购买车型选择情况和用户再购车型选择调研数据分析来看，40%的用户购车时将考虑SUV，58%的用户选择了轿车；再购选择中，SUV占比逐年增加，2015年达到56%，可以预计在未来较长一段时期，SUV市场扩张仍将相对强势（见图18、图19）。

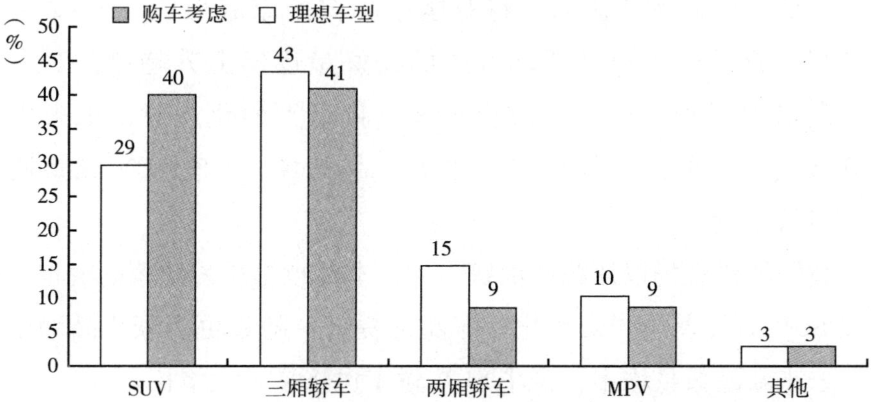

图 18　2015 年用户购买车型选择情况

小型SUV产品性价比高、外观大气，优于轿车的空间及通过性，满足了小型SUV用户的需求，同时，大量中国品牌产品投放市场，

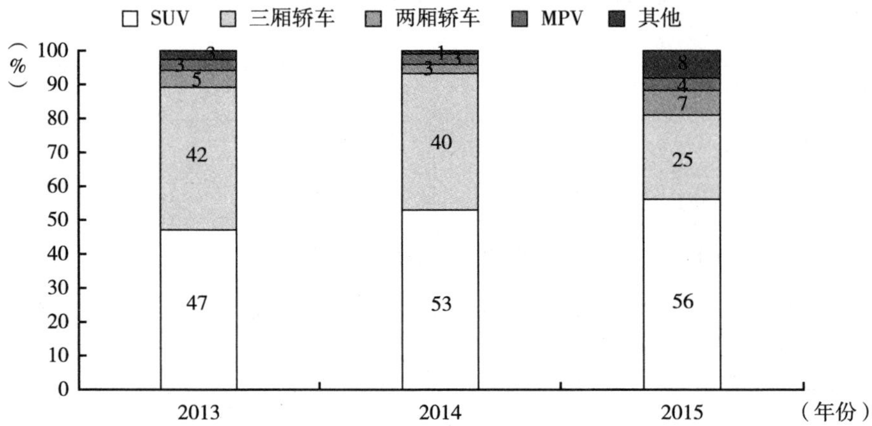

图 19　用户再购车型选择趋势

供给因素也导致小型 SUV 市场急剧膨胀，但小型 SUV 在经过快速发展期后，迎来消费者换购升级周期，远期看，小型 SUV 市场占比将趋于下滑。

全面二胎政策实施后，将有越来越多的家庭形成“2 + 2 + 2”的格局，自驾游等户外活动方式的偏好呈逐年上升趋势，对车辆大空间需求强烈；同时，消费升级也将呈大型化趋势，未来中大型 SUV（B 级车）市场仍将是主力产品市场，7 座 SUV 或将迎来一定发展机遇。

我国消费观仍以炫耀性消费为主，车辆也是用户炫耀的资本，推动以 SUV 为代表的“豪华化”车型的提升；随着更多豪华品牌国产化，未来新品数量增多，豪华 SUV 轿车也将是一大增长亮点。

总体来看，SUV 市场目前还是处于需求旺盛时期，其市场比重仍将持续提升。2015 年，SUV 新品投放依然是市场亮点，预计 2016 年 SUV 市场仍然有一个不错的增长，销量有望突破 768 万辆，增速将保持在 25% 左右的水平。

（二）新产品分析

2015 年也是 SUV 新品投放丰收年，仅国内车企 SUV 全新产品投放量就有 36 款之多，较 2014 年的 27 款多 9 款。其中合资品牌投放了 11 款，较 2014 年多 1 款，中国品牌 SUV 产品投放高达 25 款，较 2014 年的 17 款多 8 款（见表 23）。新品共实现销量 92 万辆，较 2014 年新品销量 38 万辆多 54 万辆，新品销量提升非常明显，2015 年新品销量贡献度高达 15%，较 2014 年 9% 净增 6 个百分点，新品对市场的拉动明显。

表 23　2014～2015 年 SUV 系别新品投放数量

单位：款

品　牌	2014 年	2015 年
合资品牌(含合资自主)	10	11
中国品牌	17	25
合　计	27	36

2015 年 SUV 新品销量排名前五的分别是：上汽通用五菱的宝骏 560，实现销量 145007 辆，位居新品销量第一；广汽传祺 GS4，实现销量 131253 辆，位居第二；之后依次为华晨中华的 V3，销量为 76790 辆；长安福特的锐界，销量为 65152 辆；东风日产的启辰 T70，销量达到 65072 辆。

2015 年，车长在 4.3 米及以下的小型 SUV 新品有 12 款，4.3～4.5 米的中型 SUV 新品有 5 款，4.5～4.8 米的中大型 SUV 新品有 12 款，4.8 米以上的大型 SUV 新品有 3 款，豪华品牌有 1 款，越野 SUV 有 3 款，新品投放主要集中在小型 SUV 及中大型 SUV 市场，可见小型 SUV 市场、中大型 SUV 市场仍然是企业新品投放、市场争夺的主要细分市场。

2016 年仍将是 SUV 新品的井喷年，预计新品投放数量将高达 35 款之多。

（三）重点生产企业发展分析

1. 长城汽车

2015 年长城汽车实现汽车销量 852693 辆，同比增长 16. 68%，一改上年负增长的颓势。其中，哈弗品牌销售 699052 辆，同比增长 34. 58%，销量净增 17. 9 万辆；哈弗品牌在销量结构中的占比由上年的 71. 08% 上升到 81. 98%，净增 10. 9 个百分点（见图 20），长城汽车产品呈明显的加速 SUV 化。2015 年，哈弗 H6 以 37. 3 万辆的成绩领先第二名途观近 12 万辆。长城汽车继续强化哈弗品牌的战略意图明显。

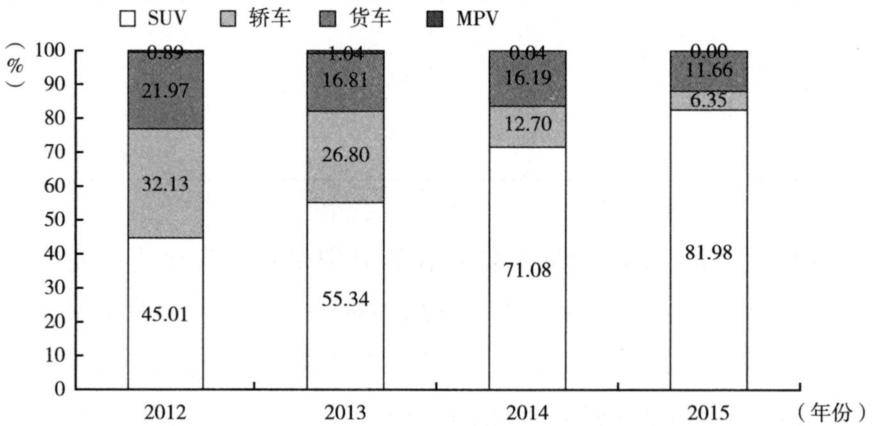

图 20　长城汽车产品品牌结构比重

资料来源：中国汽车工业协会。

2. 重庆长安

2015 年重庆长安自主品牌乘用车销售 1256674 辆，同比增长 16. 91%，其中，SUV 销售 355995 辆，同比增长 131. 76%，继续呈超速增长，SUV 产品占比由 2014 年的 13. 81% 上升为 28. 33%，净增

14.52 个百分点（见图 21），继续成为重庆长安产品结构占比上升最明显的产品种类，销量排名仅次于轿车产品，从目前发展态势来看，随着拳头产品长安 CS75、CS35 的成长成熟以及 SUV 新品的投放，2016 年长安汽车 SUV 产品销量超越轿车销量是大概率事件，SUV 产品市场也将成为重庆长安扩张的重点。

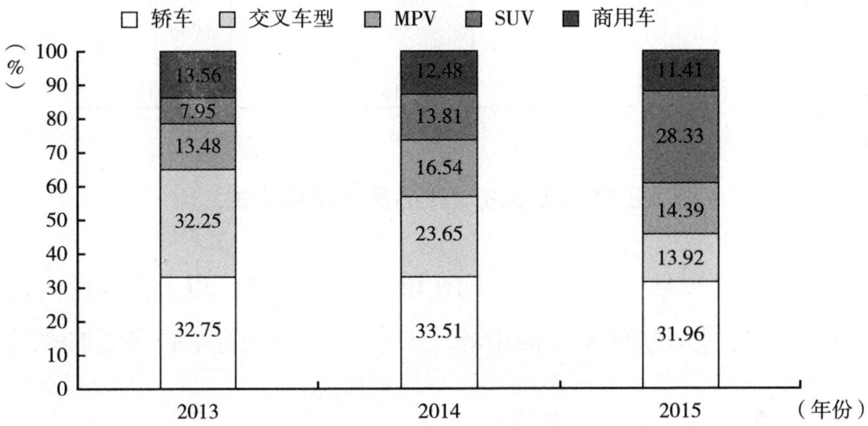

图 21　重庆长安汽车产品品牌结构比重

3. 江淮汽车

2015 年江淮汽车实现销量 577926 辆，同比增长 27.22%，其中，SUV 销售 253067 辆，同比增长 254%，SUV 产品占比由 2014 年的 15.74%上升为 43.79%，净增 28.05 个百分点（见图 22），超越中流砥柱的货车比重，成为江淮汽车产品结构中新的领头羊产品，江淮 SUV 产品代表瑞风 S3 全年实现 19.7 万辆销量，位居 SUV 产品销量第 3，成为江淮汽车重要的拳头产品。可以说，SUV 产品为江淮汽车崛起带来发展机遇。

4. 上汽通用

2015 年上汽通用实现销量 1724976 辆，同比增长 0.06%，其中，SUV 销售 328129 辆，同比增长 84.10%。在轿车市场下滑的情况下，上汽通用 SUV 产品的优异表现避免了企业销量的下滑，昂科威 SUV 产

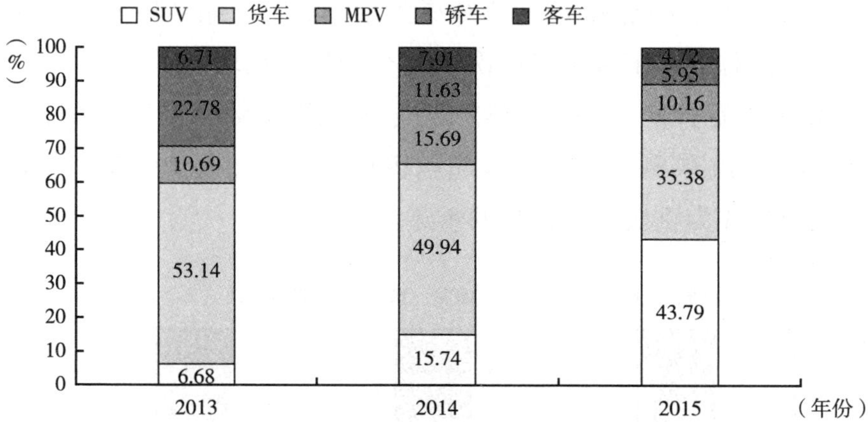

图 22　江淮汽车产品品牌结构比重

品 2015 年实现销量 16. 3 万辆，同比增长 7 倍之多，以上汽通用为代表的合资企业也将发力 SUV 产品市场，未来 SUV 市场竞争必将更加激烈。

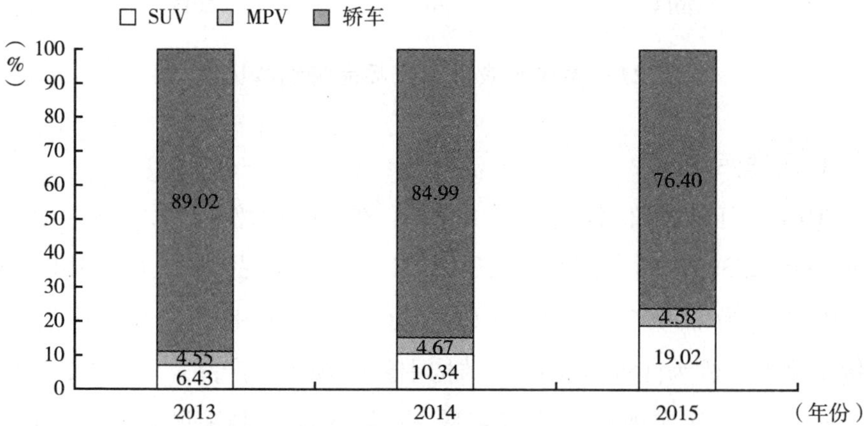

图 23　上汽通用产品品牌结构比重

5. 东风本田

2015 年东风本田实现销量 406468 辆，同比增长 31. 88%，一改上年的下降颓势。其中，SUV 销售 275356 辆，同比增长 63. 22%，扭转了上年 SUV 产品市场同比下降的局面。东风本田的 SUV 产品占比较 2014 年上升 13 个百分点，新推出较 CR-V 更低端的 XR-V 产品实现销量 118749 辆，为东风本田 2015 年的快速增长奠定了坚实基础，可见合资品牌 SUV 低端化不仅仅加速企业的快速成长，也必将对中国品牌产品的竞争带来压力。

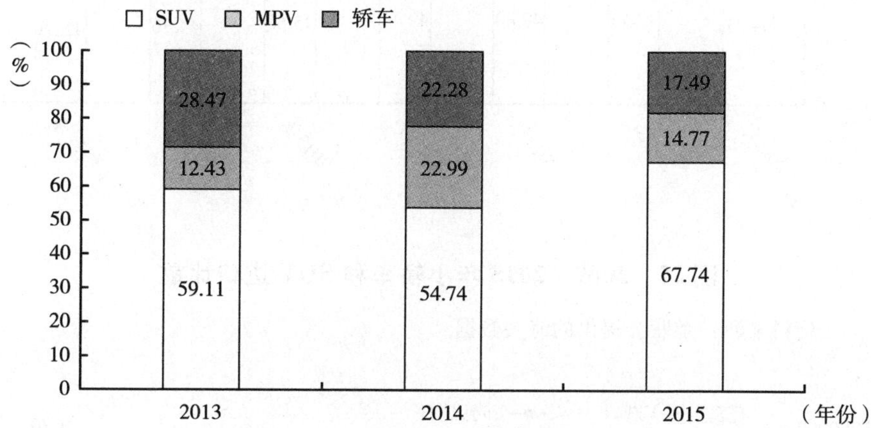

图 24　东风本田产品品牌结构比重

资料来源：中国汽车工业协会。

（四）进出口分析

1. SUV 进口分析

2015 年 1～11 月，SUV 进口 430175 辆，同比增长 -19.78%，SUV 进口市场呈明显下降，但较轿车进口市场相对比重继续提升（见图 25、图 26）。随着中国品牌 SUV 产品的崛起，2016 年 SUV 产品进口市场将不会乐观。

2. SUV 出口分析

2015 年 SUV 产品出口 122763 辆，同比增长 -13.71%，呈两位数下滑。出口量排名前 10 企业中，力帆汽车继续保持 SUV 出口第一

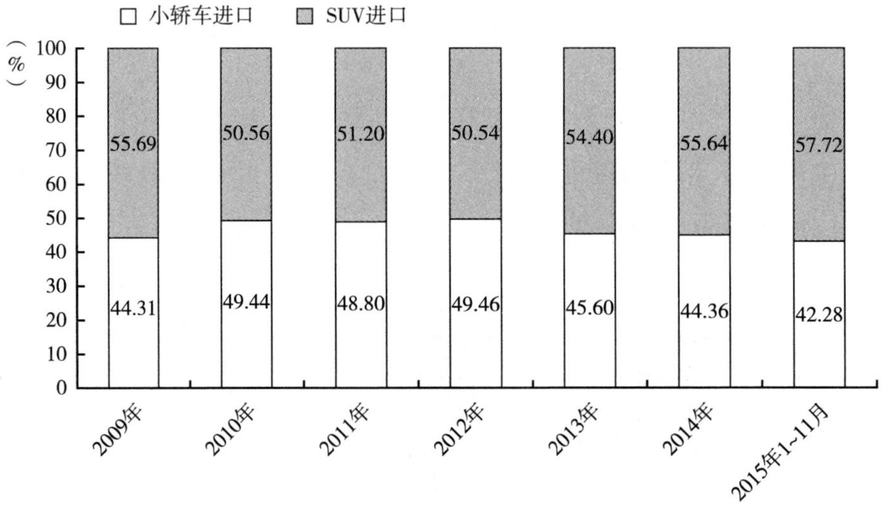

图 25　2009～2015 年小轿车和 SUV 进口比重

资料来源：乘联会提供的海关数据。

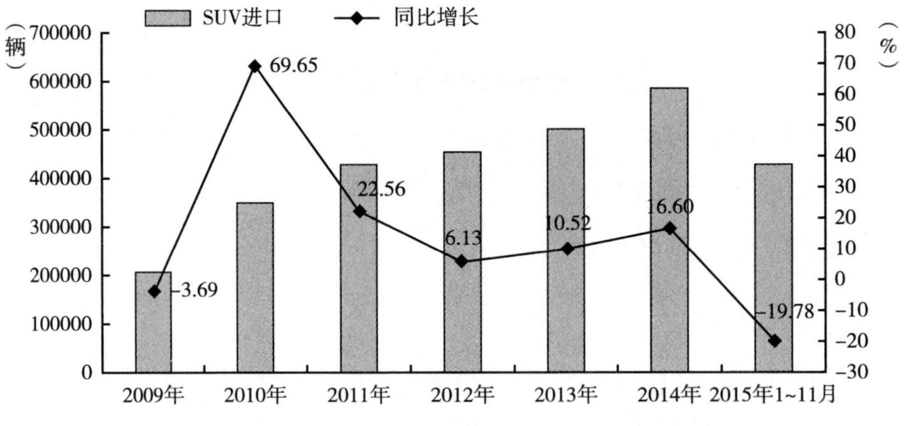

图 26　2009～2015 年 SUV 进口及增长情况

资料来源：乘联会提供的海关数据。

名，上海汽车是新增出口企业，江淮汽车 SUV 出口增长表现突出，北汽银翔增长幅度较大，其他企业 SUV 出口基本呈大幅下降，2015 年的 SUV 出口面临较严峻的形势（见表 24）。

表 24　SUV 出口企业排名

单位：辆，%

企　业	2011 年	2012 年	2013 年	2014 年	2015 年	2014 年同比	2015 年同比
力帆汽车	21	15704	28693	39180	36631	36.55	-6.51
奇瑞汽车	43377	53449	39993	29113	24756	-27.20	-14.97
江淮汽车	897	560	354	1804	19186	409.60	963.53
华泰汽车	930	1	0	15774	11242	—	-28.73
长城汽车	34326	36448	31734	24123	10958	-23.98	-54.57
华晨汽车	0	3068	6372	11109	6377	74.34	-42.60
长安汽车	—	0	1709	6497	3117	280.16	-52.02
吉利汽车	0	11	9352	10094	2765	7.93	-72.61
上海汽车	—	—	—	0	1133	—	—
北汽银翔	—	—	0	309	1097	—	255.02
总　计	90982	120424	127291	142276	122763	11.77	-13.71

资料来源：中国汽车工业协会。

（五）SUV 产业运行中存在的问题和发展建议

近年来，SUV 产品市场发展迅猛，SUV 新品投放非常快，尤其是中国品牌产品 SUV 新品投放速度惊人，这就难免会忽略了产品品质，一旦品质跟不上，将不会为企业带来持续的竞争力，中国品牌轿车产品的发展可作为借鉴，因此，企业，尤其中国品牌企业在面对 SUV 市场旺销的局面时，一定要把握好品质和速度的关系。

目前，企业都瞄准 SUV 这一市场机会，尤其是中国品牌企业，为了发展 SUV 产品，将轿车、MPV 产品市场速度放缓，因此，产品结构单一化趋势明显，呈现 SUV 独大的局面。随着合资品牌产品价格下移，市场日趋饱和，产品结构单一化的竞争劣势将凸显。因此，中国品牌企业在抓住机遇发展的同时，必须未雨绸缪，全面考虑产品布局。

四　2015年MPV车型发展概况

（一）市场发展分析

1. 2015年MPV市场销量分析

MPV市场在连续高增长后，2015年由于MPV中最大的细分市场——小型MPV市场呈负增长，整个MPV市场增速急速放缓。

2015年，MPV市场销售211万辆，同比增长10.1%，增幅远低于上年的55.1%（见图27），占狭义乘用车市场的比重为10.5%，占比与上年相比基本无变化。

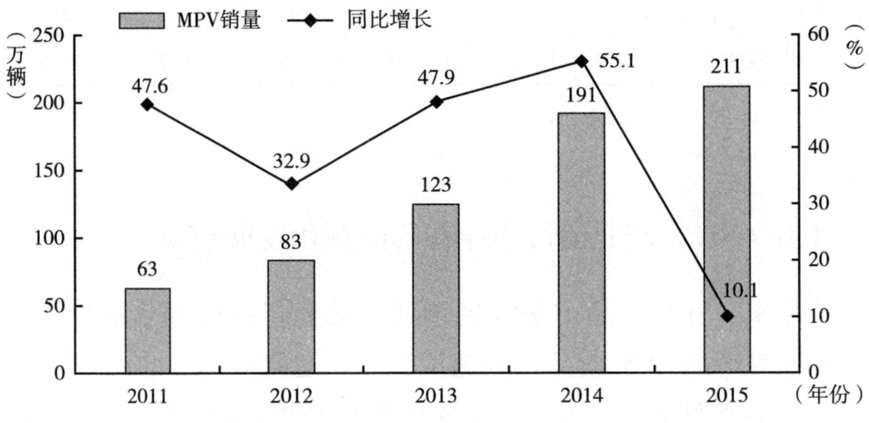

图27　2015年MPV市场销售规模及增速

MPV市场销量排名前10的企业依次为：上汽通用五菱、北汽银翔、长安汽车、东风柳汽、东风小康、上海通用、东风本田、江淮汽车、奇瑞汽车和华晨汽车。

上汽通用五菱实现销量100万辆，在MPV市场中占比近五成（47.47%），其销量同比增长14.80%；北汽银翔在MPV市场销量为

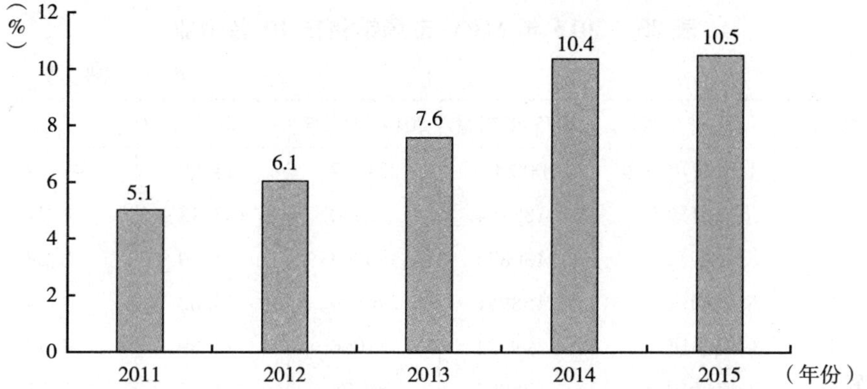

图 28　2011～2015 年 MPV 在狭义乘用车市场占比走势

资料来源：中国汽车工业协会。

18.38 万辆，同比激增 103.18%，占比为 8.72%，跃居 MPV 细分市场第二，主要是威望 M20 的优异表现以及幻速 H2 和幻速 H3 两款新品的拉动；长安汽车在 MPV 市场销量为 18.08 万辆，同比下滑 1.70%，占比为 8.58%，仅次于北汽银翔位列细分市场第三。销量排名前 3 的企业占比超过六成。

2015 年奇瑞汽车由于新品开瑞 K50 的拉动，华晨汽车由于金杯 750 和华颂 7 两款新品的增量，分别进入 TOP10 企业行列。

然而，也有企业 MPV 市场表现不佳。如东风柳汽、江淮汽车和东风本田销量下滑相对严重，同比分别下跌 34.02%、17.63% 和 15.25%，至 15.90 万辆、5.87 万辆和 6.00 万辆（见表 25）。

销量排名前 10 的 MPV 品牌依次为五菱宏光、宝骏 730、威旺 M20、欧诺、风行菱智、风光、别克 GL8、瑞风、杰德和开瑞 K50，分别销售 65.55 万辆、32.11 万辆、14.74 万辆、14.23 万辆、11.69 万辆、9.96 万辆、7.90 万辆、5.87 万辆、5.26 万辆和 4.64 万辆。2015 年，上述十大品牌共销售 171.96 万辆，占 MPV 市场销售总量的 81.64%（见表 26）。

表 25　2015 年 MPV 市场销量前 10 名企业

单位：辆，%

排名	生产厂商	2015 年销量	2014 年销量	同比	占比
1	上汽通用五菱	1000007	871117	14.80	47.47
2	北汽银翔	183754	90440	103.18	8.72
3	长安汽车	180838	183963	-1.70	8.58
4	东风柳汽	158951	240899	-34.02	7.54
5	东风小康	99622	81066	22.89	4.73
6	上海通用	78985	80476	-1.85	3.75
7	东风本田	60040	70844	-15.25	2.85
8	江淮汽车	58706	71267	-17.63	2.79
9	奇瑞汽车	52239	5778	804.10	2.48
10	华晨汽车	47199	15041	213.80	2.24

资料来源：中国汽车工业协会。

表 26　2015 年 MPV 市场销量前 10 名品牌排名

单位：辆，%

排名	产品名称	2015 年销量	2014 年销量	同比	占比
1	五菱宏光	655531	750019	-12.60	31.12
2	宝骏 730	321069	120089	167.36	15.24
3	威旺 M20	147399	90440	62.98	7.00
4	欧诺	142344	137961	3.18	6.76
5	风行菱智	116896	125230	-6.65	5.55
6	风光	99622	81066	22.89	4.73
7	别克 GL8	78985	80476	-1.85	3.75
8	瑞风	58706	71267	-17.63	2.79
9	杰德	52636	63210	-16.73	2.50
10	开瑞 K50	46402	0	-	2.20
合　计		1719590	1519758	13.15	81.64

资料来源：中国汽车工业协会。

从MPV分排量细分品种来看：2015年，1.6升及以下小排量MPV品种同比正增长，其余排量MPV同比均下滑。1.6升及以下共销售176.68万辆，占MPV销售总量的84.93%；1.6~2.0升系列共销售11.62万辆，同比下滑20.52%；2.0~2.5升系列销售19.79万辆，同比下滑13.28%，2.5~3.0升和3.0升以上两个系列所占比重较小，销量分别为2.39万辆和0.02万辆，同比增速分别为-29.67%和-64.84%（见图29）。

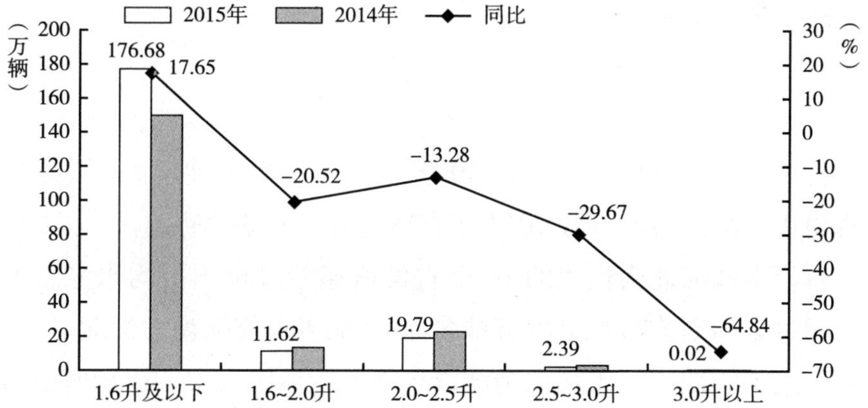

图29　2015年MPV市场排量分布

资料来源：中国汽车工业产销快讯。

由于上汽通用五菱划归为合资自主品牌，2015年MPV市场成为合资自主和中国品牌的天下，其他系别同比均下滑。合资自主和中国品牌MPV分别销售100万辆和86.58万辆，占比分别为47.47%、41.10%。美系、欧系和日系品牌分别销售7.90万辆、3.76万辆和12.44万辆，同比分别下滑2.58%、17.28%和14.02%，分别占MPV销售总量的3.75%、1.78%和5.90%（见表27）。

从MPV各区域分布来看：2015年河南零售量为20.67万辆，同比增长26.91%，排名第一；广东、山东、江苏、河北分列零售量第

表 27　2015 年 MPV 市场各系别情况

单位：辆，%

系　别	2015 年销量	2014 年销量	同比	占比
合资自主	1000007	871117	14.80	47.47
中国品牌	865802	772005	12.15	41.10
美　　系	78985	81079	-2.58	3.75
欧　　系	37575	45423	-17.28	1.78
日　　系	124360	144631	-14.02	5.90
总　计	2106729	1914255	10.05	100.00

资料来源：中国汽车工业协会。

二至五名。

排名前 5 的省份占总量的 40.93%，市场集中度较高。排名前 5 的省份中，河南占有率较 2014 年有所上升（见表 28）。

以河南和河北为代表的 16 个省份增速超过全国平均水平。上牌增幅超过全国平均值且上牌量排名前 10 的省份有河南、河北、云南、广西、湖南、四川，市场主销区以东部发达地区为主，逐步向中西部地区延伸。

表 28　2015 年 MPV 各省零售走势

单位：辆，%

省份	河南	广东	山东	江苏	河北	云南	浙江	广西	湖南	四川	湖北
零售	206729	191324	155867	121506	104578	93176	91220	82856	79107	77030	75518
同比增速	26.91	0.54	12.98	11.79	25.26	35.17	11.10	30.78	24.10	18.83	20.18
占比	10.85	10.04	8.18	6.37	5.49	4.89	4.79	4.35	4.15	4.04	3.96
省份	贵州	安徽	陕西	江西	山西	辽宁	重庆	北京	甘肃	福建	上海
零售	70189	68881	58828	45705	42964	42446	38711	33721	31652	31640	31396
同比增速	36.34	19.44	14.06	29.70	30.80	12.77	8.91	-6.70	17.06	6.01	62.79
占比	3.68	3.61	3.09	2.40	2.25	2.23	2.03	1.77	1.66	1.66	1.65

续表

省份	黑龙江	吉林	新疆	内蒙古	青海	天津	海南	宁夏	西藏		
零售	27887	23384	21648	16761	10312	9688	9212	7341	4792		
同比增速	37.19	19.73	-1.62	18.02	2.58	-2.84	7.49	11.08	37.78		
占比	1.46	1.23	1.14	0.88	0.54	0.51	0.48	0.39	0.25		

资料来源：乘联会数据。

2. MPV市场发展情况分析

总体来看，MPV市场呈现“强者恒强、弱者淘汰”的优胜劣汰竞争态势。各集团竞争加剧，最看重投放产品的有效性，私人购买MPV越来越成为市场趋势。

从细分市场来看，小型MPV占比最大，但2015年占比出现下滑的趋势，占比为59.85%，其次为中型MPV，占比为31.09%，市场份额同比增长10个百分点，大型MPV占比为8.82%，豪华MPV占比为0.24%；逐年来看，中型MPV占比增加，大型及豪华MPV占比减少（见图30）；预计小型MPV市场未来占比仍会继续减少。

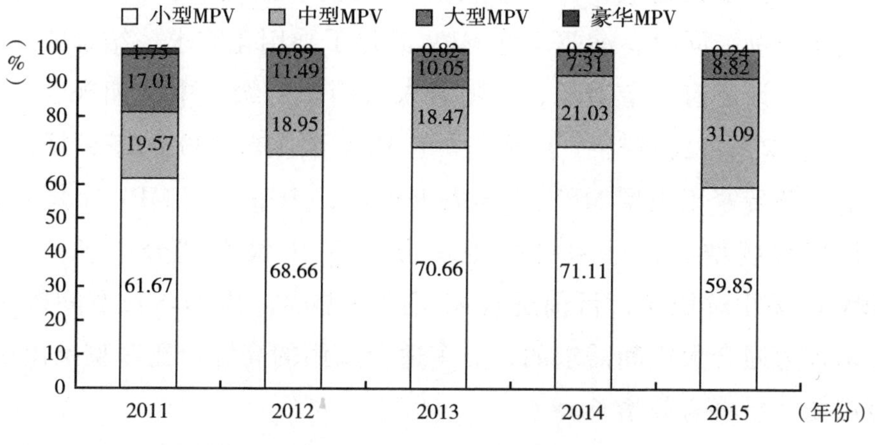

图30　2011～2015年MPV市场结构

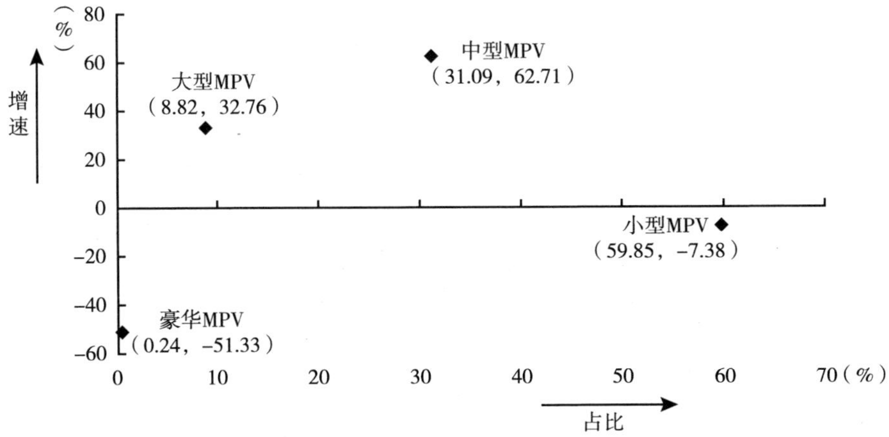

图 31　2015 年 MPV 各细分市场成长性

3. MPV 市场发展特点及趋势

MPV 市场经过十多年的发展，市场区域正在发生转移，重点消费区域特征正在发生变化。东部省份容量与增长率保持快速增长，中西部省份正在逐步发力。

传统微客向小型 MPV 转移。目前，小型 MPV 需求增量基本释放完毕，市场接近饱和，但激烈竞争促进其性价比提升，将继续抢占微客市场。同时，前驱小型 MPV 满足了乘用化需求，结合购置税利好，预计还有一定增长，但随着未来消费升级，中远期来看，小型 MPV 未来占比将持续下滑；中型 MPV 因宝骏 730 的旺销而增长迅猛，随着家用中型 MPV 市场需求增加，未来中型 MPV 市场占比预计将继续增加，远期将可能成为 MPV 中最大细分市场；大型 MPV 市场相对稳定，目前适合家用的车型少，市场增长空间较小，但未来为迎合大空间需求的、更多适合家用的高性价比车型推出后，该市场销量将有效增长。

宏光等小型 MPV 替换微客，逐步拉高 MPV 销量，但替换增量逐步减少；宝骏 730 带动中型 MPV 市场上量，远期长安、小康、北汽等也会继续跟进。商务用途车型（GL8）市场需求总体保持稳定，销量规模变化有限；预计 2016 年 MPV 销量为 238 万辆，同比增长 12.97%。

（二）新产品情况分析

2015 年 MPV 各细分市场均有新车上市：开瑞 K50、欧尚、T3、金杯 750、幻速 H2、幻速 H3、英致 737、风行 S500、华颂 7。新上市的产品表现相对一般，其中欧尚 2015 年 12 月上市，有可能成为 2016 年旺销车型。

2015 年 MPV 市场升级换代车型：宝骏 730、艾力绅、帅客、菱智、NV200、威麟 V5、奥德赛（见表 29），其中，中型 MPV 宝骏 730、菱智表现较好，2015 年销量分别为 32.11 万辆、11.69 万辆。

2016 年各自主企业纷纷布局 MPV 市场，预计会有至少 7 款新品上市，抢占市场份额（见表 30）。

表 29　2015 年上市 MPV 车型

换代车型(7 款)	全新车型(9 款)	改款车型(1 款)
宝骏 730	开瑞 K50	宏光 S
艾力绅	欧尚	
帅客	T3	
菱智	金杯 750	
NV200	幻速 H2	
威麟 V5	幻速 H3	
奥德赛	英致 737	
	风行 S500	
	华颂 7	

表 30　2016 年预计上市的 MPV 车型

厂家	车型	款型	类型
一汽大众	高尔夫嘉旅	新车	MPV
上海大众	途安 L	换代	MPV
一汽海马	VB00	新车	MPV
力帆汽车	CA10	新车	MPV
比亚迪	M6	换代	MPV
潍柴汽车	英致 727	新车	MPV
东风本田	艾力绅	换代	MPV
东风柳汽	F600	新车	MPV
一汽股份	奔腾 MPV	新车	MPV
福建奔驰	VS20	新车	MPV

资料来源：乘联会企业计划。

（三）重点生产企业发展分析

1. 上汽通用五菱

上汽通用五菱以“低成本、高价值”为企业经营理念，充分集成股东各方的先进管理方法，全面推进企业业务流程重组和内外资源整合，逐步形成了具有核心竞争力的五菱价值链。全面实施产品“平台百万化、平台差异化、平台乘用化以及国际化”的战略，不断推进企业及产品的转型升级。2015 年上汽通用五菱乘用车销量仍保持较高增长态势，在迅速上量的同时，五菱也加快了产能的布局，截至 2015 年末，上汽通用五菱已经完成了柳州、青岛和重庆三个生产基地的建设，产能基本可以达到 183 万辆，五菱之光、宏光、宏光 V、宝骏等重点车型将在柳州生产。按照上汽通用五菱“转型家用车”的发展规划，今后将继续扩大宝骏品牌以及 MPV 车型等在整体销售中的占比，2016 年上汽通用五菱经营目标为 215 万辆，同比增长 5.3%，其中 MPV 销售计划为 99 万辆。

2. 北汽银翔

北汽银翔汽车是由北汽集团联手重庆银翔集团，在重庆合川打造的北汽西南生产基地。作为北汽西南基地独立乘用车产品品牌，“北汽幻速”在北汽集团大自主战略框架下与北汽集团旗下乘用车品牌北京汽车及交叉型乘用车品牌威旺形成了差异化的互补，通过品牌差异化的属性及产品定位，与其他乘用车品牌产生区隔，形成完整的、独立的，同时具有鲜明个性的乘用车品牌。目前，北汽幻速的产品阵营已扩张为粗具规模的“3 SUV +3 MPV”布局，2016 年，北汽幻速将陆续推出 6 款新车。除了 H3F 外，北汽幻速还将推出两款定位高于北汽幻速 H3F 的前置前驱紧凑型 MPV。北汽幻速 2016 年的年度销售目标为 40 万辆，同时，一级渠道将达到 590 家，二级渠道将达到 2440 家。

3. 长安汽车

长安 MPV 品牌的销量占比位居第三。从原来的面包车市场转场到 MPV 市场，与五菱宏光一起，共同进入低端运输工具导向车型的队列。2015 年两款 MPV——欧诺、欧力威表现不及 2014 年，但 2015 年全新产品欧尚的上市，将会是长安汽车在 MPV 市场份额扩大、与竞争对手比拼的一大利器。

4. 东风柳汽

东风柳汽以 MPV 为立足点，重点发展 SUV。东风柳汽认为，发展 MPV 是保持其核心优势地位的基础，未来将不断丰富产品线，不仅要在商务用 MPV 上实现全面覆盖，在家用 MPV 上也在不断拓展，未来还将进一步提升产品品质。2015 年新推出的中型 MPV 风行 S500 兼具轿车化的舒适及多功能的空间，是一款真正全能的家用 MPV，满足了消费者对家用车舒适性及经济性的升级价值需求。2016 年，东风柳汽还将推出一款全新 MPV 车型 F600，主打中级公商务车市场，不断完善其 MPV 产品线。2016 年东风柳汽销量目标为 32 万辆，其中 MPV 目标为 20.5 万辆。

（四）MPV 进出口分析

1. 进口分析

近几年 MPV 汽车进口销量下滑，2015 年增速为 -10.46%。德国、美国、日本是 MPV 的主要进口国（见表 31）。

表 31　MPV 进口情况

单位：辆，%

进口国	2015 年	2014 年	同比增长	占比
德国	20876	16886	23.63	38.28
美国	12530	15619	-19.78	22.97
日本	8573	8932	-4.02	15.72
葡萄牙	7082	11474	-38.28	12.98
韩国	5156	7324	-29.60	9.45
西班牙	301	654	-53.98	0.55
法国	22	19	15.79	0.04
合　计	54540	60908	-10.46	100.00

资料来源：IHS 数据。

2. 出口分析

2015 年，在四大类乘用车出口品种中，MPV 共出口 7556 辆，同比下滑 9.16%，是下滑幅度最小的狭义乘用车品种（见表 32）。

表 32　MPV 出口情况

单位：辆，%

整车出口汇总	数量		增幅
	2015 年	2014 年	
狭义乘用车	369561	471612	-21.64
轿车	239242	321018	-25.47
SUV	122763	142276	-13.71

续表

整车出口汇总	数量		增幅
	2015 年	2014 年	
MPV	7556	8318	-9.16
交叉车型	58166	61397	-5.26
总计	427727	533009	-19.75

资料来源：中国汽车工业协会。

（五）行业运行存在的问题和发展建议

一直以来，国内 MPV 市场几乎呈“两极分化”的发展趋势，要么偏重商务，要么专攻家用。20 世纪 90 年代 MPV 进军国内之初，进口、合资品牌一边独大，别克、丰田、奔驰等品牌占据着绝大部分的市场份额。MPV 当时售价高昂，购买者大多为出于商务接待目的的企事业单位等，消费群体让 MPV 贴上了“商务专用”的标签；历经多年的发展，目前大型 MPV 市场份额整体呈下降趋势，而宜商宜家等家庭用途需求强劲、价位相对较低的小型 MPV 则与之相反，呈现上升的趋势，得益于三四线汽车市场的崛起，慢慢形成新的市场格局。

随着 MPV 市场商用与家用的界限日趋模糊，宜商宜家的中高端全领域 MPV 正凭借其通用属性而崛起，对传统 MPV 市场提出了挑战。随着消费升级，小型 MPV 市场销量未来将逐渐下滑，宜商宜家的中型 MPV 将异军突起并非偶然，亦是以消费需求为导向的市场对汽车行业的重新洗牌。二胎政策的放开打破了传统的家庭结构，随之也改变了人们对座驾的要求，全能型七座 MPV 的春天即将到来。

正是捕捉到了国内 MPV 市场的消费走向，各汽车厂商纷纷进入中型 MPV 市场，预计未来价格适中、空间宽敞的中型 MPV 将成为最大的细分市场。

五　2015年交叉型乘用车发展概况

（一）市场发展分析

1. 2015年交叉型乘用车市场销量分析

2015 年，交叉型乘用车（不含新微客）共销售 109.91 万辆，同比下降 17.47%，与 2014 年降幅接近（见图 32）。2015 年几乎所有的传统微客企业销量都在下滑，一些新进入者已停产。

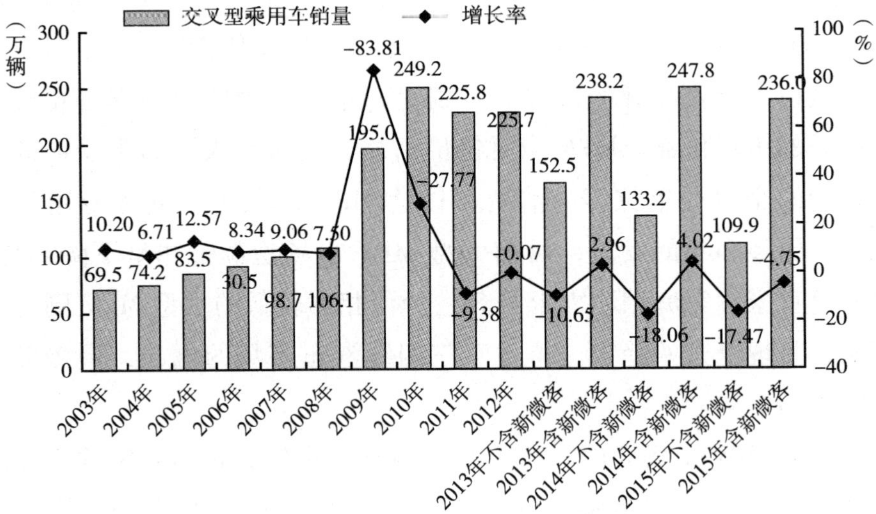

图 32　2003～2015 年交叉型乘用车整体销量走势

资料来源：中国汽车工业协会数据。

从企业表现来看，销售排名前 5 的企业分别是上汽通用五菱、长安汽车、东风小康、华晨汽车和重庆力帆，分别销售 61.58 万辆、17.49 万辆、6.33 万辆、6.10 万辆和 5.88 万辆。除华晨汽车增长 16.62%外，行业排名前 5 的其他企业同比均下滑，上汽通用五菱、长安汽车、东风小康、重庆力帆分别下滑5.81%、33.52%、45.49%和1.25%。2015年，上述五家企业共销售97.38万辆，占交叉型乘用车销售总量的88.60%，集中度稍有提升（见表33）。

表33　2015年国内交叉型乘用车企业销量情况

单位：辆，%

企　业	2015年	2014年	同比增长	2015年所占比重
上汽通用五菱	615798	653770	-5.81	56.03
长安汽车	174879	263046	-33.52	15.91
东风小康	63315	116145	-45.49	5.76
华晨汽车	60984	52293	16.62	5.55
重庆力帆	58811	59555	-1.25	5.35
北汽股份	46827	71478	-34.49	4.26
一汽集团	22705	17776	27.73	2.07
昌河	11567	22900	-49.49	1.05
福建新龙马	11257	8534	31.91	1.02
北汽福田	10322	57		0.94
北汽有限	6508	9891	-34.20	0.59
奇瑞	5741	15390	-62.70	0.52
浙江飞蝶	2714	47		0.25
广汽吉奥	2209	3587	-38.42	0.20
北汽银翔	1846	24426	-92.44	0.17
郑州日产	1155	1357	-14.89	0.11
东南	950	1175	-19.15	0.09
海马商务	768	3861	-80.11	0.07
航天圆通	342	1280	-73.28	0.03
湖南江南	325	2627	-87.63	0.03
陕汽集团	94	115	-18.26	0.01
东风股份	11	1097	-99.00	0.00
哈飞	0	1308	-100.00	0.00
合　计	1099128	1331715	-17.47	100.00

注：不含新型微客，不含微货。

资料来源：中国汽车工业协会。

2015 年，从交叉型乘用车细分品种销量来看，传统微客主力车型，从窄体的五菱之光、长安之星、小康 K 系列等到宽体的大微客如荣光、新长安之星等销量都出现了明显下降。

2. 交叉型乘用车市场发展特点及趋势

随着微车企业的重心转移，跨界小 MPV 车型（新型微客）越来越多，微车企业产品呈多元化发展趋势，需要指出的是，在 2015 年，小 MPV 车型销量超过交叉型乘用车销量，而传统微客市场进一步萎缩。

面对销量持续大幅下滑的传统微客市场，厂家对开发传统微车新品投入较少，并已开始减产、停产部分车型系列。实际上，数年来，小 MPV 车型销量迅猛增长，逐步挤压微客市场，传统微客的产品种类和销量逐渐减少，市场趋势发生了明显变化，厂家对微客的资源投入减少行为已不可避免。

除向小 MPV 发展外，微车厂家还在发挥传统微车延伸平台的价值，开发中置后驱结构的轻客化的产品，努力拓展新市场，如长安推出睿行，五菱推出征程（数据统计在 MPV 中），此类产品打开了一定的市场，它们将为轻型商用客车市场注入新的活力。

预计 2016 年交叉型乘用车（不含小 MPV）销量将继续下滑，全年预计销售 75 万辆，比 2015 年下滑 31% 左右。

（二）新产品发展情况分析

2015 年，交叉型乘用车行业新品很少，主要新品以大型化车型为主。

宏光 V 是五菱引入微客市场的前置动力车型（2015 年底改为荣光 V），长安之星 3 和五菱之光 S 是厂家低端微客的换代车型，其他车型以大型化微客居多。2015 年，在传统微客市场，主要的窄体、宽体微客销量减小，而以小 MPV 车型延伸的前置动力车型宏光 V 取得了 19.41 万辆的较好销售业绩。

图 33　2015 年上市交叉型乘用车车型

（三）重点生产企业发展分析

1. 上汽通用五菱

2015 年，上汽通用五菱微客销量为 61.58 万辆，下滑 5.81%；主力产品五菱之光销售 22.80 万辆，下降 26.14%，五菱荣光销售 19.37 万辆，下降 43.88%。2015 年五菱继续向乘用车拓展转型，其宝骏 730、560 车型取得了较大成功，而微客在五菱销售总量中的占比将进一步降低。

2. 长安汽车

2015 年，长安汽车实现微客销量 17.49 万辆，下滑 33.52%；主力产品长安之星 2 销售 9.47 万辆，下降 29.76%。2015 年，长安汽车在乘用车领域发展突出，长安自主狭义乘用车销量超过 100 万辆，成为中国汽车销量的里程碑。预计未来，长安汽车商用板块将加大向乘用车的转型力度，力推新品上量，其在 2015 年底推出了欧尚 MPV，促进了产品结构优化调整。

3. 东风小康

2015 年，东风小康实现销量 6.33 万辆，下滑 45.49%；其主力微客东风小康K系销量为4.86万辆，下降45.06%。东风小康继续努力向乘用车拓展转型，其推出了风光370系列车型，上市后取得了不错的销售反响，预计2015年，东风小康狭义乘用车将实现更多销量。

至此，主要微车企业已实现向乘用车领域转型。

（四）交叉型乘用车进出口分析

2015年交叉型乘用车出口总量为57632辆，同比下降5.94%。其中，行业前三强的上汽通用五菱出口16182辆，华晨出口10660辆，东风小康出口5786辆，前三强合计32628辆，占总量的56.61%，优势明显（见表34）。

表34　2014年和2015年交叉型乘用车出口量情况

单位：辆，%

企业	车型	2015年累计	2014年累计	同比增长
一汽集团	佳宝	2755	3751	-26.55
东风小康	东风小康	5786	5727	1.03
北汽有限	交叉乘用车	311	283	9.89
北汽福田	伽途	521	0	
奇瑞	Q22开瑞优优	2573	2311	11.34
哈飞	交叉乘用车	0	276	-100.00
昌河	交叉乘用车	1599	2060	-22.38
东南	希旺	179	261	-31.42
华晨	交叉乘用车	10660	12706	-16.10
长安汽车	交叉乘用车	2455	3570	-31.23
湖南江南	交叉型乘用车	159	746	-78.69
上汽通用五菱	交叉乘用车	16182	14863	8.87
郴州吉奥	星旺	1405	2170	-35.25
重庆力帆	力帆丰顺	7663	9595	-20.14
郑州日产	俊风新CV03	250	150	66.67

续表

企业	车型	2015 年累计	2014 年累计	同比增长
陕汽集团	交叉乘用车	0	25	-100.00
海马商务	福仕达 2	37	258	-85.66
北汽股份	交叉型乘用车	3575	1165	206.87
东风股份	俊风 CV03	0	501	-100.00
北汽银翔	威旺 205	87	104	-16.35
	威旺 206	1435	747	92.10
合　计		57632	61269	-5.94

（五）交叉型乘用车行业运行存在的问题和发展建议

微车企业的重心已向乘用车转移，拓展方向主要是 MPV 和 SUV 领域，目前，微车企业的小型 MPV 和中型 MPV 车型越来越多，SUV 车型也越来越多，微车企业产品呈多元化发展趋势，成为行业新品亮点，而整个传统微客市场进一步萎缩。

2014 年工信部 453 号文件《关于加强小微型面包车、摩托车生产和登记管理工作的通知》使传统微客成本提高，价格优势降低；同年公布的“6 年免上线检验”等年检新规使传统微客不能享受“6 年免检”，有关政策加速了传统微客市场萎缩，促进了小型 MPV 市场发展。

2015 年 1.6 升的普惠政策对小型 MPV、微客都适用，但曾经的激励政策表明，更符合市场趋势的产品受益更大，因此，该政策将更有效地促进小型/中型 MPV 发展，而对传统微客市场提振有限，其相关市场将被挤压。

2015 年交叉车销量扣减前置动力车型宏光 V（荣光 V）后，其余的传统微客仅销售 90.5 万辆，首次跌破百万辆，相比 2014 年的

133 万辆少了 40 多万辆，同比大幅下降 32%。

2015 年底至 2016 年初，小型 MPV 车型开始进一步降价并强化商用功能，将进一步替代传统微客。如长安欧诺大幅官降，预计主流车型的降价将带来连锁反应，此举将促进行业小型 MPV 车型竞争力提升，加速挤压传统微客市场。

综上，2016 年交叉车型销量会继续下滑，企业的传统微客平台进一步减少。

需要指出，至 2015 年 12 月，已有海马汽车、陕汽集团、郑州日产、东南汽车等企业交叉车的产量为零，另有数家企业产销量低于 1000 辆。微车行业新一轮大浪淘沙已基本见分晓。

实际上，目前，各微车厂家早已转型进行多元化发展，主力厂家中已没有单纯微车厂家，缺乏新乘用车类型产品支撑的企业将加速出局，企业单靠微车也很难生存，一些企业在 SUV、MPV 市场进行拓展，收到了较好的效果，其中，长安、五菱在各自的领域转型是比较成功的，而一些转型慢、效果不佳的微车企业前途未卜。

进入狭义乘用车领域后，微车企业面对的竞争层次将明显升级，为此，提出以下几点建议。

（1）切勿盲目跟风、简单抄袭模仿，应避免自身产品与行业主力产品的高度同质化现象而陷入新的恶性竞争。企业需要慎重审视未来发展战略，重视产品的差异化风格打造，更适合市场的产品将获得新发展。

（2）切勿为抢占市场先机牺牲质量，乘用车用户有更高的品质要求，一些中小企业新产品推出速度很快，但一定要进行必要的技术、试验验证。

（3）在乘用车领域竞争，投机取巧不是长计，企业不能为当前在新市场上取得了一些快速突破而冲昏了头，企业需要综合提升市场、研发、质量、成本、营销等方面的能力。

（4）重视品牌建设。事实上，微车企业转型开发的MPV和SUV等车型的品牌形象和品牌溢价都较低，微车企业的乘用车新品虽实现了一定销量，但这是在当前MPV和SUV领域竞争不够激烈且对品牌相对不太敏感的环境下实现的，随着合资品牌的系列化进入、产品的丰富、消费的升级，缺乏品牌支撑的产品将逐渐被边缘化，被始终压制在最低端，或被更快淘汰，为此，大力进行品牌建设尤为重要。

商用车篇

Commercial Vehicles

B.3

2015年载货车工业发展报告

摘　要：　本报告全面描述和分析了2015年载货车工业的产销情况、进出口情况，详细分析了重型载货车、中型载货车、轻型载货车和微型载货车的市场需求、发展趋势和各载货车企业的运行特点。着重指出了未来载货车行业面临的产能过剩、产品结构调整、技术升级和走向全球市场的挑战。在充分分析2016年宏观经济供给侧改革对载货车行业影响的基础上，对载货车行业存在的问题进行了分析并提出了相应的建议和对策。

关键词：　载货车工业　中重型载货车　轻型载货车　微型载货车

一　2015年载货车工业发展概况

（一）2015年载货车市场整体产销情况

2015年载货车行业在艰难中前行，继续延续下降趋势，全年共生产载货车283.30万辆，销售285.59万辆，同比分别下降11.35%和10.32%（见图1）。我国经济进入新常态后，经济增长速度放缓，传统行业产能过剩，增长速度下降或呈负增长，载货车行业也相应进入一个下降调整的时期。

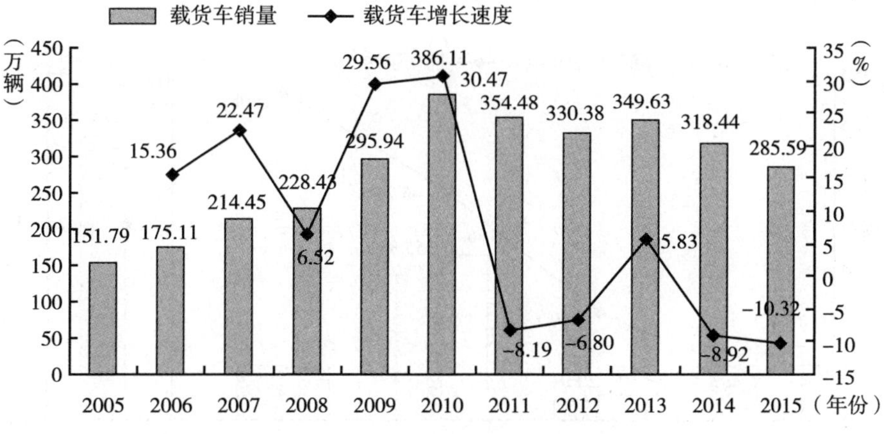

图1　历年载货车销量走势示意

分车型来看，重型载货车（GVW > 14T，包含重型货车、重型货车非完整车辆和半挂牵引车）全年共生产53.61万辆，同比下降28.28%；销售55.07万辆，同比下降25.98%。中型载货车（6T < GVW≤14T，包含中型货车、中型货车非完整车辆）全年共生产20.40万辆，同比下降17.70%；销售20.04万辆，同比下降19.13%。轻型载货车（1.8T < GVW≤6T，包含轻型货车、轻型货车非完整车辆）全

年共生产155.37万辆，同比下降6.49%；销售155.85万辆，同比下降6.26%。微型载货车（GVW≤1.8T，包含微型货车、微型货车非完整车辆）全年共生产53.92万辆，同比增长0.05%；销售54.62万辆，同比增长3.08%（见图2）。从车型上看，重型载货车下降幅度最大，其次是中型载货车，重中型载货车下降幅度都在两位数。在载货车中，只有微型载货车保持了微弱增长。值得指出的是，从下降的绝对量上看，重型载货车2015年比2014年减少了近20万辆（实际为19.33万辆）的销量，占全部载货车2015年下降总量33万辆的近60%，也就是说，影响2015年载货车销量下降的主要因素是重型载货车。20万辆的下降，这绝不是一个小数量，大体上相当于东风与解放两个大型企业2015年全年重型载货车的销量。

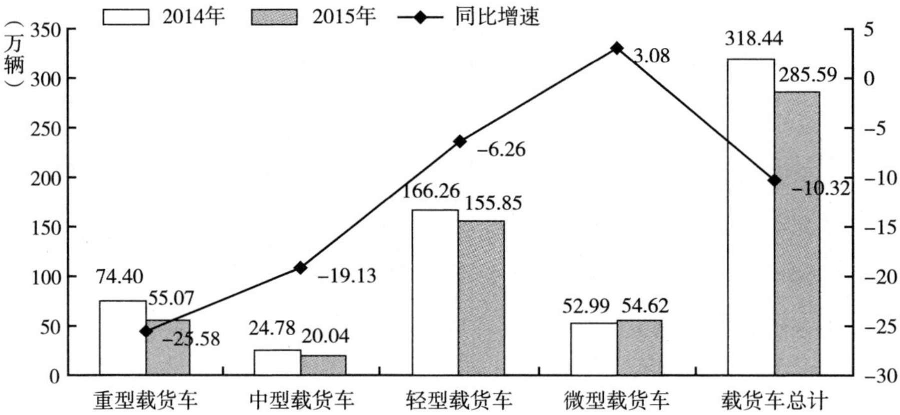

图2　2014年和2015年载货车各车型销量情况

资料来源：中国汽车工业协会。

从月度走势上看，2015年，载货车几乎各月的销量都低于2014年同期，只是在全年的6月、8月和10月的销量稍多于2014年同期。从全年走势上看，下半年要好于上半年。下半年虽然仍然下降，但下降的幅度已大大趋缓。上半年是两位数的下降，下半年收敛到一位数（见图3）。

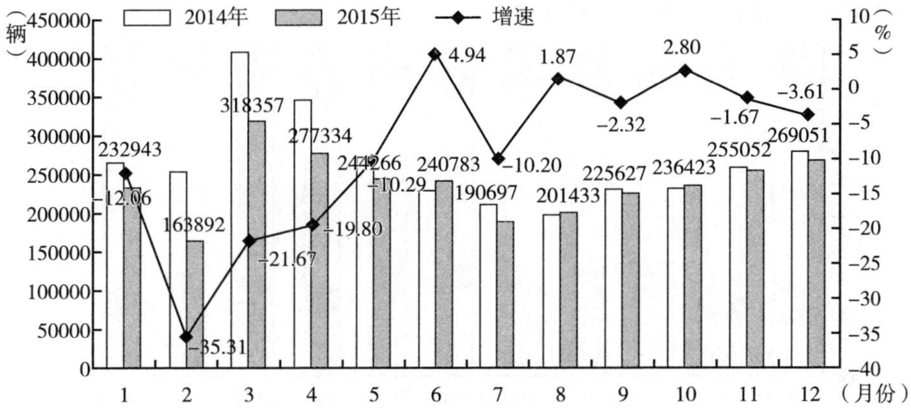

图3　2014 年和2015 年载货车各月销量走势示意

注：图中只标注了 2015 年销量数据。

从载货车内部各车型销售占比结构上看，2015 年重型载货车占全部载货车的比重下降了 4.08 个百分点，轻型载货车和微型载货车所占比重分别上升了 2.36 个和 2.49 个百分点。从历年走势上看，中型载货车占全部载货车的比重几乎一直处于下降趋势，2015 年创了新低，只占全部载货车销量的 7.02%。轻型载货车和微型载货车从总体上讲变化不大，只是在 2015 年，微型载货车的比重有些偏高，达到 19.13%，创历史新高（见图 4）。重型载货车的比重有下降的趋势，这与工程自卸车所占比重下降有关。

（二）2015年载货车进出口及未来发展趋势分析

按照中国汽车工业协会的归口统计标准，2015 年载货车出口 21.88 万辆，同比下降 26.18%。其中，柴油载货车总重小于等于 5 吨的出口 6.82 万辆，同比下降 17.16%；总重为 5 ~ 14 吨的出口 4.42 万辆，同比下降 7.47%；总重为 14 ~ 20 吨的出口 1.31 万辆，同比增长 63.95%；总重大于 20 吨的出口 3.65 万辆，同比下降 10.17%。汽油载货车总重小于等于 5 吨的出口 5.65 万辆，同比下降 51.76%。2015 年

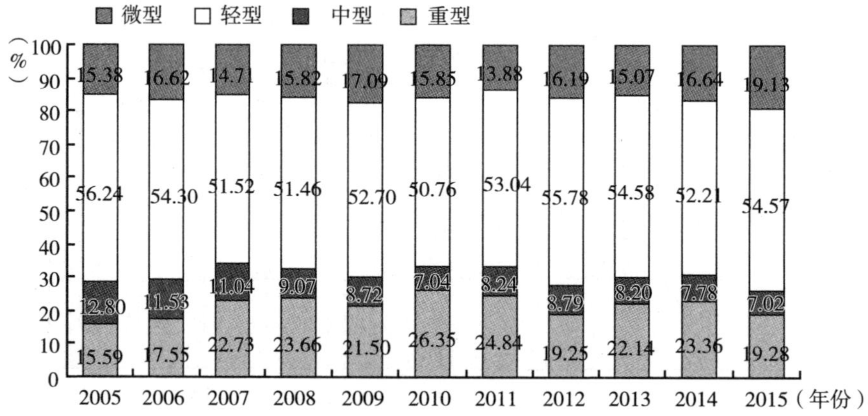

图4　载货车历年各车型销售占比结构示意

牵引车出口2.92万辆，同比增长0.14%。自卸车出口0.43万辆，同比增长27.00%。从出口的吨位分布来看，基本上呈现两头大、中间小的分布。总重小于等于5吨的小吨位载货车出口数量最多，其次是总重大于20吨的大吨位载货车，如果再加上牵引车，数量将更多一些。而从出口金额上看，大吨位的载货车创造的出口额要多一些（见表1）。

表1　2015年载货车出口情况

商品名称	累计数量（辆）	同比增长（%）	累计金额（元）	同比增长（%）
载货车	218841	-26.18	3288333734	-15.63
柴油:总重小于等于5吨	68244	-17.16	581656146	-20.56
5~14吨	44225	-7.47	542503795	-10.20
14~20吨	13055	63.95	296031089	41.38
大于20吨	36533	-10.17	1541124562	-13.37
汽油:总重小于等于5吨	56540	-51.76	318043616	-42.31
5~8吨	27	237.50	440507	645.42
大于8吨	88	-38.89	1448386	-12.74
牵引车	29177	0.14	1151041432	-3.19
自卸车	4262	27.00	368607648	45.10
专用车	17116	-2.47	1668316745	4.13
底盘	3465（台）	-31.21	68966622	-23.66

注：载货车中未列名载货车数据缺失，未列入。

进口情况相比出口来说，数量甚微。全年载货车只进口了4884辆，同比下降48.97%。牵引车进口了2265辆，同比增长14.34%，反映出国内牵引车的旺盛需求。此外，进口底盘的数量也有所增长，全年进口底盘2208台，同比增长51.75%。

表2　2015年载货车进口情况

商品名称	累计数量(辆)	同比增长(%)	累计金额(元)	同比增长(%)
载货车	4884	-48.97	299017327	-53.08
柴油:总重小于等于5吨	104	25.30	4116740	52.97
5~14吨	108	5.88	8409938	1.64
14~20吨	135	-7.53	11159596	-10.91
大于20吨	1138	-37.20	126266323	-48.26
汽油:总重小于等于5吨	3295	-55.32	141156675	-60.60
5~8吨	32	77.78	1388601	16.81
大于8吨	64	190.91	3258692	171.40
未列名载货车	8	-42.86	3260762	-64.35
牵引车	2265	14.34	190752378	12.86
自卸车	39	-60.61	13765444	-72.82
专用车	211	-29.19	123679152	-22.13
底盘	2208(台)	51.75	231614887	53.57

分车型来看，2015年，中重型载货车共出口10.5万辆（不含水泥搅拌车、起重车以外其他非通用类专用车），同比增长0.6%。主要出口厂家有中国重汽，全年出口3.07万辆，同比增长9.0%；北汽福田，全年出口1.38万辆，同比增长14.0%；东风汽车，全年出口1.15万辆，同比增长19.0%；江淮汽车，全年出口0.75万辆，同比增长60.0%；陕汽，全年出口0.52万辆，同比下降49%；一汽，全年出口0.51万辆，同比下降28.0%；上汽，全年出口0.17万辆，同比下降19.0%；北奔，全年出口0.08万辆，同比下降38.0%；其

他厂家，全年出口 2.88 万辆，同比下降 1.0%。2015 年，重汽、福田、东风都保持了出口的增长，陕汽、一汽有所下降。

从出口的国家和地区分布来看，主要还是以发展中国家为主，东南亚、非洲、中南美、中东、中东欧等仍是主要出口目标市场。2015 年，出口前 5 名的国家有越南、菲律宾、委内瑞拉、伊朗和缅甸。2015 年，由于越南经济复苏，需求旺盛，中国的车型又适合越南的要求，因而全年出口越南的中重型载货车达到 3.45 万辆，占到了当年中重型载货车全年出口量的 1/3（33%），同比增长了 91.0%。其他一些国家如菲律宾、委内瑞拉、缅甸、埃塞俄比亚、吉布提等也有较好的增长，但伊朗却下降了 40.0%。

轻微型载货车（总重小于等于 5 吨）共出口了 12.48 万辆，同比下降 37.5%。其中柴油车出口 6.82 万辆，同比下降 17.2%；汽油车出口 5.65 万辆，同比下降 51.8%。其中出口数量较多的国家有越南、阿尔及利亚、缅甸、老挝、智利、哥伦比亚、斯里兰卡、加纳、玻利维亚、菲律宾等。出口较多的企业有江铃汽车、江淮汽车、金杯汽车等。

表 3　2015 年轻微型载货车出口情况

单位：辆，%

分类	2015 年	2014 年	同比
柴油车	68244	82383	-17.2
汽油车	56540	117207	-51.8
总　计	124784	199590	-37.5

2016 年载货车出口形势分析。

中国的载货车发展到现在，国内市场已高度饱和，竞争也非常激烈，大规模出口，走向国际市场，条件已十分充分，同时由于具备国内庞大市场的支撑，出口具有得天独厚的优势。出口应逐渐成为国内载货车企业的一个新增长点。

可以预见的是，2016 年全球经济将充满动荡，自从 2008 年美国爆发金融危机以来，发达经济体并没有真正走出衰退的阴影，量化宽松的金融货币政策，使得全球流动性泛滥成灾，一些国家仍深陷危机中。大宗商品价格暴跌，美国加息，致使一些新兴经济体国家经济出现大幅衰退，全球贸易总额下降，贸易保护主义抬头，这一切都不利于载货车出口。但同时，中国倡导的“一带一路”战略已开始落地，进入一些实质性项目的启动阶段。由于前期“一带一路”项目大部分都是基础设施项目，这会带动一部分工程自卸车和载货车的需求。但总的来看，2016 年，载货车的出口仍将面临严峻的形势，出口数量仍将有所下降。

（三）2016年载货车市场发展趋势分析

商用车具有生产资料的属性，因此，商用车与国民经济的发展密切相关。商用载货车的中重型载货车更是国民经济的晴雨表、先行指标。2015 年我国经济发展进入新常态，GDP 增长创下 6.9% 的新低。2015 年上半年，载货车特别是中重型载货车销量就大幅度下滑，提前有所反映。另外，2015 年载货车中的轻型载货车销量下降幅度不是太大，微型载货车反而逆势增长，只有中重型载货车销量大幅度下滑。其实，这一现象正好反映了我国国民经济目前结构调整的情况，即进入重化工业后期，我国前期一些以“重”为特征的如钢铁、煤炭、水泥等行业都已开始进入产能过剩、结构调整时期，载货车中的中重型载货车需求也相应减少。我国进入经济新常态后，第三产业服务业发展速度加快，社会商品零售额稳定增长，而轻微型载货车运输的货物更多地与人民生活需求有关，因此不降或略微下降就顺理成章了。

展望 2016 年，载货车将继续受我国经济结构调整和经济发展阶段的影响。2016 年，我国宏观经济将有两个重要的因素影响载货车市场的需求，一是供给侧的改革；二是稳增长。供给侧的改革，其中一个重要任务是化解一部分传统产业的过剩产能。国务院常务会议已决定，从 2016 年开始，未来 3 ~ 5 年，煤炭行业要退出产能 5 亿吨。钢铁行业，五年内压缩 1 亿 ~ 1.5 亿吨过剩钢铁产能，严禁钢铁业新增产能。削减钢铁、煤炭等的产能，这必将影响到中重型载货车的需求，从未来相当长一段时间看，中重型载货车需求还将继续减少，特别是中重型工程自卸车。另外，稳增长又会使中央加大一部分基础设施的建设和投入，这又会有利于中重型载货车的市场需求。两个方面的力量互相抵消，不利于中重型载货车的因素仍偏多一些。

2016 年乃至今后若干年，载货车面临最大的挑战都将是中重型载货车。首先，在总量需求上，中重型载货车将面临市场需求的继续减少。其次，在车型结构上，中重型载货车将面临内部结构的调整，中重型载货车将从以工程自卸车占较大比重转向以公路货物运输为主的结构上来。再次，在技术档次上，中重型载货车将面临从中低端比重较大的结构转向以中高端为主的结构上来。最后，在企业经营上，中重型载货车将从通过规模经济获取效益转向通过高技术、高附加值、低成本来获取经济效益。当然，轻微型载货车也将面临类似的挑战。

轻型载货车和微型载货车在 2016 年将继续保持平稳态势，但我们也应看到，无论是中重型载货车还是轻微型载货车，都已走过历史的最高产销数量历程。轻微型载货车也将逐步提高产品质量，提高技术水平，这是一个大的趋势，这一趋势在 2015 年更加明显，2016 年还将继续。另外，轻微型载货车，在新能源电驱动城市物流领域应大有作为，可以相信，未来新能源电动轻微型载货车将占有较大的比重。

2016 年，汽车行业内部本身还有两个影响载货车市场需求的重要因素，一个是“国五”实施时间表发布后，全国分区域、分阶段实施国五标准，这会要求各载货车企业加快技术升级的步伐，同时会对市场销售有一定的影响，主要是法规实施前会促使一部分用户提前购买。另一个是新的 GB1589 法规如果修订发布，将会对现有车型结构产生重要影响，将会进一步提高载货车公路货物运输的能力，提高物流运输效率。

2016 年载货车销量总的判断是与 2015 年接近，但极有可能继续下降，特别是中重型载货车。全年销售有可能在 280 万辆左右。

二　2015年中重型载货车工业发展概况

（一）2015年重型载货车市场发展分析

1. 2015年重型载货车销量分析

我国经济发展进入新常态后，传统行业产能过剩，产量下滑，固定资产投资增速下降，房地产行业投资也不景气，这一切导致工程自卸车占比较大的重型载货车在 2015 年出现较大的下降幅度。2015 年，重型载货车全年销售 55. 07 万辆，同比大幅度下降 25. 98%。相对于 2010 年 101. 74 万辆的销量，已腰斩了近一半（见图5）。

分车型来看，重型货车全年销售 13 万辆，同比下降 38. 36%；重型货车非完整车辆全年销售 17. 05 万辆，同比下降 32. 89%；半挂牵引车全年销售 25. 02 万辆，同比下降 10. 33%。重型载货车总体下降幅度大主要是由重型货车和重型货车非完整车辆大幅下降引起的。

从重型载货车各车型的结构比例看，2015 年，半挂牵引车占全部重型载货车的比重继续增大，已达 45. 43%。重型货车非完整车辆占全部重型载货车的比重则继续下降，降至 30. 97%。重型货车完整车辆所占比例也有所下降，为 23. 60%（见图6）。重型载货车内部各车型比例结构正在发生深刻的变化，以工程自卸车为主的重型载货车结构正在逐渐演变为以半挂牵引车为主的结构。

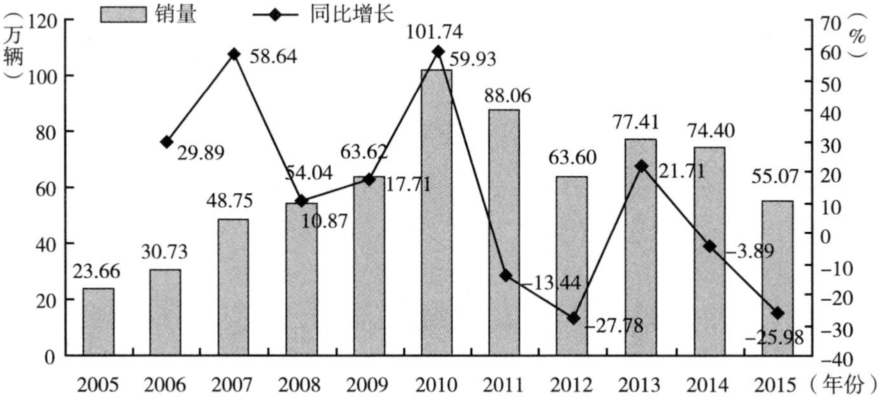

图5　重型载货车销量历年走势示意

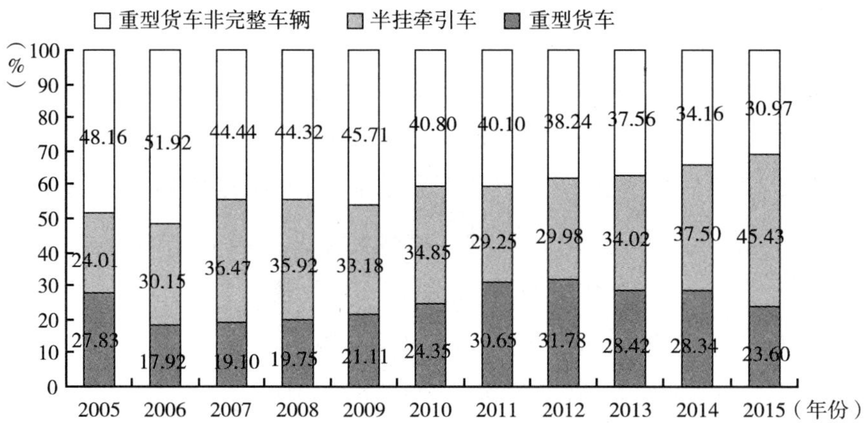

图6　历年重型载货车各车型结构比重示意

分企业来看，2015 年，销量居前 5 位的企业分别是东风汽车、中国重汽、中国一汽、陕汽集团和北汽福田，这五家企业全年共销售了 45.81 万辆重型载货车，占全部重型载货车 55.07 万辆的比重达

83.19%。东风汽车全年销售重型载货车 11.72 万辆，同比下降 24.49%，市场份额为21.27%，上升了0.42 个百分点。中国重汽全年销售重型载货车 9.88 万辆，同比下降 18.53%，市场份额为 17.94%，上升了 1.64 个百分点。中国一汽全年销售重型载货车 8.62 万辆，同比下降26.09%，市场份额为 15.68%，市场份额略微下降了0.02 个百分点。陕汽集团全年销售重型载货车 10.45 万辆，同比下降 22.56%，市场份额为 14.70%，同比上升了 0.65 个百分点。北汽福田全年销售重型载货车 10.93 万辆，同比下降 31.45%，市场份额为 13.60%，下降了 1.08 个百分点（见图 7）。从这五家企业的情况看，中国重汽下降幅度相对较小，因而市场份额上升了 1 个多百分点。北汽福田下降幅度最大，因而市场份额也相应下降较多。

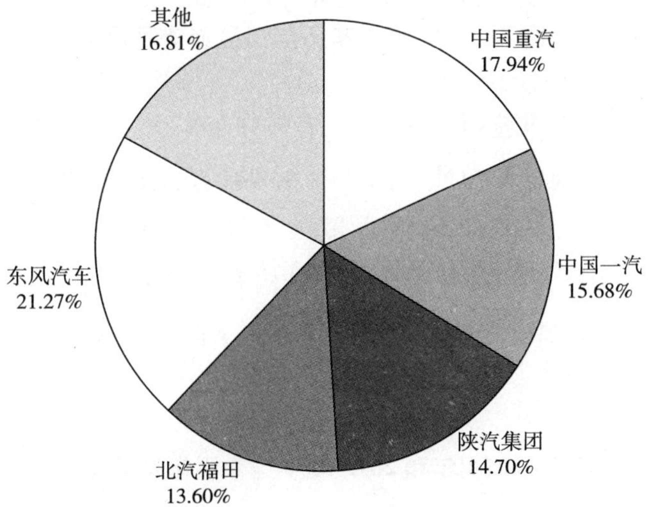

图 7　2015 年重型载货车各企业市场份额

2. 2015年重型载货车各细分市场发展情况

（1）半挂牵引车市场

2015 年，半挂牵引车全年共销售 25.02 万辆，同比下降

10.33%。

从半挂牵引车历年走势来看，近三年，半挂牵引车销量变化都不是太大，虽然总的销量也受大环境的影响，但半挂牵引车走势相对较稳健。

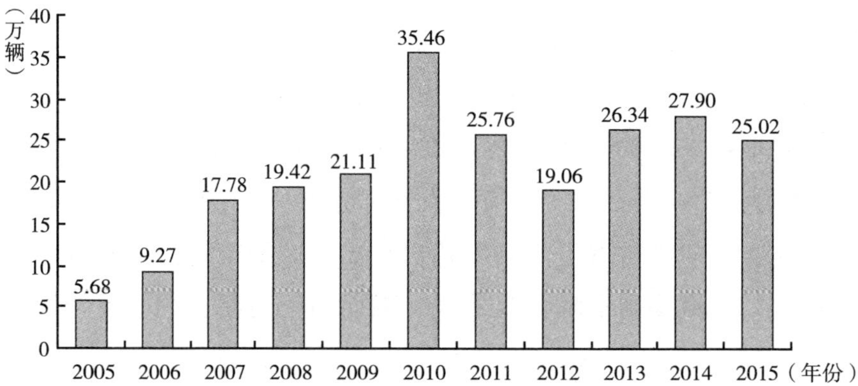

图 8　半挂牵引车历年销量走势示意

从半挂牵引车准拖挂车总质量结构分布来看，半挂牵引车的主要销量都集中在准拖挂车总质量为 25～40 吨的范围内，全年销量占比达 77.01%，其次是准拖挂车总质量大于 40 吨的，全年销量比重为 14.75%。从 2015 年半挂牵引车销售结构看，准拖挂车总质量小于等于 25 吨的销量下降幅度最大，达 50.30%，下降幅度太大，从而拉动了整个牵引车的下降。

表 4　2014 年和 2015 年半挂牵引车销售情况

单位：辆，%

项目	2015 年	2014 年	2015 年占比	同比增长
半挂牵引车合计	250180	278990	100.00	-10.33
准拖挂车总质量：小于等于 25 吨	20615	41478	8.24	-50.30
25～40 吨	192657	199135	77.01	-3.25
大于 40 吨	36908	38377	14.75	-3.83

分企业来看，2015 年销量居前 5 位的企业分别是中国一汽、陕汽集团、北汽福田、中国重汽和东风汽车，这五家企业全年共销售了 22.39 万辆牵引车，占全部牵引车 25.02 万辆的比重高达 89.49%，集中度高于整个重型载货车 6.31 个百分点。中国一汽全年共销售牵引车 6.52 万辆，同比下降 12.4%，市场份额为 26.07%，略微减少 0.62 个百分点。陕汽集团全年销售 4.36 万辆，同比下降 2.15%，市场份额为 17.44%，同比增加 1.46 个百分点。北汽福田全年销售 4.35 万辆，同比下降 17.57%，市场份额为 17.37%，同比减少 1.53 个百分点。中国重汽全年销售 3.60 万辆，同比增长 25.75%，市场份额为 14.34%，同比增加 4.12 个百分点。东风汽车全年销售 3.56 万辆，同比下降 24.81%，市场份额为 14.23%，同比减少 2.74 个百分点。从以上数据我们可看出，虽然整个牵引车销售市场处在下降的趋势中，但中国重汽却逆势增长，而且还是两位数的高速增长，说明中国重汽产品结构调整转型已见成效。中国一汽仍是牵引车的老大，虽然市场份额不断被各企业蚕食。陕汽集团在 2015 年业绩也不错，全年只是轻微下降，但市场份额却保持了增加。相比较，东风汽车下降幅度较大。

从准拖挂车总质量分布上看，中国一汽在准拖挂车总质量小于等于 25 吨、总质量大于 40 吨这两个一低一高总质量级别中，分别占据了绝对的市场份额，一个高达 82.64%，另一个为 66.50%，反而在准拖挂车总质量为 25 ~ 40 吨这个牵引车主销级别中，中国一汽只占有 12.27% 的市场份额。另一个牵引车销售较好的企业陕汽集团则是准拖挂车总质量为 25 ~ 40 吨这个牵引车主销级别中的老大，占有 22.65% 的份额。而值得关注的是，中国重汽 2015 年在准拖挂车总质量为 25 ~ 40 吨、总质量大于 40 吨这两个级别中都实现了大幅增长，一个同比增长 27.29%，另一个同比增长 21.18%。

（2）重型货车市场

重型货车2015年全年销售了13万辆，占全部重型载货车的比重为23.60%，同比下降38.36%，是重型载货车中下降幅度最大的一个车型品种。重型货车销售前五名的企业是江淮汽车、中国重汽、东风汽车、北汽福田和陕汽集团，分别销售了2.99万辆、2.69万辆、1.79万辆、1.71万辆和0.97万辆，同比分别下降了24.85%、28.92%、43.43%、51.67%和60.29%。在重型货车中，占有市场份额较大的是江淮汽车，比重达23.02%；中国重汽，比重达20.72%。

（3）重型货车非完整车辆市场

重型货车非完整车辆也是重型载货车下降较大的一个车型，2015年重型货车非完整车辆共销售17.05万辆，同比下降32.89%。重型货车非完整车辆销售前五名的企业分别是：东风汽车，全年共销售6.37万辆，同比下降16.44%；中国重汽，全年共销售3.59万辆，同比下降34.46%；陕汽集团，全年共销售2.76万辆，同比下降22.18%；中国一汽，全年共销售2.05万辆，同比下降50.64%；北汽福田，全年共销售1.44万辆，同比下降32.22%。在这五家企业中，东风汽车占有的市场份额最大，达37.34%。其次是中国重汽，占比为21.07%。再次是陕汽集团，占比为16.19%。

在重型载货车三个车型中，中国一汽在牵引车市场中占有较大的市场份额，陕汽集团在准拖挂车总质量为25~40吨这个牵引车主销级别中领先。在重型货车中，江淮汽车和中国重汽占有市场份额较大。在重型货车非完整车辆市场中，东风汽车处于领先地位，占有相对比较高的市场份额。

（二）2015年中型载货车市场发展分析

1. 2015年中型载货车销量分析

2015年，中型载货车全年共销售20.04万辆，同比下降19.13%，其中，中型货车销售10.99万辆，同比下降26.78%，中型货车非完整车辆销售9.05万辆，同比下降7.39%。中型载货车的走势基本上与重型载货车的走势同步，从绝对销量上，已回到2008年的水平（见图9）。

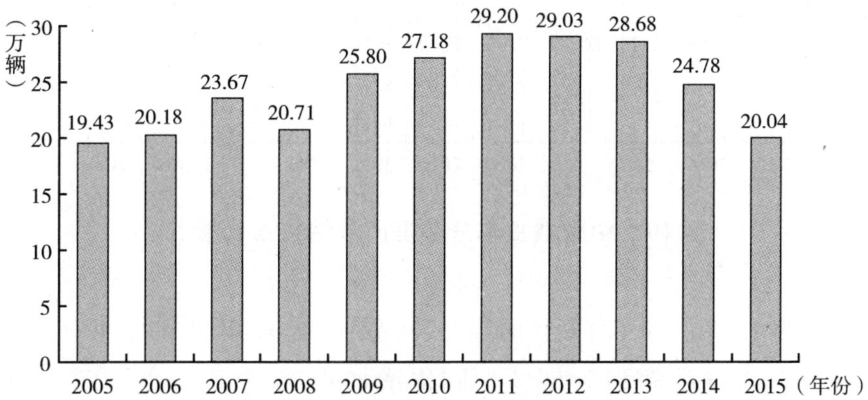

图9　中型载货车历年销量情况

从中型载货车的构成来看，2015年，中型货车所占比重为54.84%，同比减少5.73个百分点；中型货车非完整车辆所占比重为45.16%，同比增加5.73个百分点（见图10）。从历年的销售走势来看，中型货车的比重在逐年降低，中型货车非完整车辆的比重在逐年增加，这种变化，也反映了中型载货车正在从以普通货物运输为主向专用车转变。

分企业来看，销售前五名的企业是东风汽车、中国一汽、重庆力帆、庆铃汽车、四川现代。东风汽车2015年销售中型载货车5.52万辆，同比下降13.34%，市场份额为27.53%，同比上升了1.84个百分点。中国一汽全年销售中型载货车4.28万辆，同比下降13.89%，市场份额为21.36%，同比上升1.3个百分点。重庆力帆销售中型载货车4.08万辆，同比增长53.87%，市场份额为20.37%，同比增加

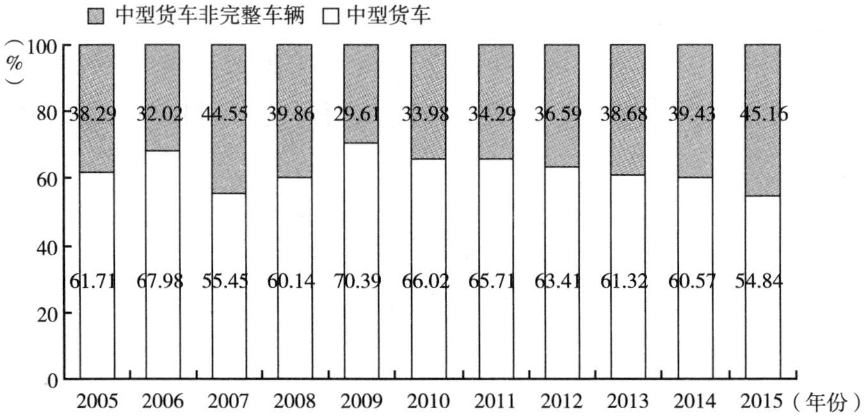

图 10　中型载货车分车型历年销售占比情况

9.66 个百分点。庆铃汽车销售中型载货车 1.58 万辆，同比下降 15.31%，市场份额为 7.50%，同比增加 0.36 个百分点。四川现代销售中型载货车 1.04 万辆，同比下降 4.35%，市场份额为 5.16%，同比增加了 0.8 个百分点。值得一提的是，中国重汽 2015 年中型载货车销售大幅度下降，全年只销售了 0.57 万辆，而上年全年销售高达 3.27 万辆。

分车型看，中型货车全年销售上万辆的企业只有 3 家：重庆力帆销售了 4.08 万辆，东风汽车销售了 1.83 万辆，四川现代销售了 1.04 万辆。三家的总销量占到了全部中型货车的 63.23%。而中型货车非完整车辆的销售基本上就是三家：中国一汽，全年销售了 4.02 万辆；东风汽车，全年销售了 3.68 万辆；庆铃汽车，全年销售了 1.26 万辆。三家的销量占到了全部中型货车非完整车辆的 99.08%。

（三）2015年中重型载货车新技术和新产品发展情况分析

总的来看，2015 年，重型载货车行业具有突破性意义的新技术和新产品并不多，各个企业虽然也在加快新产品的推出速度，但更多的是在原有基础上的改进。

1. 一汽解放

(1) 牵引车领域

J6 领航版 3 月 7 日在全国总投放。

该车配备大马力发动机。J6 领航版搭载 460 马力大发动机，配合 3.7 小速比后桥，燃油经济性较好。

实行超长保修：保用 3 年不限里程。

10 万公里换油：发动机、变速箱、后桥的保养间隔全部提升到 10 万公里，轮端保养间隔提高到 50 万公里免维护。

解放 JH6 牵引车 4 月 20 日上市。

该车采用轻量化技术，在装配牵引盘、备胎、30L 燃油的情况下，自重仅 8.6 吨，是国内 400 马力以上 6×4 牵引车中自重最轻的产品。

(2) 载货车领域

解放 J6P/M 8×4 轻量化载货车

J6P 和 J6M 两款 8×4 轻量化载货车，都是面向平原轻量化市场的车型，车辆搭载锡柴 6DL1 发动机，其中 J6P8×4 轻量化载货车采用部分 J6M 总成，既实现轻量化又满足用户对宽体驾驶室的需求，经济性较好。

解放 J6M 6×2 快递物流载货车

面向快递物流公司，满足“快速、高效、轻量、舒适”使用要求，以高速公路为主，车货总重小于 20 吨。整车采用 6M1013－26E4 发动机，大动力配小速比策略实现快速高效运输，满足用户对“快速、高效、轻量、舒适”的使用需求，同时底盘车架、悬架、后桥、车轮等优化设计，降重 250 千克，实现自重小于 7.8 吨。

另外，在 2015 年 11 月武汉车展上还展出了解放 J6M 6×2 领航版零担载货车。

(3) 自卸车领域

解放 J6 西南版重型自卸车

针对西南山区恶劣道路条件，解放提出“四大两改进”，具体包括大前轴、大转向、大淋水箱、大轮胎和改进前轴、改进制动。同时对自卸车承载能力的方面，车辆采用朝阳牌工程车花纹大轮胎。

2. 东风商用车

2015 年 12 月 15 日，东风商用车在湖北武汉举行新品发布会，此次共发布了 9 款车型，包括东风天龙旗舰专线快运车、东风天龙启航版节油新标杆专线物流车、东风天龙启航版散配煤运车、东风天龙启航版快递干线车、东风天锦高效支线快递车、东风天龙散杂货标载运输车、东风天龙 KC 复合运输渣土车、东风天龙 KC 标载运输渣土车、东风公路复合轮减桥高效运输车。

(1) 牵引车领域

针对高端物流市场，东风推出了天龙旗舰，这款车型是东风商用车针对高端高速物流而推出的一款牵引车，搭载了东风康明斯发动机，ZF 变速箱，使用了成熟的 8 气囊悬挂等。

另外还推出低配版的旗舰车型，依然使用东风康明斯发动机，变速箱则是使用东风和沃尔沃合作开发的 14 挡手动变速箱。

除了常规的东风天龙旗舰、启航版以外，针对快运行业量身打造的一款高配车型还展出了一款 420 马力的 4×2 4 气囊悬挂的牵引车，使用 dCi420 马力发动机，法士特变速箱、德纳后桥。而其中最重要的是后桥使用了 4 气囊悬挂，并且全车采用盘式制动。

(2) 载货车领域

新发布的两款载货车分别是 8×4 和 4×2 驱动结构，这两款车型在原有的基础上进行改进，8×4 的载货车使用康明斯 315 马力发动机，同时根据用户的反映和建议，对车辆的货箱进行了优化，增加了货箱的强度，降低了货箱的重量，同时，通过优化动力链，降低了车辆的油耗，提高了车辆的保养里程。

4×2 的载货车则是加大了货箱的容积，使用了新型材料替代原有的钢板，使整车的自重更低，搭载了康明斯 180 马力发动机。

（3）自卸车领域

新推出的渣土车（自卸车）中的两款城市渣土车命名为东风天龙 KC，这两款智能渣土车拥有更大的驾驶室和更智能的货箱，以及智能监控系统。第一款城市环保智能渣土车搭载了 dCi350 发动机，最大功率为 350 马力。

该车使用了 360°智能监控设备，在驾驶室、货箱四周都安装了摄像头，驾驶员可以通过驾驶室内部的显示屏了解到车辆周边的信息，提高了车辆的安全性。同时这套系统可以通过互联网把这些信息实时地传输到管理层，实时地监控渣土车是否处于正常、正确的状态。

3. 东风柳汽

（1）乘龙 H7

2015 年 4 月，乘龙 H7 亮相上海车展。除了早已配套的东风康明斯 ISZ13 升发动机，东风柳汽 2016 年将进一步延伸乘龙 H7 产品线，推出装配玉柴 6K12 升动力 –460 马力、潍柴 WP12 升动力 –430 马力、潍柴 WP13 升动力 –480 马力车型。

（2）长头重卡 T7

乘龙 T7 主要搭载 450 以上马力发动机，经济车速可达到 90 公里/小时，独特的长头造型亦可大大降低风阻，提升燃油效率。

（3）乘龙 M7

搭载潍柴 WP12 蓝擎二代 400 马力的乘龙 M7 创富版，在 2015 年已在京津冀、山东、河南、四川等地上市。这款车配备法士特 12JSD180T 十二挡变速箱，驱动形式 6×2，后桥速比 3.58，800L 铝合金双油箱。

（4）轻量化智能渣土车

新型渣土车突出“智能”“轻量化”特性。在保证承载能力的情况下，采用高强度轻量化车架、铝合金油箱、轻量化车桥等结构优化设计，满足了严格治超的需求。

新型渣土车转配智能终端乘龙 V + 车联网系统，可以 24 小时工作，随时对车辆进行全球定位和监控。此外，新型智能渣土车还拥有驾驶员指纹识别、顶盖自动强制密闭、重车货箱举升控制、自动分区限速等多项智能系统，让政府及渣运公司对渣土车的管理更轻松。

4. 中国重汽

（1）牵引车

目标是通过 2 ~3 年努力成为行业标杆。

6 ×4 牵引车聚焦 T7/C7，针对标载运输群体，辅以 T5/J5/大 M5 的 346 马力双涡轮增压 MC07 动力车型。

6 ×2 牵引车聚焦 T7/C7 九气囊，前双轴 6 ×2 车型则聚焦 T5/J5/大 M5 双前桥的市场主流马力段 336、346 马力产品。

4 ×2 港拖则聚焦 J5/M5 柴油与天然气产品，4 ×2 轻抛货运输则聚焦 T7/C7 节油产品。

另外，中国重汽通过 AMT 变速箱、缓速器、MC13 超大马力发动机、T7 车型标配倍耐力轮胎等差异化措施提升产品竞争力。

（2）自卸车

聚焦土方/渣土自卸车

6 ×4 聚焦 T5/J5/M5 版自卸，对于有超载控制的砂石运输 8 ×4 车型聚焦 J5/M5 的 11 版标载、12 版复合版本车型。高端自卸客户则可选用 T7 车型。

5. 福田戴姆勒

新一代欧曼 GTL 超能版上市。

2015 年 4 月 20 日，福田戴姆勒汽车携两款欧曼 GTL 产品亮相上海车展：一款为欧曼 GTL 超能版；另一款为欧曼 GTL 奔驰版。

2015 年 5 月 15 日，欧曼 GTL 超能版载货车上市。

2015 年 7 月 28 日，欧曼 GTL 超能版 460 马力牵引车登场。

欧曼 GTL 超能版是福田戴姆勒汽车以欧美高端重卡为标杆，采用戴姆勒平台化、模块化技术开发的全新一代高端重卡平台，零部件数大幅减少，自重更轻，可靠性更高。引入戴姆勒 TOS 管理体系，使欧曼 GTL 全新重卡平台实现了可靠性、安全性、舒适性、智能化等的全面升级换代。

6. 陕汽集团

2015 年 12 月 9 日，陕汽在 2016 年商务大会上推出搭载 WP13 发动机的黄金版 X3000 系列车型，并提出“500 +”概念。

推出的 5 款黄金版 X3000 车型，分别为黄金版 X3000 轻量化 530 马力 6 ×4 牵引车、黄金版 X3000 轻量化 500 马力 6 ×2 后随动 AMT 牵引车、黄金版 X3000 超强版 550 马力 6 ×2 牵引车、黄金版 X3000 轻量化 480 马力 6 ×2 牵引车、黄金版 X3000 超强版 500 马力工程车底盘。车型覆盖了主流的高速物流车市场和工程车市场，动力覆盖 480 马力到 550 马力区间。

（四）2015年中重型载货车营销与售后服务情况

2015 年，面对相对不利的市场形势，中重型载货车各企业对营销和售后服务更加重视，对经销商的重视程度也相对突出。“共赢”与“转型”成为共同的心愿。例如，一汽解放提出“共创共赢”，江淮提出“敬客共赢”，华菱提出“合作共赢”，上依红提出“聚力共赢”。下面对主要中重型载货车的企业相关举措做一介绍。

1. 一汽解放

在营销方面，一汽解放以用户诉求为出发点，提供有针对性的产品、服务和促销方式，满足了用户个性化需求。

销售服务渠道下沉，深耕终端，“百千万”体验营销战略全面展开，终端推广活动风起云涌。

在服务方面，一汽解放在行业内实施一对一服务。一对一服务转变了传统服务模式，每一客户有专属的服务顾问与之应对，客户只需要提出，服务顾问负责全程调度协调，直至需求得到满足。切实做到“顾客有求必应，责任推诿可查”。从客户利益出发，转变服务模式，提升服务速度与客户满意度。

2. 东风商用车

2014 年10 月至2015 年7 月，赞助沃尔沃环球帆船赛，提升海外知名度。

2014 年11 月至2015 年7 月，举办“中国好司机，最美天龙哥”暨东风天龙卡车司机驾驶员大赛。

3. 东风柳汽

坚持深化营销转型，四大转型成果凸显——公路车销量稳增中实现飞跃、大客户持续购买态势攀升、高附值行业内口碑市占率双丰收。

坚持分品系、分行业行销的精准化市场细分策略，在快递、港口运输等重点细分市场傲居市场排名前列。

坚持围绕重点区域精耕细作，提升网络能力，实现了广西、广东、湖南连续稳居第一，江西、浙江、云南区域增长迅速。

坚持深耕服务，大幅提升了服务满意度。

坚持创新终端推广模式，如征战中国卡车公开赛、体验式营销等，大力开拓新增客户群，实现品牌知名度和销售力的双重提升，基于此，新品乘龙 H7 一推出便荣获中国国际卡车大赛节油冠军殊荣。

4. 中国重汽

实施“五个一工程”，并以此为核心出发点，通过线上线下互动交流、品鉴推广相结合，建立厂家、网点单位及用户之间三位一体的“互动营销”模式，并通过3D展厅、线上互动、品鉴会、渠道推广、实物展示、试乘试驾、试用体验、客户维护、网络能力、亲人服务、金融支持等有力措施将营销服务工作落到实处、发挥出实效。

开拓国际市场方面，中国重汽大力加强国际市场营销服务网络和境外配件中心库建设；积极创新国际市场营销模式，为用户提供融资解决方案；抓住东南亚、非洲等市场启动的有利时机，实现了区域销量的大幅上升。

“五个一工程”内容为：

第一个“一”是：向T7H、T5G、J5G产品2015年度销量第一的网点单位颁发特殊贡献奖励。

第二个“一”是：聘请10家优秀网点单位为2015年度销售部高级市场高级营销顾问。

第三个“一”是：发展100家全国重点物流企业为中国重汽战略合作伙伴。

第四个“一”是：开发1000位客户意见领袖，给予重点服务及奖励支持。

第五个“一”是：为T系产品用户倾情奉送10000份量身定制的尊享礼品。

5. 陕汽集团

努力谋转型，突破公路物流车市场。在日用品、农副、快递等细分市场有所突破。陕汽通过2015年以来的调结构和产品转型，牵引车国内销量已经从前两年30%多的占比，提升到2015年1~10月的63%，下半年到现在的销售比重更是超过70%；自卸车从以前的50%以上销量占比，降低到2015年1~10月的16%。

在区域市场上，陕汽通过深耕终端，挖掘细分需求，在济南、石家庄等区域的销量大幅提升，在广州、宁波等地也实现了销量强势突破。

2015 年，“互联网 +”是各个中重型载货车企业营销的一个关键词。各个企业纷纷试水“互联网 +”的概念，陕汽推出天行分健、车轮滚滚平台，中国重汽推出了一款名为“智慧重汽”的手机 APP 应用。一汽解放同样宣布“解放管家”APP 将在 2016 年推出。

另外，各个企业也开始大力拓展网上销售，如福田推出秒杀抢购活动，300 台欧曼中重卡分两次在网上各不到 1 分钟被抢购一空，东风柳汽 90 台乘龙 H7 牵引和载货车线上线下同步销售。2015 年“双 11”，华菱汉马 H6 优惠 2.7 万元。

（五）中重型载货车市场未来的发展趋势

我国经济发展已进入一个新的阶段，已从重化工业的初期、中期，进入重化工业的中后期，经济增长速度在持续了 30 多年的高速增长后，现在开始转向中高速增长，经济发展进入新常态，经济结构面临转型，传统行业如钢铁、煤炭、水泥等的产量都已接近或达到历史峰值，面临产能过剩的阶段。另外，高新技术、服务业快速发展，逐步成为新的经济增长点，人民群众的生活水平稳步提高，可以预见，我国完全有能力跃过中等收入陷阱，进入高收入国家的行业。我国经济发展的新阶段决定了中重型载货车未来的发展趋势，目前比较明显的有以下三点。

1. 中重型载货车的总量需求开始减少

可以这样说，中重型载货车的产量已创造了历史峰值。目前可能存在分歧的是，多数人可能认为中重型载货车市场需求总量会在未来几年维持在 70 万辆左右，但这种可能性有多大，值得商榷。总的来说，下行的概率还是很大的。如果经济增长下行很大，中央采取力度较大的经济刺激措施，则中重型载货车有可能维持一段时间的高位。

2. 中重型载货车的主体从工程性向公路运输性转换

在重化工业的初期和中期，国家到处搞建设，修公路、机场、港口，开挖矿山，建房屋，建厂房等，全国到处都是工地，因而需要大量的工程自卸车，但随着大量建设的减少和结束，工程自卸车的需求也会相应减少。另外，人民群众生活水平在稳步提升，社会商品零售额每年都在增长，未来与人们生活相关的物资需求也会持续增加，与此相适应，生活物资运输的需求也会持续增加，公路货物运输车辆将是未来中重型载货车的主体。

3. 向大功率、高可靠性、高效率的方向发展

目前，物流企业普遍面临人工成本上升，租金、费用上涨的局面，唯一不上升的是公路运输价格，另外，我国物流成本居高不下，远远高于发达国家，因此，降低物流成本是未来我国物流行业发展的一个必然趋势，这其中，降低公路运输成本也是一个必然要求。严格地说，我国公路货物运输车辆的效率不高，利用系数低（特别是一些个体运输户，找不到货就停车等货），吨公里油耗、费用都高。而要降低车辆的运输成本、降低油耗、降低费用，未来公路运输车辆必须向大功率、高可靠性方向发展。

（六）中重型载货车工业运行中存在的问题及发展建议

从目前来看，重型载货车与中型载货车都存在产能过剩。我们不以虚拟的，也不以按三班倒总装能力计算的重型载货车最大设计计划产能为标准，我们仅以 2010 年实际达到的重型载货车的生产量 105.86 万辆（当年销售重型载货车是 101.74 万辆）为标准，2015 年的销量是 55.07 万辆，基本上只有 2010 年的一半。也就是说，仅就 2015 年的销量，重型载货车就存在 50 万辆的过剩产能，这还不包括从 2010 年后一些企业大幅扩张的产能。一般来说，在市场经济条件下，产能应大于实际的需求，有一定的富裕，但大了近 1 倍的产能，

显然是不合理的。另外，未来重型载货车会不会像2010年那样，再次出现井喷呢，可能更多的是面临不确定的大幅度下降。去产能，是摆在重型载货车企业面前的一个重要选择。

重型载货车行业面临的第二个问题是，产品结构调整和在技术质量上提升水平档次。一个国家重化工业的初期，是以大量基础设施的建设和钢铁、煤炭、水泥、基础化工等传统行业为主体带动经济快速增长的，在这一阶段，表现在对载货车的需求，主要是工程自卸车的需求量大。但重化工业的后期，一个国家经济的增长，主要是依靠高新技术产业和第三产业的发展。经济发展阶段发生了变化，经济结构、产业增长也相应变化，目前，我国经济发展进入新常态，高新科技产业、第三产业对经济增长的贡献越来越大，随着人民群众生活水平的不断提高，电商物流、冷链物流等增长迅速，因此，今后重型载货车将以公路货物运输为主体。大功率、低油耗、高速、高可靠性、免维护或少维护、高舒适性、智能化将是未来重型载货车的发展趋势。我国绝大多数重型载货车企业要向高技术迈进，将面临较大的挑战。

重型载货车行业面临的第三个问题是，如何真正地走向国际市场，使全球市场成为国内重型载货车行业的一个重要组成部分。从总体上看，目前国内重型载货车企业在国际市场上还是以商务销售为主，随机性、随意性、偶然性、不确定性易造成国际销售大幅度波动。一些走在前列的企业已开始转入阵地战，在一些国家建立稳固的经销渠道和售后服务维修网络。未来，国内重型载货车企业在面对全球市场时需要解决以下几个问题：第一，必须逐步将出口的数量提升到企业全部产量的1/4或更多；第二，必须有稳定的出口国家和地区，并在这些国家和地区建立较为完善的分销渠道和售后服务网络；第三，必须解决国际营销人才和管理问题，探寻和创新营销模式。

三 2015年轻型载货车工业发展概况

（一）2015年轻型载货车市场发展分析

1. 2015年轻型载货车销量分析

2015 年，轻型载货车共销售 155. 85 万辆，同比下降 6. 26%（见图 11）。其中，轻型货车销售 147. 09 万辆，同比下降 5. 68%，轻型货车非完整车辆销售 8. 76 万辆，同比下降 15. 06%。从历年走势上看，轻型载货车相对来说仍处在一个高位。

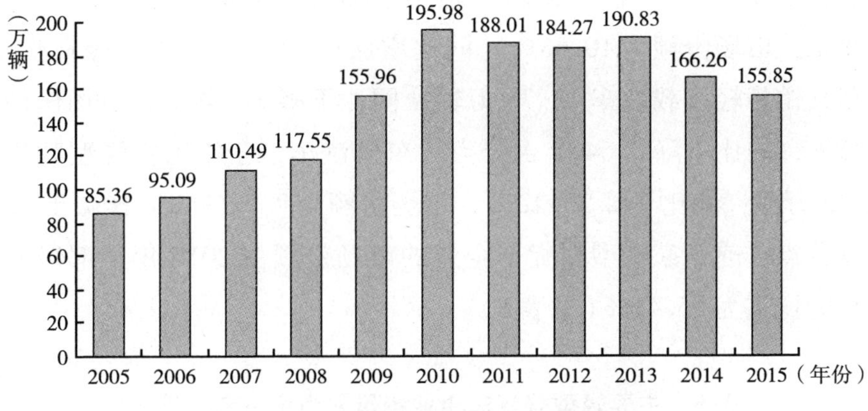

图 11　历年轻型载货车销售情况

分车型结构看，轻型载货车非完整车辆呈现一个逐年减少的态势，已从 2005 年的占比 11. 62%减少到 2015 年的 5. 62%。十年间减少了 6 个百分点，这一趋势很有可能还将延续（见图 12）。

分企业来看，销售前五名的企业分别是北汽福田，全年共销售轻型载货车 26. 68 万辆，同比下降 10. 62%，市场份额为 17. 12%，同比减少 0. 83 个百分点；江铃控股，全年共销售轻型载货车 16. 92 万辆，同比下降 5. 95%，市场份额为 10. 86%，同比增加了 0. 04 个百

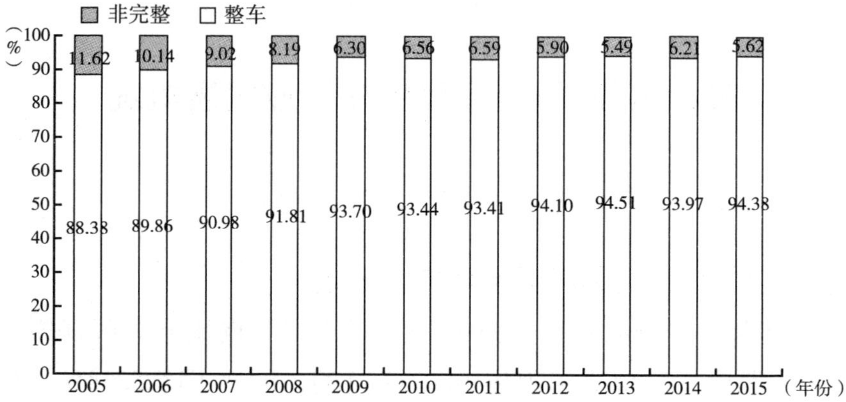

图 12　轻型载货车分车型历年销售占比情况

分点；江淮汽车，全年共销售轻型载货车 16.65 万辆，同比下降 5.26%，市场份额为 10.68%，同比增加 0.11 个百分点；金杯汽车，全年共销售轻型载货车 13.76 万辆，同比下降 12.59%，市场份额为 8.83%，同比下降 0.64 个百分点；东风汽车，全年销售轻型载货车 12.35 万辆，同比下降 23.12%，市场份额为 7.92%，同比减少 1.74 个百分点。前 5 家轻型载货车企业的市场份额占 2015 年全部轻型载货车的比重为 55.41%（见表 5）。

表 5　主要轻型载货车企业销量和市场占有率情况

排名	企业名称	2015 年销量（辆）	2014 年销量（辆）	同比增长（%）	2015 年份额（%）	2014 年份额（%）	份额增减（个百分点）
1	北汽福田	266776	298478	-10.62	17.12	17.95	-0.83
2	江铃控股	169186	179880	-5.95	10.86	10.82	0.04
3	江淮汽车	166522	175763	-5.26	10.68	10.57	0.11
4	金杯汽车	137617	157439	-12.59	8.83	9.47	-0.64
5	东风汽车	123464	160599	-23.12	7.92	9.66	-1.74

轻型载货车企业的市场集中度仍然不高，但企业竞争格局相对稳定。2015 年中国汽车工业协会统计目录的轻型载货车企业共有 40 家。上述销量前 5 名企业一直较稳定，排名变化不大。2015 年，年销量上 5 万 ~10 万辆的企业也有 5 家，分别是：重庆力帆，销量为 10.33 万辆；长城汽车，销量为 9.95 万辆；庆铃汽车，销量为 6.42 万辆；重庆长安，销量为 5.76 万辆；中国重汽，销量为 5.17 万辆。这 5 家可以算作轻型载货车企业的第二梯队，其销量占全部轻型载货车销量的比重为 24.14%，大体上不到前 5 家企业销量的一半。销量在 1 万 ~5 万辆的企业有 11 家，这 11 家企业总销量为 27.29 万辆，占全部轻型载货车销量的比重为 17.51%，大体上是轻型载货车第二梯队市场份额的一半多。余下的 19 家企业销量都在 1 万辆以下，有的几乎没有销量，这些企业今后前景堪忧。

在各车型中，轻型货车销售前 5 名的企业分别是：北汽福田，全年销售 26.68 万辆；江铃控股，全年销售 16.92 万辆；江淮汽车，全年销售 16.65 万辆；金杯汽车，全年销售 13.13 万辆；重庆力帆，全年销售 10.33 万辆。轻型货车非完整车辆销售主要集中在 3 家家：东风汽车，全年销售 3.85 万辆；庆铃汽车，全年销售 2.57 万辆和中国一汽，全年销售 1.28 万辆。

（二）2015年轻型载货车新技术和新产品发展情况分析

2015 年轻型载货车新品正在向高技术方向发展。各车企或更换新驾驶室（以宽替窄），或匹配新动力（含纯电动），或更新配置，或延长质保期限，均在不断提高产品竞争力，在动力方面逐步升级，包括数字化、电子化等设备也被逐步引入。现将各企业推出的新产品做一简要介绍。

1. 北汽福田

（1）福田欧马可 3 系（京五）

2015 年 1 月推出，目的是应对京城地区的排放升级。动力方面，此款车配装康明斯 ISF3.8 发动机，最大功率 141 马力，最大扭矩 450Nm。与发动机匹配的是万里扬 6 挡变速箱，后桥速比 4.11。

（2）奥铃 CNG 两用燃料新品

2015 年 5 月发布，匹配福田 4Y 汽油机，有 2600mm 和 2800mm 两个轴距，可满足国 IV 排放法规的要求，并能够轻松升级到国 V 排放标准。

（3）奥铃 CTX 国 V 新品

8 月 13 日，在轻型商用车事业本部 2015 年中商务会上发布。奥铃 CTX 国 V 轻卡采用康明斯 ISF3.8s5154 发动机，最大 170 马力，满足国 V 排放，能够有效应对北京 2015 年京 V 排放法规。

（4）奥铃 CTX 欧 VI 新品

8 月 13 日，在轻型商用车事业本部 2015 年中商务会上发布。该款新品已发布 L1995－3360 轴距福田康明斯 ISF3.8E6154 动力欧 VI 邮政车和垃圾车两款车型，主要用于京 V 排放标准实施后，北京或其他对整车 PM 排放有严格限制的经济发达地区的城市物流用车需求和市政作业专用车需求。

2. 江铃

（1）顺达、凯运 2800 轴车型

两款车型均已达到国Ⅳ排放标准，售价 7.28 万元起。匹配 4JB1 经典动力，百公里油耗仅 8 升，采用五十铃加固加强底盘。

（2）2800 中轴低货台轻卡

该车于 2015 年 9 月推出，在动力性方面，车辆采用江铃 JX493ZLQ4 发动机，最大输出功率为 109 马力，匹配 2800 轴距。车辆设计主要针对城市老城区、批发市场等道路狭窄拥挤地区，车辆车身总长 5.4 米，单车位就可停车，少占地。

（3）凯运宽体 2050 大货柜

该车于 9 月上市，搭载了经典的 4JB1 发动机，2.05 米宽度大货柜，货厢更加宽大。

3. 江淮

（1）帅铃京五

2015 年 9 月上市，此次正式上市的帅铃京五动力采用 SCR 技术路线，货厢长度全面覆盖 4.2 米、5.2 米、6.2 米，全系匹配六挡变速箱。

（2）全新骏铃

11 月在武汉举行的 2015 中国国际商用车展览会上发布，动力配备的同样为 3.2L 迈斯福发动机，型号为 JND408D160 - 47，160 马力。通过“EGR + DOC + POC”达到国Ⅳ排放标准。变速箱配备的是六安 LC6T540 型号的 6 挡变速箱。

4. 东风

（1）东风凯普特 N280

2015 年 3 月推出，新凯普特 N 系列与日产凯普斯达同线生产，N280 是在现有凯普特 N 系基础上将设计进行全面优化推出的产品，以 T01 驾驶室为核心，搭配 D28 发动机，同时 N280 系列质保期限由 24 个月/6 万公里提升至 25 个月/25 万公里。

（2）东风多利卡 D9

2015 年 3 月推出，D9 作为东风股份 2015 年主打的多利卡产品，其货厢内长覆盖 6.2 米、6.8 米、7.6 米，整车长度不超过法规限值 9 米。搭载全新 2315mm 宽驾驶室，以玉柴 160、ISD160/180 为动力系统，采用 EGR + DOC + POC 国Ⅳ技术，无须使用尿素。同时，东风多利卡 D9 系列配装玉柴发动机系列由 18 个月/10 万公里提升至 25 个月/25 万公里，东风多利卡 D9 系列配装康明斯发动机系列由 24 个月/25 万公里提升至 36 个月/25 万公里。

（3）凯普特 E280 新品

2015 年第三季度末，东风轻卡推出凯普特 E280 新品。该车属于“经济型”中高端轻卡，首期推出的是 S 系列窄体气刹车型，搭载 D28 发动机，2015 年底推出中体和宽体车，实现全系列覆盖。

5. 力帆

(1) PROJEN (铂骏) ·翼骏

7月15日起，在力帆时骏集团举行的“爱上旅途，翼骏先行”PROJEN (铂骏) 轻卡试乘体验活动推出。

据了解，这车实现了3D打印技术、车联网技术等高端技术的结合，定位于中国高端城市物流运输，对标产品为国内一线高端轻卡品牌。

6. 庆铃

宽体版庆铃600P

2015年10月发布，整车长度5995毫米，小于6米，可上蓝牌。动力方面，宽体五十铃600P搭载型号为4KH1-TCG40的国Ⅳ发动机，排量3.0L，功率为120马力。

7. 一汽

(1) J6F130P (宽体)

2015年7月上市，解放J6F130P (宽体) 车型主打城际快递物流运输。搭配德国高端道依茨4DD发动机，该车以高安全、高舒适、高节油、高可靠、优质服务等特点谋求在高端轻卡中站稳市场。

(2) “FH-02” 轻型载货汽车

4月，由一汽凌源汽车制造有限公司开发制造的新款中高端轻卡 (产品代号“FH-02”) 在东北、华北、华南等多个地区的市场开始进行产品推广活动，这标志着该车型正式开始上市销售。

该车是一汽凌源专门为中短途物流用户量身打造的高端力作，整车具有低油耗、低噪声、高性能、高环保、驾乘舒适、城乡皆宜等特点。在动力方面，搭载江铃JE493ZLQ4/朝柴CY4T75-CE4/朝柴CY4102-CE4D柴油发动机。

(三) 2015年轻型载货车营销与售后服务情况

面对严峻的市场形势，2015年各轻型载货车企业都加大了营销力度。体验营销可能是2015年各轻型载货车企业的一个突出的特点。

1. 北汽福田

集产品体验、品牌推介于一身的体验营销是新年营销的一个亮点。

2015年3月29日，福田奥铃&图雅诺“2015品质体验万里行”在北京启程。2015大篷车巡展走进20个大中城市的100个物流园区，访问近10000名潜在客户，借此推动轻型商用车整体产品结构和客户的调整。

另外，“图雅诺杯”——2015（第七届）福田奥铃中国勒芒轻卡耐力赛启动仪式3月在北京五棵松体育馆隆重举行。

2015年7月，“福田瑞沃网上购车节”再次启动，借助O2O精准营销模式的网络购车活动，通过网络平台促进线下产品销售，打造“互联网+”的营销模式。

2015年7月，福田汽车工程车事业部开展的“最美中国路——出彩瑞沃人”活动也火热拉开序幕，关注瑞沃卡车司机在大江南北的足迹，捕捉瑞沃卡车奔跑在祖国各个角落的出彩瞬间。

2015年11月28日，“价值引领未来——欧马可城市物流体验之旅”收官。从4月的广州站启程开始，活动至今已历时8个月，先后走过广州、南京、郑州、石家庄、哈尔滨、西安、重庆7大物流中枢城市群，建立了企业、经销商、用户三位一体的长线互动平台。

2015年11月11日至2016年1月31日，福田欧马可与卡车之家合作，联手召集全国的欧马可用户，举办“欧马可·卡车达人秀”的活动。

2. 江铃

营销活动形式新颖，内容丰富，吸引了较多用户的关注，将更多的用户串联起来，凝聚成一股巨大的力量，为品牌形象和良好口碑的传播打下坚实基础。

2015年1月26日，“寻找江铃轻卡家族第三季”活动盛大开启。

江铃轻卡家族成员分享了他们的独特故事，传递了坚持、坚韧、专业进取、乐观向上的卡车人特质。

2015 年 5 月 9 日，“2015 江铃轻卡低碳中国行暨全国巡回节油体验营”在北京第四次开启它崭新的绿色征程。

3. 江淮

2015 新年伊始，江淮轻卡在全国范围内启动“我为蓝天换绿标”活动，数千台江淮国Ⅳ轻卡将陆续开赴各地，支持全国用户以黄标车、老旧车置换新车。

上海车展现场，江淮轻型商用车还发布了江淮轻卡节油挑战赛启动仪式，参赛的车型有帅铃迈斯福动力宽体版、帅铃欧威动力窄体版和骏铃欧威动力宽体版。

2015 年 7 月，第二届中国卡车文化节在“硬汉之都”内蒙古包头开幕，作为国内轻型商用车行业领军品牌，江淮轻型商用车携旗下帅铃、骏铃、康铃三大品牌轻卡及帅铃 T6 皮卡震撼亮相，并在现场举办了一系列关爱卡车司机的活动。

2015 年 7 ~ 9 月，康铃助学千金随“礼”。康铃贴心福利回馈车主：凭高校录取通知书，购指定车型最高享 7000 元学费交通补贴。

2015 年 10 月，江淮汽车“劲行川藏线”正式启程。帅铃 T6 皮卡作为此次活动的主力之一，与江淮骏铃轻卡一起，在川藏线上，展现自身的皮卡之美和品质力量。

4. 东风股份公司

2015 年，东风股份围绕产品、渠道、客户、营销四个方面开展了“百城上市”“百店夺标”“百城团购”“首届中国卡友节油挑战赛”“双 11/双 12 购车节”等一系列市场行销活动，进一步提升了品牌知名度。

7 月 18 日，由东风股份公司主办的“东风汽车 · 中国卡友节油挑战赛”在武汉启动；东风轻型车也第一次试水电商，借力卡车之家，乘上了“双十一”这波购物狂潮。

东风轻卡节油赛在海选赛面向最广泛的卡友，因此，不对参赛卡友的车型做出限制，卡友可开任何品牌车型前来参赛。这在行业内尚属首次，东风轻卡此次赛事充分体现了低门槛、广泛性的特点。也让更多卡友真切地感受到来自东风汽车的关怀，进一步提升了东风品牌在用户心中的地位。

5. 庆铃

2015 年 9 月 10 日，庆铃推出“品质五十铃，庆铃丝路行”，庆铃汽车西北五省地区客户回访体验活动分别在青海、新疆拉开序幕。

庆铃车型一贯以其高品质、高可靠性、低故障率成为城市环卫车、冷藏车等多种车型的选择。而在如今日益发达的物流行业，高出勤率、高时效性成为更多物流公司用车最看重的品质，而庆铃根据城市快递运输需要大方量、轻量化、高效率的车型，推出庆铃 K600。

（四）我国轻型载货车市场未来发展趋势

轻型载货车未来的发展趋势有以下几个方面。

1. 继续向高端方向发展

这一趋势在 2015 年已经十分明显。各个主要轻型载货车企业在总量下降的背景下，其高端轻卡都呈现快速增长的势头。如北汽福田同期下降 10.62%，其而中高端轻卡欧马可却大幅上涨 22.06%。同样，江淮的帅铃高速增长 23.74%。

2. 新能源纯电动、混动及燃气轻卡、汽油机轻卡是未来的一个重要发展方向

轻卡由于运输距离不是太远，大部分都在城市区域运行，许多都从事短途物流配送，因此，在环保法规日益严格的大环境下，新能源轻卡有着广阔的发展空间。

3. 宽体轻卡

由于道路条件的改善，宽体轻卡能拉更多的货，提高了运输效益，因而受到很多用户的欢迎，这一趋势还将持续。

四　2015年微型载货车工业发展概况

（一）2015年微型载货车销量分析

2015 年，微型载货车全年销售 54.62 万辆，同比增长 3.07%。微型载货车是2015 年载货车中唯一增长的一个品种。微型载货车主要由微型货车构成，微型货车非完整车辆只有几百辆，基本上可以忽略不计。从历年走势上看，近四年，微型货车销量变化不大。

（二）主要企业发展情况

上汽通用五菱一枝独大，全年共销售 24.24 万辆，同比增长 10.45%，市场份额为 44.39%，占据了微型载货车的半壁江山。第二名北汽福田销售了 8.81 万辆，同比下降 3.41%，市场份额为 16.13%。第三名重庆长安销售了 8.57 万辆，同比增长 4.18%，市场份额为 15.69%。第四名东风汽车销售了 5.41 万辆，同比下降 25.75%，市场份额为 9.9%。第五名金杯汽车销售了 1.9 万辆，同比增长 273.57%，市场份额为 3.48%。可以看出，微型载货车上涨主要是由上汽通用五菱贡献的。值得指出的是，东风汽车微型载货车在总体上涨的情况下却大幅度下滑。由于微型载货车市场容量相对稳定，主流产品变化不大，产品形式也较单一，价低利薄，因此，几乎没有什么新进入的厂家，竞争格局总体上比较稳定。

（三）新产品及技术发展趋势

微型载货车2015年仅有单排座小康C31、华晨鑫源（重庆T30），双排座小康K02L、C32、华晨鑫源T32（重庆）几款新车型。

同中、重、轻载货车一样，微型载货车也是越做越大，车身宽度在增加，功率也在增加。双排座的市场份额一直在增长，亦乘亦载的双排座微型载货车已成为主流产品。未来，新能源微型载货车的发展趋势被看好。

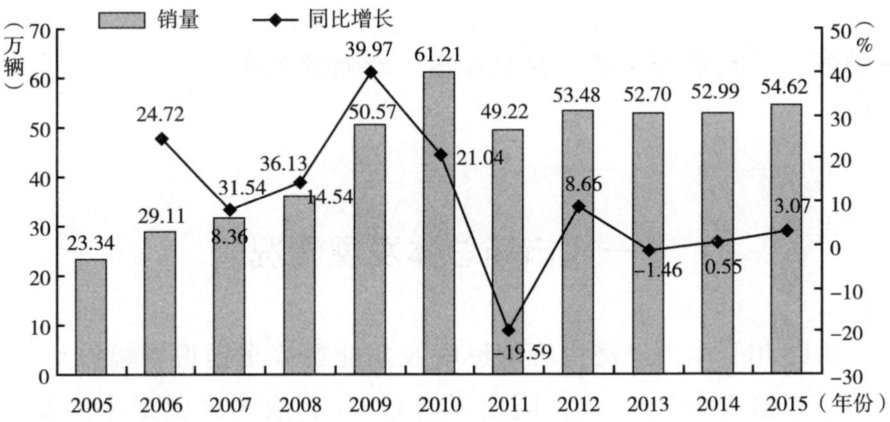

图13　历年微型载货车销量情况

表6　主要微型载货车企业销量和市场占有率情况

排名	企业名称	2015年销量（万辆）	2014年销量（万辆）	同比增长（%）	2015年市场份额（%）
1	上汽通用五菱	24.24	21.95	10.45	44.39
2	北汽福田	8.81	9.12	-3.41	16.13
3	重庆长安	8.57	8.23	4.18	15.69
4	东风汽车	5.41	7.28	-25.75	9.90
5	金杯汽车	1.90	0.51	273.57	3.48

B.4
2015年客车工业发展报告

摘　要：本报告描述了2015年度客车产销情况以及较2014年的变化趋势，揭示了中国客车市场第一的地位和新能源客车热销的事实，预测了2016年中国客车市场的发展趋势。

关键词：大中型客车　轻型客车　新能源客车

一　市场总体发展情况

2015年受国内经济大环境影响及新能源客车销售增幅拉动，大中型客车销售163385辆，同比下滑0.3%，成为降幅最小的品类；轻型客车全年销售431997辆，同比下滑2.5%。

从产品销量全年结构来看，受新能源客车的拉动，2015年12月同比增长14.9%，扭转了整体下滑局面，2015年12个月客车行业整体销量为262493台，同比增长29.77%，其中，轻型客车增长迅猛，销量增长率达到60.87%，大型客车受插电式混合动力和纯电动公交的政策拉动，以及2016年补贴政策变化的影响，涨幅达到21.81%。

从产品类型来看，较2014年结构发生了变化，公交客车实现了快速增长，占比达到32.13%，成为2015年销量的主流；公交客车（主要是二、三线城市公交以及大型的城市公交产品）受2016年新能

表 1　2015 年商用车销售统计

单位：辆，%

车型类别	销量	同比增长	结构	备注
大中型客车	163385	-0.30	4.70	表中轻客为 9 座以上，最大设计质量不超过 5000 公斤的客车，包含传统的小轻骨架车身轻客和 5 米及以下轻型客车等。
轻型客车	431997	-2.50	12.50	
重型货车	550716	-26.00	16.00	
微、轻、中型货车	2305165	-5.50	66.80	
商用车总计	3451263	-9.00	100	

注：轻客产销量包含所有厂家。中国客车信息网统计的行业 50 家整车生产企业不包含华晨金杯、北汽福田、江铃全顺、奔驰、大通等轻客厂家。

资料来源：中国汽车工业协会统计数据。

表 2　2014～2015 年大中轻型客车销量及结构变化

单位：辆，%，个百分点

长度类别	2014 年		2015 年		变化	
	销量	结构	销量	结构	销量增长率	结构
总销量	202274	—	262493	—	29.77	—
大型客车	72357	35.77	88140	33.58	21.81	-2.19
中型客车	65832	32.55	71259	27.15	8.24	-5.40
轻型客车	64085	31.68	103094	39.27	60.87	7.59

源政策调整的刺激，以及新能源车辆推广要求的影响，同比增长达到 18.68%；座位客车受高铁影响，增长放缓；校车在 2015 年降幅收窄，但是仍受各地出台政策迟缓、补贴等因素的影响，同比下降 3.9%。

从 2015 年行业的前 13 名厂家来看，行业集中度继续提高；前 13 家生产厂家销量占比总和由 2014 年的 69.53% 提升到 2015 年的 72.86%；"一通三龙"① 继续领跑行业，总体占有率达到 41.49%，较上年的 43.38% 略有下滑，其中宇通客车仍然保持占有率和结构占比

① "一通三龙"是宇通、苏金、金龙、金旅的合称。

表3　2014～2015年分类型销量及结构变化

单位：辆，%，个百分点

产品类型	2014年		2015年		变化	
	销量	结构	销量	结构	销量增长率	结构
总销量	202274	—	262493	—	29.77	—
座　位	59078	29.21	67058	25.55	13.51	-3.66
公　交	71069	35.14	84348	32.13	18.68	-3.01
校　车	20416	10.09	19619	7.47	-3.90	-2.62
其　他	51711	25.56	91468	34.85	76.88	9.29

第一的位置；从销量同比增长来看，宇通、苏金、东风、中通、金旅、东宇、比亚迪、福田等增长比较明显（见表4）。

表4　2014～2015年分企业销量情况

单位：辆，%，个百分点

序号	客车企业	2014年		2015年		变化	
		销量	占有率	销量	占有率	销量增长率	占有率
1	宇　通	50915	25.17	61705	23.51	21.19	-1.66
2	苏　金	14889	7.36	20095	7.66	34.97	0.29
3	东　风	11776	5.82	15400	5.87	30.77	0.05
4	中　通	8221	4.06	15060	5.74	83.19	1.68
5	金　旅	10056	4.97	13845	5.27	37.68	0.30
6	金　龙	12081	5.97	13255	5.05	9.72	-0.92
7	安　凯	8033	3.97	10141	3.86	26.24	-0.11
8	东　宇	1896	0.94	8793	3.35	363.77	2.41
9	福　田	5935	2.93	8599	3.28	44.89	0.35
10	江铃全顺	8116	4.01	6672	2.54	-17.79	-1.47
11	比亚迪	672	0.33	6559	2.50	876.04	2.17
12	大　马	2052	1.01	5735	2.18	179.48	1.17
13	依维柯	6002	2.97	5401	2.06	-10.01	-0.91
总销量		202274	—	262493		29.77	

1. 大型客车

2015 年，大型客车销量为 8.8 万辆，较 2014 年涨幅明显，达到 21.81%；从产品结构来看，大型客车中公交客车结构占比再次居于首位；座位客车销量涨幅最大，达到 36.24%；大型公交客车受新能源国家补贴政策（10 米以上）、省会公交更新等因素推动继续增长，但受 8 米段纯电动公交增长影响，增长放缓，同比增长 13.94%；相比之下，虽然长途客运市场受到高铁的冲击，旅游市场受到公务旅游减少等不利影响，但客运企业通过创新经营模式、开通高铁站间线路等方式，座位客车结构占比略有增长，增长 4.19 个百分点；大型校车虽然销量略有增加，但产品结构占比仍然较低，仅为 0.89%（见表 5）。

表 5　2014～2015 年大型客车分类型销量及结构变化

单位：辆，%，个百分点

产品类型	2014 年		2015 年		变化	
	销量	结构	销量	结构	销量增长率	结构
总销量	72357	—	88140	—	21.81	—
座　位	25567	35.33	34833	39.52	36.24	4.19
公　交	46093	63.70	52520	59.59	13.94	-4.11
校　车	697	0.96	787	0.89	12.91	-0.07
其　他	0	0.00	0	0.00	0.00	0.00

从行业集中度来看，2015 年，销量前 13 名企业总占有率从 2014 年的 76.02% 增加至 84.67%，涨幅明显，“一通三龙”占行业的 52.78%，大型客车市场更趋向集中。行业中仅宇通超过万辆，苏金销量为 9808 辆，涨幅明显，宇通客车市场占有率依然保持第一，比亚迪受纯电动公交车的推广带动，涨幅高达 811.9%，成为 2015 年大型客车市场中的一匹黑马；广通受特定订单影响，

且上年销量基数较小，同比增长747.94%，整体来看，苏金、比亚迪、安凯等同比大幅增长（见表6）。

表6　2014～2015年大型客车分企业销量情况

单位：辆，%，个百分点

序号	客车企业	2014年		2015年		变化	
		销量	占有率	销量	占有率	销量增长率	占有率
总销量		72357		88140		21.81	
1	宇　通	20551	28.40	23626	26.81	14.96	-1.59
2	苏　金	6960	9.62	9808	11.13	40.92	1.51
3	金　龙	6196	8.56	6940	7.87	12.01	-0.69
4	金　旅	4654	6.43	6139	6.97	31.91	0.54
5	比亚迪	672	0.93	6128	6.95	811.90	6.02
6	福　田	4747	6.56	5422	6.15	14.22	-0.41
7	安　凯	2566	3.55	4101	4.65	59.82	1.10
8	中　通	3001	4.15	3636	4.13	21.16	-0.02
9	亚　星	1595	2.20	2182	2.48	36.80	0.28
10	南车时代	1263	1.75	1741	1.98	37.85	0.23
11	东　宇	1161	1.60	1690	1.92	45.56	0.32
12	广　通	194	0.27	1645	1.87	747.94	1.60
13	申　龙	1446	2.00	1572	1.78	8.71	-0.22

2. 中型客车

2015年，中型客车销量为7.1万辆，同比增长8.24%；从产品结构来看，中型客车中座位客车仍是主流，但降幅明显，公交客车同比增长较快，达到27.43%，座位客车、校车同比下滑较大，分别达到3.84%和1.89%；中型公交客车受县市公交、纯电动公交车补贴以及地方政策补贴等因素推动，同比增长27.43%；中型座位客车同比下滑，主要是客运受到高铁冲击，旅游受到“三公消费”和自驾游等因素的影响，整体需求减少；中型校车受结构调整影响，销量继续降低，结构占比也小幅降低。

表7　2014～2015年中型客车分类型销量及结构变化

单位：辆，%，个百分点

产品类型	2014年		2015年		变化	
	销量	结构	销量	结构	销量增长率	结构
总销量	65832		71259		8.24	
座　位	33511	50.90	32225	45.22	-3.84	-5.68
公　交	24976	37.94	31828	44.67	27.43	6.73
校　车	7345	11.16	7206	10.11	-1.89	-1.05
其　他	0	0.00	0	0.00	0.00	0.00

从产品长度段来看，2015年，7～8米长客车与8～9米长客车之间的差距继续缩小，米段结构占比变化不大；9～10米长客车大幅下滑；8～9米长客车增长迅速，达到23.3%，结构占比也达到41.23%，7～8米长客车小幅增长，但结构占比略有下降。

表8　2014～2015年中型客车分长度段销量及结构变化

单位：辆，%，个百分点

产品长度	2014年		2015年		变化	
	销量	结构	销量	结构	销量增长率	结构
总销量	65832		71259		8.24	
9～10米	5712	8.68	4759	6.68	-16.68	-2.00
8～9米	23828	36.20	29379	41.23	23.30	5.03
7～8米	36292	55.13	37121	52.09	2.28	-3.04

从行业集中度来看，2015年，销量前13名企业合计占有率约为80.92%，较2014年的83.47%略有降低。“一通三龙”占行业55.33%。行业仅宇通超过万辆，达到25683辆，其市场占有率依然保持第一，达到36.04%。金旅增长较快，增长率达到71.69%，但是因2014年基数较小，2015年总体销量为4876辆；金龙、斯柯达、少林等同比下滑较大（见表9）。

表9　2014～2015年中型客车分企业销量情况

单位：辆，%，个百分点

序号	客车企业	2014年		2015年		变化	
		销量	占有率	销量	占有率	销量增长率	占有率
总销量		65832		71259		8.24	
1	宇　通	23449	35.62	25683	36.04	9.53	0.42
2	苏　金	5724	8.69	5610	7.87	-1.99	-0.82
3	金　旅	2840	4.31	4876	6.84	71.69	2.53
4	中　通	3316	5.04	3261	4.58	-1.66	-0.46
5	金　龙	5086	7.73	3219	4.52	-36.71	-3.21
6	东　风	3143	4.77	2702	3.79	-14.03	-0.98
7	柯斯达	3380	5.13	2505	3.52	-25.89	-1.61
8	安　凯	1967	2.99	2469	3.46	25.52	0.47
9	福　田	1069	1.62	2000	2.81	87.09	1.19
10	长　安	1170	1.78	1928	2.71	64.79	0.93
11	少　林	1993	3.03	1596	2.24	-19.92	-0.79
12	晶　马	329	0.50	928	1.30	182.07	0.80
13	亚　星	1481	2.25	884	1.24	-40.31	-1.01

3. 轻型客车（不含5米以下轻型客车）

2015年，中国轻型客车销量达到10.3万辆，同比增长60.87%。轻型客车市场成为2015年最活跃的市场；主要是受新能源客车补贴政策的刺激，一些冲压车身的轻型客车表现突出；从产品结构来看，轻型客车中座位客车仍是主流，但公交客车同比增长较快。

从产品长度段来看，6～7米长客车增长迅猛，主要是受到6米长纯电动客车补贴政策的影响，6米长纯电动客车按照国家财政部发布的政策，可获得30万元/辆的购置补贴，这无疑使该细分市场快速增长，增长率达到388.8%；5～6米长客车受6米车的市场冲击，销量下滑较大，下降8.23%（见表10）。

表 10　2014～2015 年轻型客车分长度段销量及结构变化

单位：辆，%，个百分点

产品长度	2014 年		2015 年		变化	
	销量	结构	销量	结构	销量增长率	结构
总销量	64085		103094		60.87	
6～7 米	11153	17.40	54516	52.88	388.80	35.48
5～6 米	52932	82.60	48578	47.12	-8.23	-35.48

从行业集中度来看，2015 年，销量前 13 名企业合计占有率为 75.22%，较 2014 年的 73.76% 略有增加，基本维持了稳定的行业集中度。行业中销量超过万辆的企业有东风和宇通。

表 11　2014～2015 年轻型客车分企业销量情况

单位：辆，%，个百分点

序号	客车企业	2014 年		2015 年		变化	
		销量	占有率	销量	占有率	销量增长率	占有率
总销量		64085		103094		60.87	
1	东　风	8347	13.02	12438	12.06	49.01	-0.96
2	宇　通	6915	10.79	12396	12.02	79.26	1.23
3	中　通	1904	2.97	8163	7.92	328.73	4.95
4	江铃全顺	8116	12.66	6672	6.47	-17.79	-6.19
5	东　宇	607	0.95	6576	6.38	983.36	5.43
6	大　马	1863	2.91	5245	5.09	181.54	2.18
7	依维柯	5491	8.57	5083	4.93	-7.43	-3.64
8	苏　金	2205	3.44	4677	4.54	112.11	1.10
9	少　林	2951	4.60	3603	3.49	22.09	-1.11
10	安　凯	3500	5.46	3571	3.46	2.03	-2.00
11	大　通	2012	3.14	3201	3.10	59.10	-0.04
12	金　龙	799	1.25	3096	3.00	287.48	1.75
13	金　旅	2562	4.00	2830	2.75	10.46	-1.25

二　2016年行业预测

新能源车方面，受2016年第一季度新能源政策调整及相关标准法规调整影响，加之2017年新能源客车购置补贴退坡20%，预计2016年销量会继续增长；客运市场，2010年达到最高峰值，近几年受高铁等冲击，需求下降，后期客运市场需求将以较为相对固定的幅度持续下降，已步入自然衰退阶段；旅游市场，受2015年旅游投资增长，预计旅游座位客车需求旺盛，弥补了客运座位客车降幅，一些地区环保要求增高，要求淘汰黄标车，也会刺激座位客车的更新；校车方面，在行业政策及市场规律的影响下，2011～2015年经历了由快速崛起到平稳推进的发展过程，预计2016年将维持稳定态势。

三　客车新技术分析

1. 安全技术

安全，是永恒的话题，对于快速发展的新能源客车来说，更是如此。国家电动客车电控与安全工程技术研究中心发布的《新能源客车3S安全技术要求》，对电池、电控、电机的防火、防水、防触电提出了明确的要求，对新能源客车安全技术发展指明了方向，也将带动传统客车安全技术的提升。

2. 车联网技术

车联网技术在客车技术中的应用也受到各主要企业的关注，通过联合开发，纷纷推出基于自身产品平台的车联网产品。如宇通的安节通和针对校车的安芯系统、厦门金龙的龙翼、苏州金龙的G-BOS均在客车产品中投入使用。

3. 轻量化技术

整车轻量化技术的发展2015年取得巨大进步，尤其是纯电动车的大力推广，给轻量化提出了新的挑战，也是新能源汽车节能降耗的关键措施，各主要企业在此方面的研发投入也是不遗余力的。目前客车行业铝材、碳纤维等新型材料技术得到了广泛应用。

4. 节能环保技术

节能环保技术也在快速发展，通过对车辆动力系统优化，实现整车节能，如宇通发动机热管理技术，节能5%～10%；相对柴油车的更低排放的清洁燃料发展，如天然气、甲醇等，特别是天然气车辆得到大幅的发展，目前不仅应用在城市公交上，而且进一步扩展到中短途客运、旅游等市场；插电式混合动力节能20%～50%，效果明显，发展迅速。在国家新能源汽车鼓励政策的推动下，节能环保技术将成为客车未来发展的主要方向。

四　重点生产企业发展分析

1. 宇通客车发展分析

2015年，宇通客车通过抓住新的市场机遇，如新能源、校车、公交等，积极进行结构调整，不断巩固已有优势。从车型长度类别来看，宇通产品大中型客车占比较高，轻型客车占比提升较明显，大型客车同比增长14.96%；中型客车同比增长9.53%；轻型客车同比增长79.26%，主要是轻型校车及7米纯电动商务车的增长。

表12　2014～2015年宇通大中轻型客车销量及结构变化

单位：辆，%，个百分点

长度类别	2014年		2015年		变化	
	销量	结构	销量	结构	销量增长率	结构
宇　通	50915		61705		21.19	
大型客车	20551	40.36	23626	38.29	14.96	-2.07
中型客车	23449	46.06	25683	41.62	9.53	-4.44
轻型客车	6915	13.58	12396	20.09	79.26	6.51

从产品类型上来看，宇通座位客车仍占主流，公交增长较快，校车负增长；座位客车同比增长15.76%；公交客车受到新能源国家补贴政策、公交优先等多重有利因素的影响，同比增长11.00%（见表13）。

表13　2014～2015年宇通分类型销量及结构变化

单位：辆，%，个百分点

产品类型	2014年		2015年		变化	
	销量	结构	销量	结构	销量增长率	结构
总销量	50915		61705		21.19	
座位	23269	45.70	26937	43.65	15.76	-2.05
公交	16763	32.92	18607	30.15	11.00	-2.77
校车	8634	16.96	8579	13.90	-0.64	-3.06
其他	2249	4.42	7582	12.29	237.13	7.87

2. 金龙系（含厦门金龙、厦门金旅、苏州金龙）客车发展分析

2015年，金龙系抓住公交、轻型市场的发展机遇，销量总体快速增长27.46%，达到4.7万辆（见表14）。但在校车、新能源汽车市场发展依然不温不火。

表14　2014～2015年金龙系大中轻型客车销量及结构变化

单位：辆，%，个百分点

产品类别	2014年		2015年		变化	
	销量	结构	销量	结构	销量增长率	结构
金龙系	37026		47195		27.46	
大型客车	17810	48.10	22887	48.49	28.51	0.39
中型客车	13650	36.87	13705	29.04	0.40	-7.83
轻型客车	5566	15.03	10603	22.47	90.50	7.44

3. 中通客车发展分析

2015 年，中通销售 15060 辆。抓住新能源公交、燃气公交、校车、出口等市场的发展机遇，进一步优化了其产品结构。

从车型长度类别来看，中通产品结构中大型比重降低，中型比重大幅下降，轻型大幅上升；大型客车同比增长 21. 16%，中型客车同比减少 1. 66%，轻型客车同比增长 328. 73%。

表 15　2014 ~ 2015 年中通大中轻型客车销量及结构变化

单位：辆，%，个百分点

长度类别	2014 年		2015 年		变化	
	销量	结构	销量	结构	销量增长率	结构
中　通	8221		15060		83. 19	
大型客车	3001	36. 50	3636	24. 14	21. 16	-12. 36
中型客车	3316	40. 34	3261	21. 65	-1. 66	-18. 69
轻型客车	1904	23. 16	8163	54. 20	328. 73	31. 04

B.5
2015年专用汽车工业发展报告

摘　要：　本报告描述了2015年度专用汽车产销情况以及较2014年的变化趋势，预测了2016年专用汽车产销形势，提出了专用汽车发展思路。

关键词：　专用汽车　半挂车　自卸车　罐式车　特种车

一　2015年专用汽车行业发展概述

2015年是"十二五"规划的最后一年，整个"十二五"期间，我国专用汽车行业在国家宏观经济深度调整的背景下，整体发展状况波动较大。2010年，受四万亿投资拉动影响，国内专用汽车产量达到217.95万辆历史最高值，随后在固定资产投资和出口形势低迷的双重影响下，2012年产量仅有132.74万辆，造成行业剧烈动荡，虽然2014年行业产量回升至182.63万辆，但在经济增速放缓、固定资产投资疲软、工程开工率下滑等多重因素影响下，2015年产量又降至132.84万辆。与此同时，行业整体需求在内部产品结构上发生了重大变化，工程运输类和工程作业类车辆需求严重下滑，国内众多生产企业出现经营困难、难以为继的现象；而在国内网商快速发展的推动下，物流业发展迅速，带动国内厢式运输类专用车辆产品的发展，厢式运输类产品一跃成为国内最大的专用汽车需求产品，因传统厢式类产品综合性价比较低，所以，行业并未感觉到厢式运输类产品增长带来的明显效益。

“十二五”期间，专用汽车行业组织结构、产品市场结构、新产品、新技术、新材料、新工艺、企业运营模式等出现较大变化，为国家提出的中国汽车制造业由生产大国向生产强国实现跨越的大战略奠定了良好的发展基础，对下一步做好传统产业的绿色升级和创新、实现《中国制造2025》强国战略有深远的影响和贡献。

在中国经济发展新常态下，“十三五”期间，国内经济将统筹东北老工业基地改造、京津冀协同发展、上海自贸区建设、“一带一路”、长江经济带等大的经济板块，以“一弓两箭”模式进入总体协同发展阶段，国内经济发展进入新格局时期。在此背景下，“互联网+”、大物流、《中国制造2025》、传统制造产业的绿色升级和创新、系统解决方案的建立和运用、参与全产业链价值分享等新概念、新思维扑面而来，在如此复杂的社会经济环境下，专用汽车行业应准确把握更加复杂多变的市场格局，有效实现产业的转型升级和创新，围绕国家强国战略目标，实现我国专用汽车行业由生产和需求大国向生产强国的跨越。

二　行业整体情况

1. 企业数及地区分布

2015年，公告内在产专用汽车生产企业为876家。从区域来看，在产企业数最多的是华东地区，最少的是西北地区和华南地区，前者比后者多近8倍（见图1）。从省份来看，山东、湖北、江苏三省作为专用汽车大省，在产企业数稳居行业前三位（见表1）。

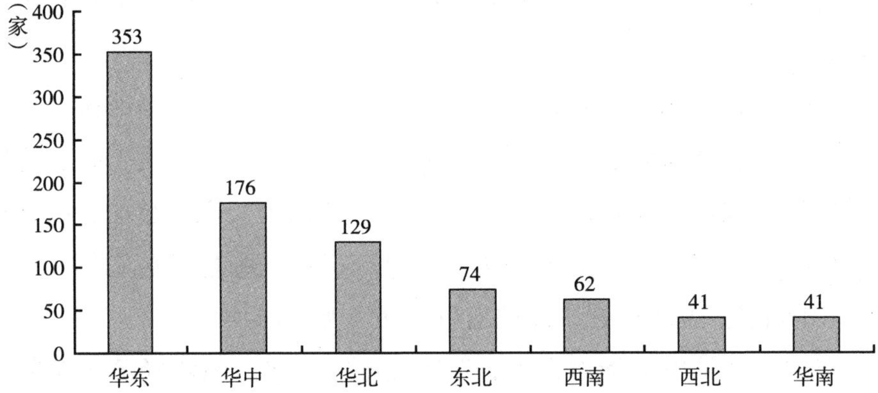

图1　2015年我国专用汽车在产企业地区分布

表1　2015年我国专用汽车在产企业省份分布

单位：家

省　份	在产企业数	省　份	在产企业数
山　东	162	上　海	21
湖　北	88	吉　林	18
江　苏	78	江　西	17
河　北	58	天　津	13
河　南	48	黑龙江	12
辽　宁	44	山　西	12
安　徽	37	内蒙古	10
北　京	36	广　西	8
广　东	33	甘　肃	7
四　川	29	新　疆	7
福　建	28	贵　州	5
浙　江	27	云　南	4
重　庆	24	青　海	2
陕　西	23	宁　夏	2
湖　南	23	合　计	876

自2013年国家有条件放开专用汽车企业生产资质准入政策后，行业新增企业数量大幅度增加，行业内和非行业内资本向专用汽车行业投资热情较高，相对于2009年的826家公告内企业，新增了200多家生产企业，截至2015年12月（《车辆生产企业及产品公告》268批次），我国专用汽车公告内企业1069家，其中在产企业876家，在国家汽车行业企业退出机制政策出台后，行业内的兼并重组现象将在“十三五”期间表现活跃。

此外，根据国内专用汽车生产企业所在区域统计，专用汽车生产企业主要集中在京广沿线及其以东经济较发达地区，“十二五”末期，在“一带一路”政策刺激下，中西部地区新增专用汽车企业数量明显加快。

2. 产量

2015年，面对全球经济低迷和国内多重矛盾交织的挑战，我国专用汽车产量为1328397辆。从年度产量数据来看，最近5年，我国专用汽车总需求受国家宏观经济政策影响明显，但总量始终保持在130万辆以上（见图2），产品需求结构变化较大（见表2、图3）。

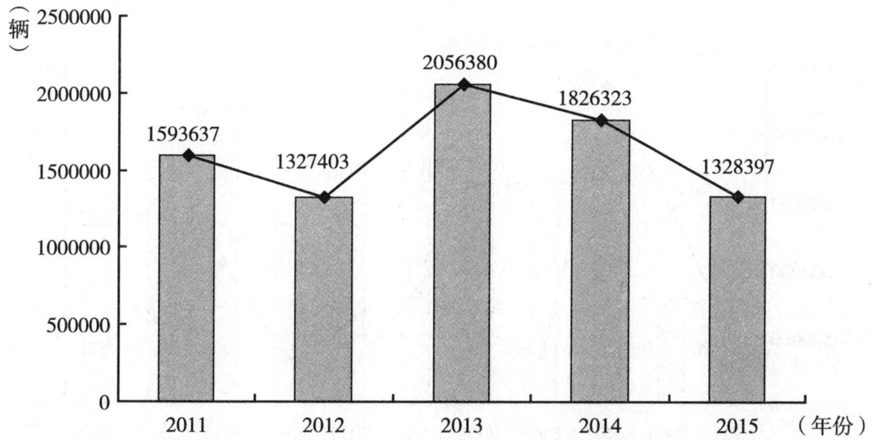

图2　2011～2015年专用汽车产量趋势

表 2　2011～2015 年专用汽车八大类产品产量统计

单位：辆，%

年份	2011	2012	2013	2014	2015
普通自卸汽车	489770	375085	658662	464210	120921
占比	30.7	28.3	32.0	25.4	9.1
半挂车	229179	113114	153806	234023	239484
占比	14.4	8.5	7.5	12.8	18.0
厢式汽车	462962	480929	658557	638530	641741
占比	29.1	36.2	32.0	35.0	48.3
罐式汽车	107994	76932	148555	123740	71595
占比	6.8	5.8	7.2	6.8	5.4
起重举升汽车	44683	31758	43032	32900	17281
占比	2.8	2.4	2.1	1.8	1.3
特种结构汽车	35103	32681	45351	35086	30046
占比	2.2	2.5	2.2	1.9	2.3
专用自卸汽车	17305	19993	41943	42014	34296
占比	1.1	1.5	2.0	2.3	2.6
仓栅式汽车	206641	196911	306474	255820	173033
占比	13.0	14.8	14.9	14.0	13.0
总产量	1593637	1327403	2056380	1826323	1328397

注：占比均为该项占总产量的比重。

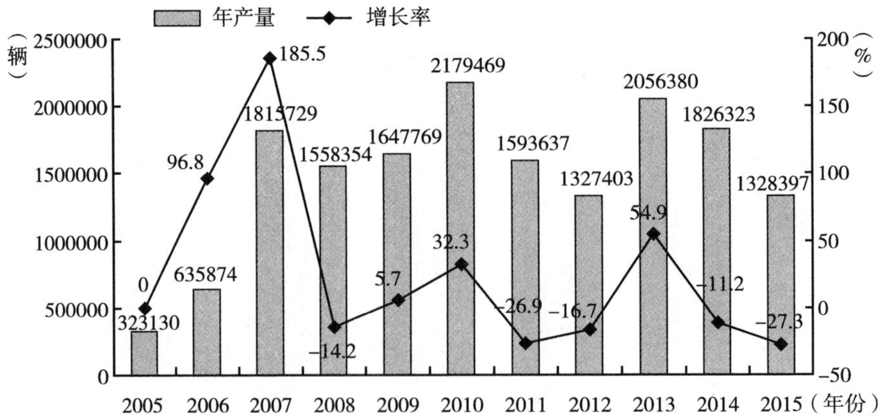

图 3　2005～2015 年专用汽车行业产量趋势

从产量月度增长情况来看，除受春节和传统七、八月淡季影响外，其他月份的年产量均在 10 万辆以上（见图 4）。

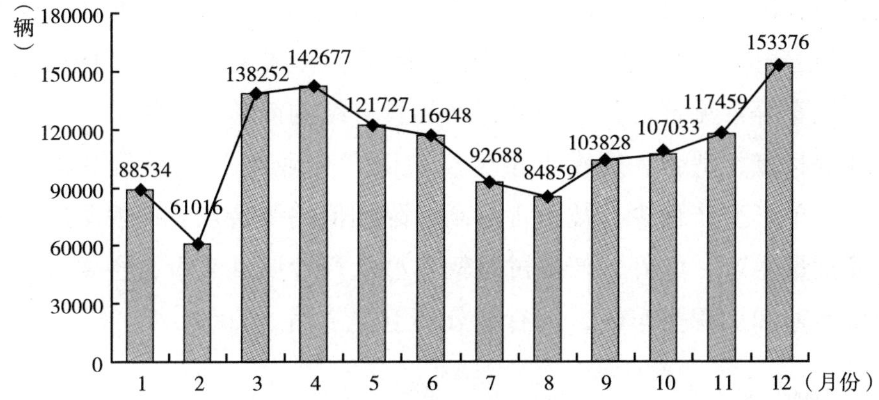

图 4　2015 年专用汽车月度产量走势

从八大类产品增长情况来看，除厢式和半挂两类专用汽车产品略有增长外，其他六大类专用汽车产品产量都呈现两位数的下滑。受经济增速放缓、房地产等投资力度减小、工程开工率下滑等因素影响，产量下降幅度最大的两类产品均为工程类车辆，分别是普通自卸汽车，降幅为 74.0%；起重举升类专用汽车，降幅为 47.5%（见图 5）。

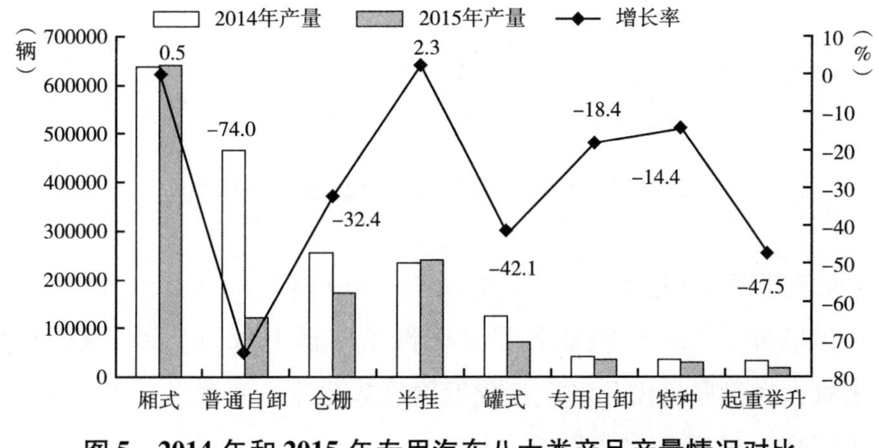

图 5　2014 年和 2015 年专用汽车八大类产品产量情况对比

从具体车型来看，2015 年在产车型共 281 种，年产量万辆以上的车型有 16 种（见图 6）。这种巨大差异主要是由产品自身特性所造成的。我国专用汽车产品大致可分为“运输类”和“作业类”两大类。“运输类”产品主要涉及普通自卸车、厢式运输车、半挂车、仓栅式汽车等常见普通传统车型，产品具有结构简单、功能单一、附加值低等特点，适合大规模批量生产。而“作业类”产品具有车型种类多、单车型产量少、技术含量高、附加值高等特点，一般不适合大规模批量生产。此外，产量过万辆车型从行业属性来看，主要表现为物流运输和工程类车辆，还有部分环卫类产品。

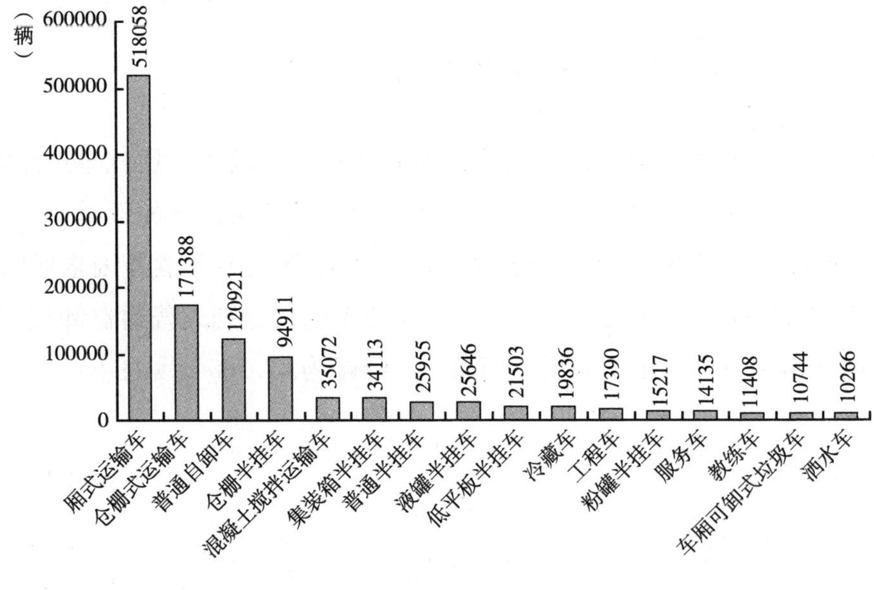

图 6　2015 年专用汽车年产量过万辆车型

3. 专用汽车底盘

2015 年，主机厂供应各类专用汽车底盘 1088913 台。从吨位构成来看，底盘向轻型化和重型化发展趋势明显，两者占专用汽车底盘的比例高达 87.8%（见图 7、表 3）。

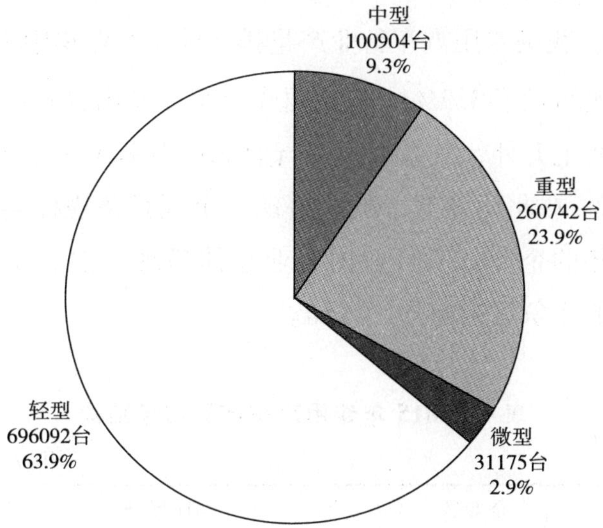

图7 2015 年专用汽车底盘吨位比例构成

表3 2015 年主要底盘生产企业情况统计

单位：台

序号	底盘厂家	微型	轻型	中型	重型	总计
1	北汽福田汽车股份有限公司	3568	109213	15052	9807	137640
2	江铃汽车股份有限公司	0	96941	898	0	97839
3	安徽江淮汽车股份有限公司	7	64751	8048	17608	90414
4	东风商用车有限公司	0	2746	9834	64471	77051
5	上汽通用五菱汽车股份有限公司	2521	52736	0	0	55257
6	中国第一汽车集团公司	0	5734	4496	44627	54857
7	东风汽车股份有限公司	346	24487	17382	2535	44750
8	重庆长安汽车股份有限公司	12196	25433	0	0	37629
9	河北长安汽车有限公司	1388	35481	0	0	36869
10	庆铃汽车股份有限公司	0	19968	11952	1046	32966

4. 市场结构

2015 年，我国专用汽车行业产量排名前 4 企业集中率（CR_4）为 24.8%，同比增长了 3.3%，且除厢式汽车、专用自卸汽车行业的企业集中率有所上升外，其余六类子行业的集中率均呈现不同程度的下降（见表 4）。在此环境下，虽已出现了个别具备规模实力、资本实力和品牌优势的企业，但行业内企业总体呈现“多、小、散”的特点，企业间的竞争更为激烈、残酷。

表 4　2015 年专用汽车产品市场结构

单位：家，%

类　别	企业数	CR_4	同比增长	市场结构
专用汽车	876	24.8	3.3	原子型
厢式汽车	374	38.9	3.7	中下集中寡占型
仓栅式汽车	94	38.8	-11.0	中下集中寡占型
罐式汽车	273	29.9	-16.0	原子型
起重举升汽车	118	40.6	-17.5	中下集中寡占型
特种结构汽车	310	36.8	-8.9	中下集中寡占型
专用自卸汽车	214	30.5	25.5	低集中寡占型
普通自卸汽车	104	30.1	-11.2	低集中寡占型
半挂车	409	14.2	-11.3	原子型

注：美国经济学家贝恩根据产量排名前 4 企业集中度（CR_4）将集中类型分为 6 个等级，即极高寡占型，$CR_4 > 75\%$；高度集中寡占型，$65\% < CR_4 < 75\%$；中上集中寡占型，$50\% < CR_4 < 65\%$；中下集中寡占型，$35\% < CR_4 < 50\%$；低集中寡占型，$30\% < CR_4 < 35\%$；原子型，$CR_4 < 30\%$。

为进一步说明产量在企业之间的分配问题，本文将专用汽车行业生产企业按 2015 年产量由低到高排序，然后考虑产量最低的任意百分比企业所得到的产量百分比。将这样的企业数百分比累计和产量百分比累计的对应关系描绘在图形上，即得到2015年专用汽车行业洛伦兹曲线。从图8我们可以清晰地看到，洛伦兹曲线严重偏离绝对平均线，说明虽然我国专用汽车生产企业众多，但绝大部分企业生产规模小、实力弱，市场上绝大部分产品的供给仍由少数企业掌控。

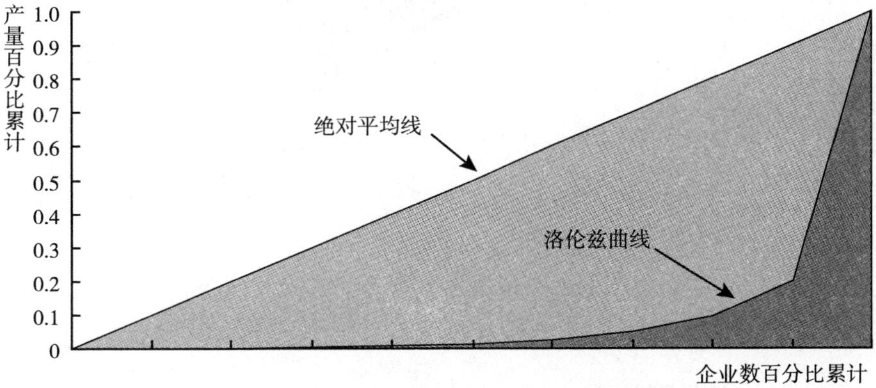

图8　2015年专用汽车行业洛伦兹曲线

三　2015年专用汽车行业细分市场分析

通过分析专用汽车行业产品构成情况，结合各大类产品在产企业数，不难发现，规模化产品参与的企业数量众多，部分小众类别产品也有大量企业参与生产（例如，特种类专用汽车只占全行业总产量的2.3%，却有300多家企业参与生产）。从而反映出，目前我国普通专用汽车企业的产品序列广而不精，行业市场竞争残酷（见图9、图10）。

1. 厢式汽车市场

2015年，我国厢式汽车在产企业374家，年产量641741辆，较

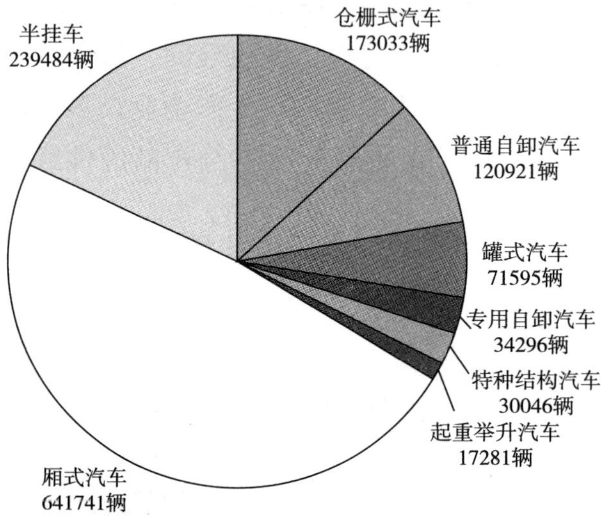

图 9　2015 年专用汽车八大类产品年产量构成

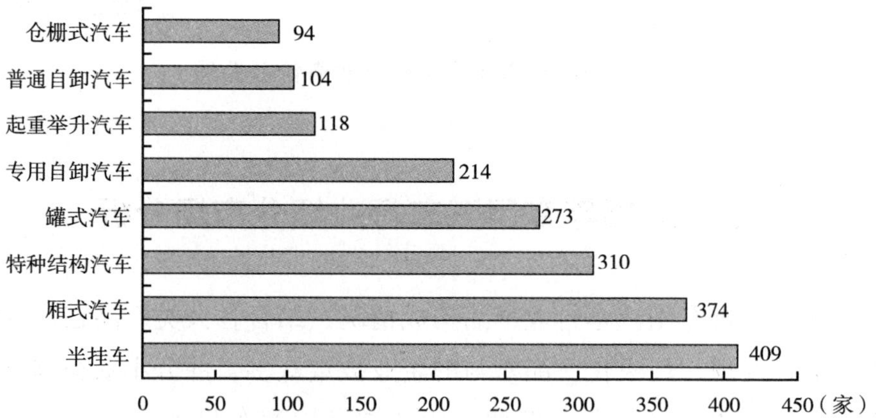

图 10　2015 年专用汽车八大类产品在产企业统计

上年同期增长 0.5%，CR_4 指标为 38.9%。行业内年产量排名前 10 的企业和车型构成情况如表 5 和图 11 所示。

从表 5 和图 11 可以看到，在年产量排名前 3 的企业中，除安徽江淮是负增长外，其余两家企业均为正增长，且增幅均超过 9%。重

表5　2015年厢式汽车行业年产量排名前10企业情况

单位：辆，%

序号	企业名称	产量	占行业年产量百分比	增长率
1	北汽福田汽车股份有限公司	94886	14.8	9.1
2	江西江铃专用车辆厂	65278	10.2	9.8
3	安徽江淮汽车股份有限公司	62048	9.7	-3.8
4	重庆长安汽车股份有限公司	27556	4.3	-2.6
5	河北长安汽车有限公司	21509	3.4	1.9
6	沈阳华晨金杯汽车有限公司	19609	3.1	23.5
7	东风商用车有限公司	19441	3.0	—
8	南京汽车集团有限公司	19263	3.0	-21.8
9	柳州五菱汽车工业有限公司	19121	3.0	-1.0
10	东风汽车股份有限公司	17416	2.7	-2.5
合　计		366127	57.1	—

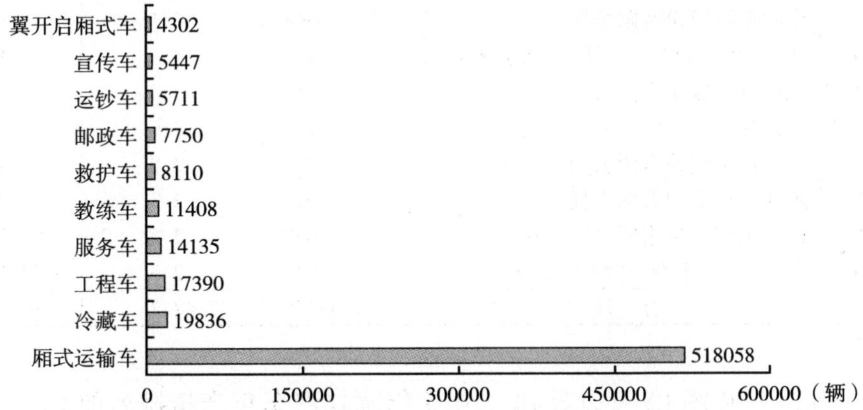

图11　2015年厢式汽车年产量排名前10车型情况

庆长安紧随其后，位列第4，但年产量仅为安徽江淮的44.4%，且与随后6家的年产量差距不大。需要说明的是，东风商用车有限公司是2015年1月26日由东风汽车集团股份有限公司和沃尔沃集团共同投资组建的全球最大商用车战略联盟，承接了东风汽车有限公司的中重型商用车及相关业务，故其在2015年一跃成为第7名。从车型来看，厢式运输车作为厢式汽车中的绝对主力车型，占厢式汽车年产量的比例高达80.7%。此外，随着冷链物流市场的快速扩容，冷藏车作为冷链物流运输的主要装备，其年产量连续两年位居第2。

2. 罐式汽车市场

2015年，我国罐式汽车在产企业273家，年产量71595辆，较上年同期下降了42.1%，CR_4指标为30.0%。行业内年产量排名前10的企业和车型构成情况如表6和图12所示。

表6 2015年罐式汽车行业年产量排名前10企业情况

单位：辆，%

序号	企业名称	产量	占行业年产量百分比	增长率
1	华菱星马汽车(集团)股份有限公司	8989	12.6	61.0
2	程力专用汽车股份有限公司	4885	6.8	-42.2
3	中联重科股份有限公司	4368	6.1	-48.8
4	厦工楚胜(湖北)专用汽车制造有限公司	3228	4.5	-13.1
5	三一重工股份有限公司	2767	3.9	-59.4
6	北汽福田汽车股份有限公司	2599	3.6	-63.8
7	三一汽车制造有限公司	1993	2.8	-55.4
8	陕西汽车集团有限责任公司	1682	2.3	-71.0
9	徐州工程机械集团有限公司	1649	2.3	-51.3
10	东风实业(十堰)车辆有限公司	1615	2.3	-62.5
合　计		33775	47.2	—

从表6和图12可以看到，2015年罐式汽车年产量排名前10的企业中，除华菱星马正增长外，其余9家企业的年产量均呈现大幅负增长。年产量排名居前的车型主要为工程车辆和市政环卫车辆。受到经济增速回落和房地产投资急剧下滑影响，大部分主要企业的年产量都出现大幅下降。

3. 专用自卸汽车市场

2015年，我国专用自卸汽车在产企业214家，年产量34296辆，

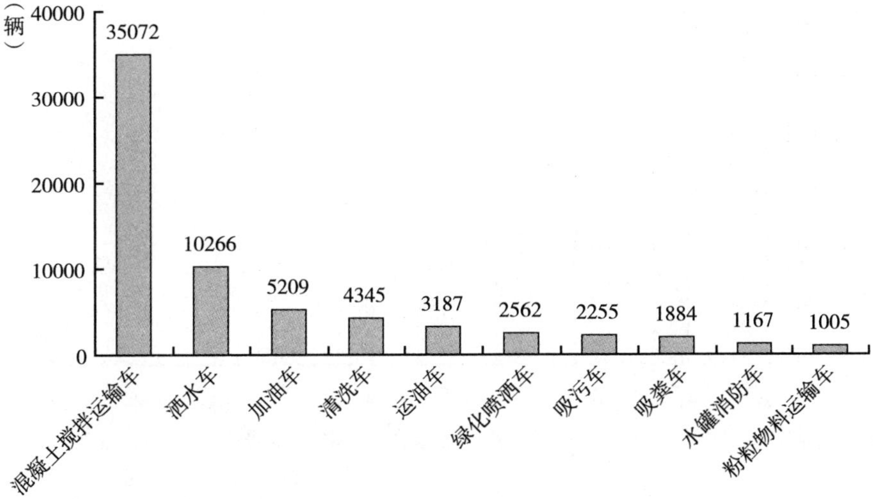

图 12　2015 年罐式汽车年产量排名前 10 车型情况

较上年同期下降了 18.4%，CR_4 指标为 30.5%。行业内年产量排名前 10 的企业和车型构成情况如表 7 和图 13 所示。

表 7　2015 年专用自卸汽车行业年产量排名前 10 企业情况

单位：辆，%

序号	企业名称	产量	占行业年产量百分比	增长率
1	中联重科股份有限公司	4079	11.9	4.2
2	东风商用车有限公司	2508	7.3	—
3	程力专用汽车股份有限公司	2002	5.8	19.2
4	福建龙马环卫装备股份有限公司	1864	5.4	40.3
5	浙江飞碟汽车制造有限公司	1519	4.4	213.2
6	北汽福田汽车股份有限公司	1141	3.3	-39.8
7	航天晨光股份有限公司	1046	3.0	11.8
8	随州市东正专用汽车有限公司	910	2.7	-9.1
9	徐州工程机械集团有限公司	633	1.8	-1.9
10	厦工楚胜(湖北)专用汽车制造有限公司	611	1.8	14.6
合　计		16313	47.6	—

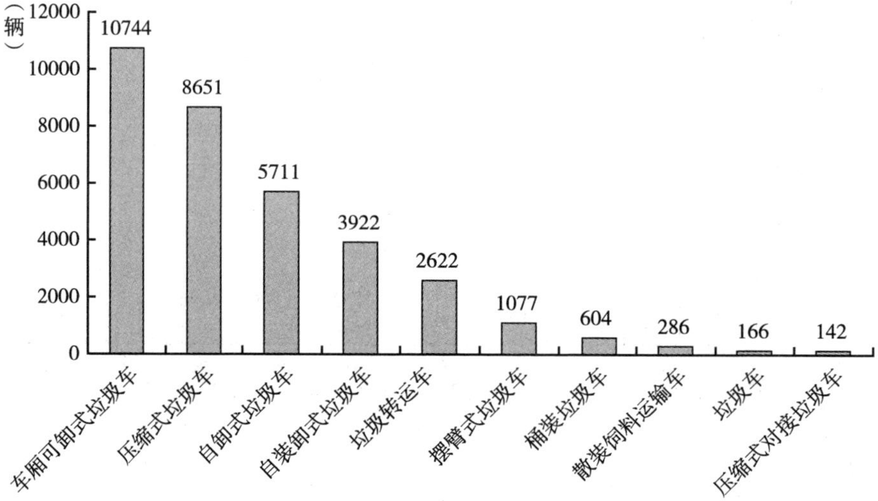

图 13　2015 年专用自卸汽车年产量排名前 10 车型情况

从表 7 和图 13 不难看出，专用自卸汽车市场企业梯队格局明显，年产量排名第 1 的中联重科市场占比为 11.9%，理所当然为第一梯队；排名第 2 ~ 7 位的 6 家企业年产量为 1000 ~ 3000 辆，作为第二梯队；最后 3 家企业年产量为 600 ~ 1000 辆，为第三梯队。此外，受城镇化、新农村建设等宏观环境影响，车型热点正悄然发生转变，服务于城市社区、新农村环境治理的车厢可卸式垃圾车、压缩式垃圾车、自卸式垃圾车正逐渐成为细分市场的主力车型。

4. 仓栅式汽车市场

2015 年，我国仓栅式汽车在产企业 94 家，年产量 173033 辆，较上年同期下降 32.4%，CR_4 指标为 38.8%。行业内年产量排名前 10 的企业构成情况如表 8 所示。

大型主机集团凭借渠道优势，控制着市场上仓栅式汽车绝大部分产品的供给，如东风、一汽、福田、江淮、长安、重汽六大集团（含控股公司）占据着市场 62.7% 的份额，市场集中度非常高。

表 8　2015 年仓栅式汽车行业年产量排名前 10 企业情况

单位：辆，%

序号	企业名称	产量	占行业年产量百分比	增长率
1	安徽江淮汽车股份有限公司	19771	11.4	-25.4
2	北汽福田汽车股份有限公司	17865	10.3	-4.0
3	中国第一汽车集团公司	15376	8.9	-48.4
4	东风商用车有限公司	14156	8.2	—
5	青岛五菱专用汽车有限公司	12539	7.2	27.1
6	一汽解放青岛汽车有限公司	10394	6.0	-63.2
7	河北长安汽车有限公司	8808	5.1	10.4
8	重庆长安汽车股份有限公司	8291	4.8	-26.9
9	东风汽车股份有限公司	8208	4.7	-12.1
10	中国重汽集团济南商用车有限公司	5794	3.3	1.1
合　计		121202	70.0	—

5. 起重举升汽车市场

2015 年，我国起重举升汽车在产企业 118 家，年产量 17281 辆，较上年同期下降了 47.5%，CR_4 指标为 40.6%。行业内年产量排名前 10 的企业和排名前 3 的车型构成情况如表 9 和图 14 所示。

表 9　2015 年起重举升汽车行业年产量排名前 10 企业情况

单位：辆，%

序号	企业名称	产量	占行业年产量百分比	增长率
1	徐州工程机械集团有限公司	3410	19.7	-53.7
2	中联重科股份有限公司	1351	7.8	-47.4
3	山东唐骏欧铃汽车制造有限公司	1297	7.5	-60.6
4	河南森源重工有限公司	950	5.5	-29.0
5	三一汽车制造有限公司	871	5.0	-44.1
6	东风汽车公司	802	4.6	-73.0

续表

序号	企业名称	产量	占行业年产量百分比	增长率
7	东风商用车有限公司	726	4.2	—
8	北汽福田汽车股份有限公司	666	3.9	-41.3
9	徐州海伦哲专用车辆股份有限公司	648	3.7	11.0
10	东风柳州汽车有限公司	473	2.7	-41.6
合　计		11194	64.8	—

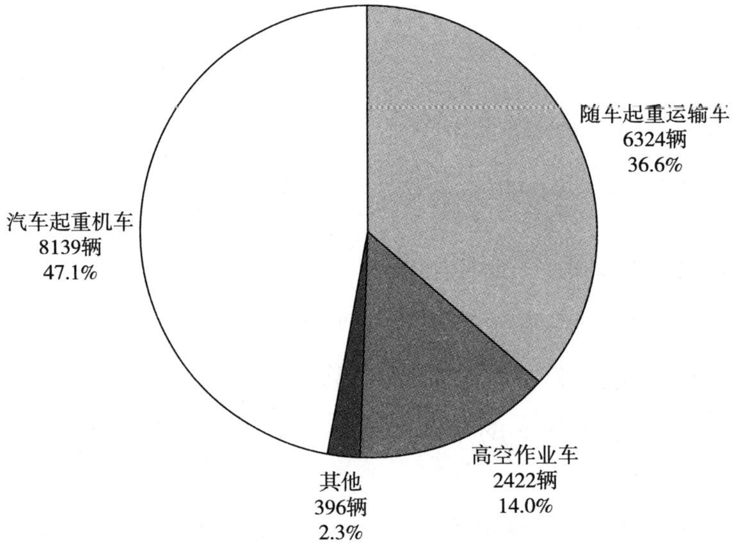

图 14　2015 年起重举升汽车年产量排名前 3 车型情况

汽车起重机车是起重举升汽车产品中最主要的车型，年产量占该行业总年产量的 47.1%。受工程行业不景气的影响，起重机产品产量降幅明显，虽然个别企业有所增幅，但总体增量却不大，难改行业产量整体下滑趋势。但高空作业车从社会进步发展的角度看，有刚性需求基础，2015 年度下降属于市场震荡行为，长期需求以市场增长为主要特征。

6. 特种结构汽车市场

2015 年，我国特种结构汽车在产企业 310 家，年产量 30046 辆，较上年同期下降了 14.4%，CR_4 指标为 36.8%。行业内年产量排名前 10 的企业和车型构成情况如表 10 和图 15 所示。

表 10　2015 年特种结构汽车行业年产量排名前 10 企业情况

单位：辆，%

序号	企业名称	产量	占行业年产量百分比	增长率
1	中联重科股份有限公司	5541	18.4	-32.7
2	湖北神鹰汽车有限责任公司	1994	6.6	—
3	福建龙马环卫装备股份有限公司	1799	6.0	4.4
4	广东粤海汽车有限公司	1718	5.7	-11.2
5	湖北五环专用汽车有限公司	1687	5.6	30.2
6	程力专用汽车股份有限公司	1250	4.2	-37.5
7	东风汽车公司	827	2.8	-29.3
8	三一重工股份有限公司	663	2.2	-67.2
9	湖北新楚风汽车股份有限公司	662	2.2	-34.4
10	厦工楚胜(湖北)专用汽车制造有限公司	588	2.0	-1.8
合　计		16729	55.7	—

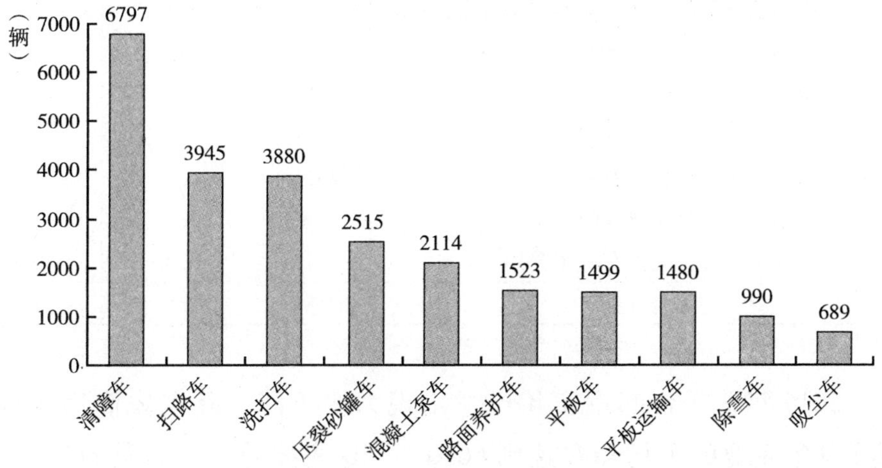

图 15　2015 年特种结构汽车年产量排名前 10 车型情况

2015年，特种结构汽车在产车型有119种，但年产量1000辆以上的车型只有8种，占比仅为6.7%。特种结构汽车作为作业类专用汽车，其产品属性决定了该市场的行业产量占比不高，但单车型行业集中率非常高。例如，2015年混凝土泵车总产量为2114辆，其中三一重工、中联重科分别占据该车型总产量的31.4%、22.7%，合计高达54.1%；2015年洗扫车总产量为3880辆，其中中联重科占据该车型总产量的58.9%。

7. 普通自卸汽车市场

2015年，我国普通自卸汽车在产企业104家，年产量120921辆，较上年同期下降74.0%，CR_4指标为30.1%。行业内年产量排名前10的企业构成情况如表11所示。

表11　2015年普通自卸汽车行业年产量排名前10企业情况

单位：辆，%

序号	企业名称	产量	占行业年产量百分比	增长率
1	北汽福田汽车股份有限公司	12531	10.4	-71.9
2	四川现代汽车有限公司	8569	7.1	-59.0
3	陕西汽车集团有限责任公司	7889	6.5	-82.7
4	中国重汽集团成都王牌商用车有限公司	7389	6.1	-71.5
5	中国重汽集团济南卡车股份有限公司	7232	6.0	-66.0
6	东风商用车有限公司	7159	5.9	—
7	浙江飞碟汽车制造有限公司	5291	4.4	-48.9
8	成都大运汽车集团有限公司	4916	4.1	-36.0
9	云南力帆骏马车辆有限公司	4496	3.7	-72.4
10	北京福田戴姆勒汽车有限公司	4115	3.4	-85.6
合　计		69587	57.5	—

2015年普通自卸汽车年产量出现大幅下降，除东风商用车外，其余9家企业的平均降幅达到66.0%。这主要是因为普通自卸汽车受房地产投资和基础设施投资影响较大，2015年我国房地产投资持

续放缓，并拖累整体投资增速，基础设施投资总量较前几年大幅下降，从而拉低市场需求。

8. 半挂车市场

2015 年，我国半挂车在产企业 409 家，年产量 239484 辆，较上年同期增长了 2.3%，CR_4 指标为 14.2%。行业内年产量排名前 10 的企业和车型构成情况如表 12 和图 16 所示。

表 12　2015 年半挂车行业年产量排名前 10 企业情况

单位：辆，%

序号	企业名称	产量	占行业年产量百分比	增长率
1	驻马店中集华骏车辆有限公司	9841	4.1	-7.0
2	中集车辆(集团)有限公司	9117	3.8	-17.4
3	河北宏泰专用汽车有限公司	7805	3.3	34.3
4	公主岭市金优专用汽车改装有限公司	7198	3.0	14.5
5	巨野华劲车业有限公司	6584	2.7	548.7
6	扬州中集通华专用车有限公司	5657	2.4	-40.3
7	石家庄金丰专用车有限公司	5308	2.2	79.6
8	梁山路通专用车制造有限公司	4786	2.0	—
9	梁山盛源专用车制造有限公司	4481	1.9	—
10	河北鹏达专用汽车有限公司	4345	1.8	10.0
合　计		65122	27.2	—

从表 12 和图 16 可以看到，年产量排名前 2 的企业为中集集团及其成员企业，再加上排名靠后的 15 家成员企业，中集集团半挂车产品的市场份额超过了 13.9%。此外，部分行业新进企业也抢占了一定的市场份额。值得注意的是，2015 年，虽然仓栅式汽车的年产量下降了 32.4%，但仓栅式半挂车的年产量却上升了 2.5%。

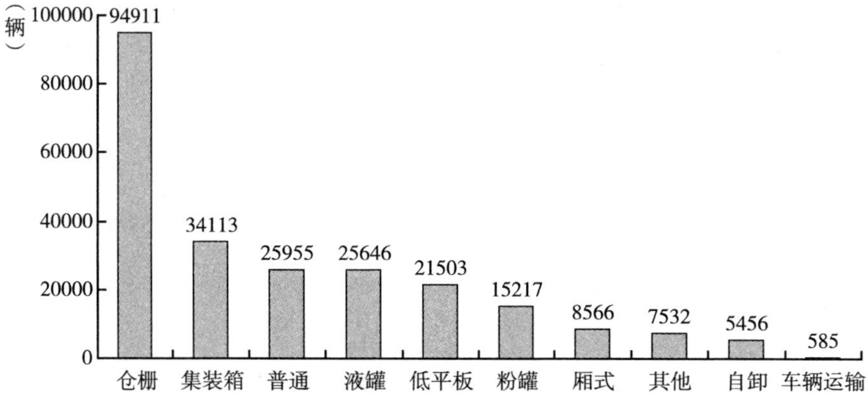

图 16　2015 年半挂车年产量排名前 10 车型情况

四　2015年专用汽车技术发展情况

1. 产品技术

从专用汽车市场主要需求产品来看，车辆技术在轻量化设计、高强度钢的运用、铝合金的运用、复合高分子材料的运用、GPS 运用、远程控制、车辆的主被动安全、智能化、标准化、模块化、集成设计、专用底盘的多元化等方面取得了较大进步；在新能源专用汽车发展方面，混合动力、CNG/LNG、纯电动型专用车辆取得长足发展，特别是在电机、电池、电控、传动等技术的研究方面进步较快，为专用车辆未来发展奠定了良好的基础；在系统解决方案方面，国内有部分企业进步较快，如环卫车部分企业除对系统车型有成熟配置外，在对固废、废液、垃圾处理全过程，保洁方案研究以及如纯电动环卫车充电系统配置等方面均进入市场化应用阶段。

2. 工艺装备技术

国内专用汽车经过几十年发展，在车辆技术方面通过自主研发、联合研制、技术合资合作等手段，利用后发优势，使国内大多数企业的专用车辆产品在技术研发层面保持同步水平，使推动传统产品的竞争重点体现在工艺水平上，在此因素下，国内专用汽车制造工艺装备水平在“十二五”期间明显提高；在下料工艺、结构件制作工艺、焊装工艺、涂装工艺、总装工艺等专用汽车几大工艺流程中，新设备、新理念不断出现，有些工艺工装水平已接近或达到世界领先水平，如激光切割、数控剪板、数控折弯、五轴加工中心、激光自动跟踪焊接技术、自动化涂装、自动环焊技术、自动化甚至无人化装配技术等，在国内专用车辆制造装备的发展中，初步体现了“互联网+”精神的内涵、标准化模块化生产的思想、质量和效率在生产环节中的重要意义等。在国内积极推动传统产业的绿色升级和创新，实现《中国制造2025》强国战略的进程中，专用汽车行业紧跟政策导向和时代步伐。

3.“十三五”期间重点发展技术

第一，符合高效运输、节能、环保要求下的轻量化整体设计技术。

第二，专用车辆制造及上装零部件的标准化、模块化设计技术。

第三，车联网技术。

第四，危化品车辆的主被动安全技术。

第五，客厢改装集成类车辆的整车布置技术。

第六，高等级公路维护、抢险、救援车辆及消防车辆的整车设计技术。

第七，铝合金下料、焊接、结构件制造技术。

第八，专用汽车工艺装备技术。

五 “十三五”期间专用汽车行业市场预测

1.市场需求导向分析

（1）政策导向

为推动和保证国民经济持续健康发展，国家相关主管部门发布了一系列推动发展的政策，如《国务院关于印发物流业发展中长期规划（2014～2020年）的通知》《国务院办公厅关于加快新能源汽车推广应用的指导意见》《国务院办公厅关于加快应急产业发展的意见》《关于促进旅游业改革发展的若干意见》等，这些政策清晰表明，支持加快发展食品冷链、医药、烟草、机械、汽车、干散货、危险化学品等专业物流装备，各种形式的新能源专用车辆，现场保障、生命救护、抢险救援专用车辆，旅居房车，新农村用车，低速货车的升级转型等，对推动市场需求和行业发展有较大的指导意义。

（2）基础设施建设方面

“十三五”期间，我国基础设施建设将围绕公共基础设施建设、高等级公路、高速铁路、重大专项建设工程等方面展开。综合各个领域的“十三五”规划导向研究判断，“十三五”期间，我国固定资产投资增长速度维持在10%左右，在目前固定资产投资基数较高的情况下，10%左右的增长率，在内需和外延市场的双向推动下，基本可以保证建筑工程类专用车辆继续维持在高位需求的基本状态。

（3）出口拉动方面

“十二五”期间，国内专用汽车出口整体保持上升态势，2011年和2012年增长率分别超过40%和30%，说明我国专用汽车已得到国际市场的逐步接受和认可，在国际经济逐步复苏的情况下，在国内“走出去”战略和“一带一路”战略的推动下，“十三五”期间，国内专用汽车出口市场会继续保持增长态势，对消化我国过剩的专用汽车产能、调整国内市场竞争结构会带来较大的促进。

（4）消费拉动方面

消费占国内生产总值的比例逐年稳步提升，由2010年的49.1%提升至2014年的51.4%，消费占国内生产总值比例的持续提高，说明国民基本社会物资消耗量的巨大增长。在网络消费改变传统消费的变化模式下，巨大的社会物资消耗极大地推动了物流业的发展，促使国内大物流时代的到来，传统粗放型运输模式将会彻底向现代物流业转变，要求新型物流车辆必须适应现代物流业的需要，达到规模化、标准化、轻量化、智能化、高效化，这会有效推动国内新兴物流车辆的快速发展。

（5）环保要求拉动

在经济发展新常态下，环境保护与经济之间的协调发展已成为社会共识，专用汽车产品的升级换代已成为发展潮流。在此环境下，国内新能源专用汽车发展态势迅猛。“十三五”期间，新能源专用汽车将在城市环卫、城市物流、新农村需求领域大面积推广和应用，是被看好的新兴市场。

2. 产量预测

通过采用加权移动平均法对“十三五”期间专用汽车产量进行预测（权重分别为5、4、3、2、1），预测结果如表13 所示。

表13　“十三五”期间专用汽车需求量预测

单位：辆

年份	厢式汽车	仓栅式汽车	罐式汽车	起重举升汽车	特种结构汽车	专用自卸汽车	普通自卸汽车	半挂车	总产量
2016	610888	378491	227222	203356	104031	34844	35139	30353	1624324
2017	622336	364079	227037	206501	103453	36088	34968	29161	1623623
2018	627738	352280	225419	212415	102947	36578	34737	28526	1620640
2019	625514	337283	221253	214076	100505	36159	34277	27853	1596920
2020	624603	337712	221102	212383	100288	35957	34371	27923	1594339

新能源汽车篇

New Energy Vehicles

B.6
2015年新能源汽车工业发展报告

摘　要：　本报告描述了2015年我国新能源汽车整车及其零部件产销情况、基础设施建设情况，分析了2015年新能源汽车产业出现的新趋势和新特点，并剖析我国新能源汽车产业目前存在的主要问题，提出进一步推动产业健康发展的相应建议。

关键词：　新能源汽车　动力电池　电机

一　2015年新能源汽车市场发展概况

（一）产销概况

据工信部和汽车工业协会数据统计，2015年我国新能源汽车产销分别达到37.90万辆和33.11万辆，同比分别增长3.83倍和3.43倍。其中纯电动汽车产销分别完成29.07万辆和24.75万辆，同比分别增长4.98倍和4.49倍；插电式混合动力汽车产销分别完成8.82万辆和8.36万辆，同比分别增长1.95倍和2.38倍（见表1）。

表1　2014年和2015年中国新能源汽车产量及销量

单位：万辆，%

车型	2015年产量	2014年产量	同比增长	车型	2015年销量	2014年销量	同比增长
总计	37.90	7.85	382.8	总计	33.11	7.48	342.65
纯电动	29.07	4.86	498.15	纯电动	24.75	4.51	448.78
燃料电池	—	—	—	燃料电池	—	—	—
插电式混合动力	8.82	2.99	194.98	插电式混合动力	8.36	2.47	238.46

资料来源：产量数据根据机动车整车出厂合格证统计所得，销量数据来自中国汽车工业协会。

（二）推广应用概况

2013～2015年，39个示范推广城市（区域）共推广应用新能源汽车383285辆，完成率达到114.08%。其中，推广应用数量超过10000辆的城市（区域）有12个，依次是上海、深圳、北京、江苏、浙江、河北、湖南、广东、广州、天津、青岛、武汉，占推广总量的73.86%；推广应用数量在3000～10000辆的城市（区域）有16个，依次是合肥、福建、成都、江西、郑州、重庆、临沂、芜湖、大连、西安、云南、兰州、宁波、新乡、海口、潍坊，占推广总量的22.68%；推广应用数量在1000～3000辆的城市（区域）有5个，占推广总量的2.77%；推广应用数量在1000辆以下的城市（区域）有

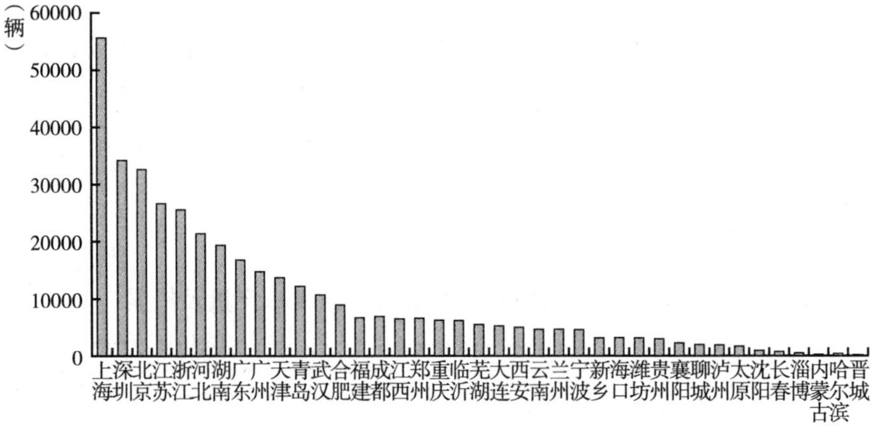

图1　2013～2015年各城市（区域）新能源汽车推广量

资料来源：电动汽车重大项目管理办公室中国汽车工程研究院整理分析。

6个，占推广总量的0.7%。

从推广车辆类型来看，纯电动乘用车168100辆，占总数的43.86%；插电式混合动力乘用车71207辆，占总数的18.58%；纯电动客车81344辆，占总数的21.22%；插电式混合动力客车25587辆，占总数的6.68%；纯电动特种车37041辆，占总数的9.66%；燃料电池乘用车6辆。

从推广车辆用途来看，私人领域137152辆，占总数的35.78%；公共领域246133辆，占总数的64.22%，其中公交车66004辆，租赁用车74388辆，出租车13163辆，环卫车5416辆，公务车14604辆，企业通勤车30473辆，邮政车1075辆，物流车28955辆，旅游客车10454辆，工程车99辆，其他用途1502辆（见图2）。

（三）市场竞争概况

从我国的新能源乘用车车型来看，共有7款车销量过10000

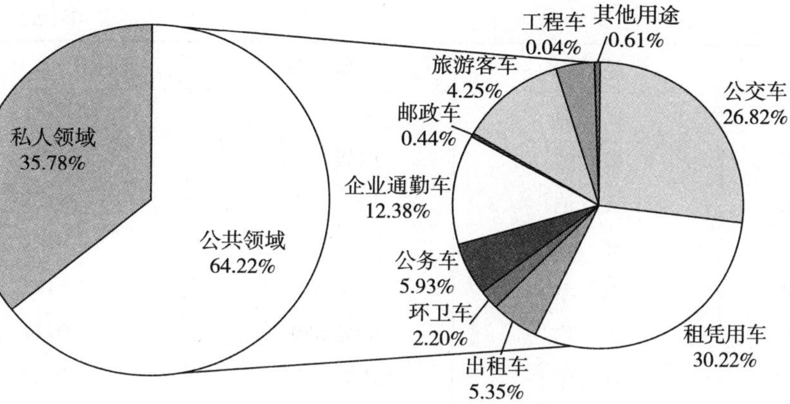

图2　2013~2015年新能源汽车推广用途分类

辆。比亚迪表现最为亮眼，2015年比亚迪秦完成了3万多辆的年销量，比亚迪唐自6月上市以来，6个月累计销量达18375辆，比亚迪e6在2015年销量也达到7029辆。康迪熊猫借助分时租赁商业模式，以20390辆的销量排名第二。北汽新能源汽车2015年销量继续高歌猛进，E系列销量达到16488辆。众泰则主打微型电动车市场，借助性价比优势，拓展二三线城市市场，旗下云100销量达到15467辆。

纯电动客车方面，宇通客车以13436辆的累计产量位居行业第一，市场份额为15.2%；南京金龙产量为8796辆，市场份额为10%，位居第二；中通客车排名第三，2015年累计产量为8191辆，累计增长高达2274%，市场份额为9.3%。

纯电动专用车方面，东风汽车产量为6646辆，占比为13.9%，排名第一；重庆瑞驰产量为4726辆，排名第二，份额为9.9%；陕西通家汽车产量为4112辆，排名第三，市场份额为8.6%。

表 2　2015 年新能源乘用车分品牌车型销量

单位：辆

	品　牌	车　型	2015 年总销量
1	比亚迪	秦	31898
2	康　迪	熊猫	20390
3	比亚迪	唐	18375
4	北　汽	E 系列	16488
5	众　泰	云 100	15467
6	上　汽	荣威 550	10711
7	江　淮	IEV	10420
8	奇　瑞	eQ	7262
9	比亚迪	e6	7029
10	奇　瑞	QQ	6885
11	众　泰	E20	6385
12	吉　利	知豆	6164
13	江　铃	E100	5268
14	腾　势	腾势	2888
15	众　泰	TT ev	2092

二　新能源汽车政策现状及产业发展趋势分析

（一）政策环境

2015 年，国家共出台了 20 多项重大政策，从顶层设计、推广应用、税费减免、购置补贴、生产准入、基础设施等多个方面进一步保障新能源汽车产业健康快速发展。《乘用车企业平均燃料消耗量管理办法（草稿）》也已制定完成，出台后将加速新能源汽车产业内在的驱动力形成。

2015 年 4 月，四部委联合出台了《关于 2016 ~ 2020 年新能源汽车推广应用财政支持政策的通知》，政策明确了 2016 ~ 2020 年补贴范围、补贴标准、企业产品要求、资金申报等，为“十三五”期间新能源汽车推广提供了重要保障。

2015 年 5 月，国务院出台了《中国制造 2025》，作为我国实施制造强国战略第一个十年的行动纲领，将“节能与新能源汽车”列为十大重点发展领域之一，并对规模、技术水平、产业竞争力、配套能力等做了详细规划，明确了未来的发展战略。

从 2015 年 9 月开始，国务院及四部委陆续出台了《关于加快电动汽车充电基础设施建设的指导意见》《电动汽车充电基础设施发展指南（2015 ~ 2020 年）》，从顶层设计的高度出发，统筹我国充电基础设施建设的推进，对目前我国充电基础设施建设面临的关键问题给出解决方案，并制订了详细建设计划，为新能源汽车普及提供了重要支撑。

表 3　2015 年我国新能源汽车主要政策汇总

时间	发布机构	政策名称	主要内容	主要影响环节
2015 年 3 月	交通运输部	《关于加快推进新能源汽车在交通运输行业推广应用的实施意见》	明确至 2020 年，新能源汽车在交通运输行业的应用粗具规模	消费
2015 年 3 月	工信部	《汽车动力蓄电池行业规范条件》	从七个方面对汽车动力蓄电池行业给出规范意见	生产
2015 年 4 月	财政部等四部委	《关于 2016 ~ 2020 年新能源汽车推广应用财政支持政策的通知》	2017 ~ 2018 年的补贴在 2016 年基础上下降 20%，2019 ~ 2020 年在 2016 年基础上下降 40%	消费
2015 年 5 月	财政部	《关于完善城市公交车成品油价格补助政策，加快新能源汽车推广应用的通知》	现行城市公交车成品油价格补助中的涨价补助以 2013 年作为基数，2015 ~ 2019 年逐年减少	消费

续表

时间	发布机构	政策名称	主要内容	主要影响环节
2015年5月	财政部、工信部、国税总局三部委	《关于节约能源使用新能源车船税优惠政策的通知》	明确对新能源车船免征车船税，对节能车船减半征收车船税	消费
2015年5月	国务院	《中国制造2025》	将“节能与新能源汽车”列为十大重点发展领域之一，明确了未来发展战略	研发/制造
2015年6月	国家发改委和工信部	《新建纯电动乘用车企业管理规定》	明确获准入的企业可生产纯电动乘用车，不能生产任何以内燃机为驱动动力的汽车产品	投资/生产
2015年8月	工信部	《关于开展节能与新能源汽车推广应用安全隐患排查治理工作的通知》	将在各节能与新能源汽车推广应用城市、节能与新能源汽车生产企业开展安全隐患排查治理工作	生产使用
2015年9月	国务院	《关于加快电动汽车充电基础设施建设的指导意见》	到2020年，基本建成适度超前、满足超过500万辆电动汽车的充电需求	基础设施
2015年10月	国家发改委、国家能源局、工信部、住建部	《电动汽车充电基础设施发展指南(2015～2020年)》	到2020年，新增集中式充换电站超过1.2万座，分散式充电桩超过480万个，结合骨干高速公路网，建设“四纵四横”的城际快充网络，新增超过800座城际快充站	基础设施

（二）新技术和新产品

我国新能源汽车自主化技术水平不断提升，并已形成三个层次、九个模块的矩阵式研发体系。续驶里程、百公里能耗等整车性能不断提升，动力电池能量密度、驱动电机效率等关键技术进步迅速，燃料电池汽车初步具备样车试制能力。

1. 纯电动乘用车

总体上来看，我国纯电动乘用车已基本掌握了整车控制、动力系统匹配与集成设计等关键技术；以动力电池布置为核心，开发整车平台结构，实现动力电池布置空间最大化；整车总布置设计全新开发，大幅提高了舒适性、安全性及可靠性；新车载信息系统与车联网系统开发，实现电池信息、电压信息、保养信息、故障信息等整车新能源关键信息监控。

技术上来看，我国纯电动乘用车技术进步明显，产品续航里程集中在 150 ~ 250 公里，与国外产品相当，但单位电池容量续驶里程存在一定差距，能源利用效率有待提高。

产品上来看，纯电动乘用车产品市场成熟度进一步提升，更新换代加速。江淮汽车推出的 iEV5 是爱意为系列第五代电动车。北汽 E150EV 的换代产品 EV200，续驶里程更长。比亚迪推出的新 e6400 续驶里程达到 400 公里。

表 4　我国纯电动乘用车代表车型及相关性能参数

车　型	小型		中型		
	康迪熊猫	众泰云 100	北汽 EV200	江淮 iEV5	比亚迪 e6 400
上市时间	2015 年	2015 年	2015 年	2015 年	2014 年
轴距(毫米)	2340	2360	2500	2490	2830
整备质量(千克)	1175	968	1295	1250	2420
电机最大功率(千瓦)	20	18	53	50	90
电机最大扭矩(牛顿·米)	100	120	180	200	450
百公里加速时间(秒)	—	—	—	—	—
最高车速(公里/小时)	80	85	125	120	140
百公里耗电(千瓦时)	—	10	—	13	20. 5
最大续驶里程(公里)	150	150	245	240	400

2. 插电式混合动力乘用车

从技术来看，自主车企推出的插电式混合动力汽车车型，在百公里加速、综合油耗表现等方面，与国外同类车型相比相差不大，具备一定竞争力。

从产品来看，2015 年插电式混合动力乘用车产品线进一步丰富，出现了增程式混合动力轿车广汽传祺 GA5、插电式 SUV 比亚迪唐等代表车型。产品呈现差异化发展趋势，其中比亚迪唐采用三擎四驱双模动力系统，其节油性、动力性表现突出。

表 5　插电式混合动力（含增程式）乘用车代表车型及相关性能参数

参数		轿车		SUV
		广汽传祺 GA5	奇瑞艾瑞泽 7PHEV	比亚迪唐
上市时间		2015 年	2016 年	2015 年
长、宽、高(毫米)		4800×1819×1484	4652×1825×1483	4815×1855×1720
轴距(毫米)		2710	2700	2720
整备质量(千克)		1735	1590	2220
最高车速(公里/小时)		150	180	180
百公里加速时间(秒)		—	—	4.9
纯电续航里程(公里)		80	50	80
能耗	电耗(千瓦时/百公里)	16	19.6	22.5
	油耗(升/百公里)	2.4	2.2	2

3. 纯电动客车

我国纯电动客车在电子控制空气悬架底盘、轮边驱动桥、轻量化、电磁兼容等电动客车关键技术方面取得进展，产品应用处于世界领先地位。受补贴政策影响，产品出现小型化趋势，宇通、福田、安凯等主流新能源客车企业纷纷推出车长 10 米以下中小型电动客车，满足了微公交等细分领域需求。

表6　我国纯电动客车代表车型及相关性能参数

类别	参　数	宇通 ZK6701BEVQ1	福田 ZL8JS4JR01A	安凯 ZL8SB4M402T	南京金龙－东宇 NJL6600BEV4
整车	车长(毫米)	7045	6530	6400	6005
	整备质量(千克)	3800,4000	5800	6805	2930
	最高车速(公里/小时)	69	69	69	100
	续驶里程(公里)	102	120	120	300
电机	类型	永磁同步电机	永磁同步电机	永磁同步电机	永磁同步电机
	额定功率(千瓦)	25	115	115	100
	额定转矩(牛顿·米)	240	550	550	400
电池	类型	铅酸铁锂离子	多元复合锂	多元复合锂	混合三元
	电池电压(伏)	518.4	575	511	350.4
	电池容量(千瓦时)	44.5	41.4	41.4	88.3

4. 插电式混合动力客车

我国插电式混合动力客车产品应用规模及技术水平均进步显著。典型产品纯电续驶里程突破65公里，最佳百公里油耗仅17.9升。技术上突破了专用插电式混合动力客车底盘技术，在全承载技术、双电压复合储能系统技术上取得进展。开发了拥有完全自主知识产权的集同轴混联构型、发动机智能启停、五合一控制器、复合电源等多项核心技术于一体的双电机同轴插电深混技术平台。

表7　我国插电式混合动力客车代表车型及相关性能参数

参数	宇通 ZK6120CHEVPG2	苏州金龙 KLQ6129GQHEV2	安凯 HFF6127G03PHEV－	南车时代 TEG6106EHEV03
长、宽、高(毫米)	11650×2550×3075	12000×2550×3250	12000×2550×2960	10490×2490×3420
整备质量(千克)	11200	12930	13450	11300

续表

参数	宇通 ZK6120CHEVPG2	苏州金龙 KLQ6129GQHEV2	安凯 HFF6127G03PHEV -	南车时代 TEG6106EHEV03
纯电动续驶里程(公里)	65	35	65	35
燃料消耗量(升/百公里)	19.6	20	23	17.9
最高车速(公里/小时)	69	69	69	69
功率(千瓦)	177	95	162	137

5. 燃料电池汽车

我国燃料电池汽车的动力性、续驶里程等基本性能指标不断提升，最高车速基本都在150～170公里/小时，百公里加速时间也基本在10～15秒，但在功率特性、冷启动、可靠性等指标上与世界标杆产品相比还有一定差距。上汽开发了国内第四代荣威950FuelCell插电式燃料电池车，搭载动力蓄电池和氢燃料电池双动力源系统，续驶里程达到400公里，最高时速可达到160公里。

客车方面，宇通首款燃料电池客车被列入工信部产品公告，一次加氢后可续驶里程300公里，加氢时间在10分钟左右，搭载了分布式轮边驱动技术，取消了差速器等传动装置，能量传递效率大大提高。

表8　我国燃料电池汽车代表车型及相关性能参数

参数	上汽集团上海牌	上汽荣威950
整车整备质量(千克)	1833	—
百公里加速时间(秒)	15	15
最大时速(公里/小时)	150	150
一次加氢续驶里程(公里)	300	400

续表

参数	上汽集团上海牌	上汽荣威950
燃料电池功率(千瓦)	55	—
储氢压力(MPa)	35	70
冷启动(度)	-10	—
电机功率/转矩(千瓦/牛顿·米)	90/210	—
氢消耗量(千克/百公里)	—	1.09

(三)商业模式

2015年，分时租赁模式得到进一步发展，政府、经销商、租赁公司等各类主体都投入新能源汽车分时租赁中，全国10多个城市开展新能源汽车分时租赁探索，公务电动汽车分时租赁成为一大亮点，有效地刺激了新能源汽车销量的增长和社会接受度的提升。

政府方面，部委机关引入新能源汽车自助分时租赁项目，实行个人付费的市场化租赁服务方式，是落实中央国家机关公车改革的具体措施。目前，北汽新能源正与近50个中央国家机关部委及直属单位、在京机构、宾馆、高校、央企、国企进行新能源汽车分时租赁试点应用工作，2015年底将建立约100个公务车分时租赁网点，配备新能源汽车1000辆。

企业方面，上汽乘用车公司与赛特康新能源科技有限公司签订1000辆新能源汽车采购、合作开展分时租赁业务的协议，首批交付的车型包括荣威E50和荣威550PLUG-IN。奇瑞汽车、易到用车和博泰集团三家企业宣布联手成立合资公司“易奇泰行”，启动互联网智能共享汽车计划，旨在打造全球第一款真正能够被称为“为共享而生”的智能互联纯电动汽车，易奇汽车项目在2015年启动，第一款电动汽车计划在2016年上市，到2018年将推出15万辆易奇电动汽车。

2015 年，物流车租赁运营模式开始在多个城市运行，纯电动物流车成为推广一大亮点。该模式由运营公司购买电动物流车，并负责税费、上牌、保险、维修保养、应急支援、综合管理等工作，物流公司等用户只须支付租金及电费，使用成本大大降低，带来了良好的经济效益和社会效益。从企业来看，重庆瑞驰产销量国内第一，并与南京、上海等地政府建立了战略合作关系，助推这些地区城市物流发展。

（四）基础设施

1. 总体概况

2015 年，我国充电基础设施建设进一步提速。截至 2015 年底，建成充换电站 3600 座，公共充电桩 4.9 万个。其中，国家电网、南方电网、普天集团为建设主力军，分别完成 29600 个、2100 个、7576 个充电桩建设，占公共充电桩建设总数的 79.4%。

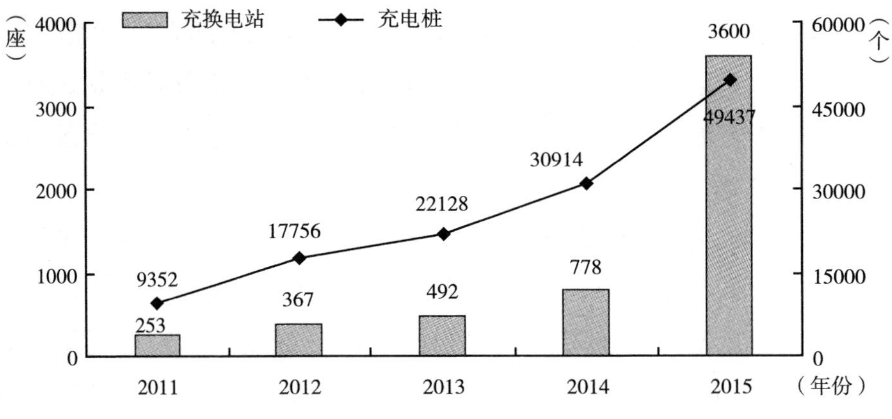

图 3　2011 ~2015 年我国充电基础设施建设情况

2. 建设模式

2015 年，国家对充电基础设施重视度不断提高，相关政策密集出台、充电接口标准发布、全国电动汽车充电基础设施促进联盟成立，社会资本持续涌入，充电设施市场已变成最活跃的焦点，涌现出了众筹模式、“充电桩+市政”模式、PPP公私合营模式、大数据汽车群充电模式等创新商业模式，满足了不同领域、不同类型的充电需求，加快了充电基础设施建设步伐。

（1）众筹模式

江苏万帮集团首创的“星星充电”众筹模式，对供应和需求进行了有效衔接，利用互联网思维大大提高了项目效率，该模式建充桩土地不需要专门拍卖或划拨，而是通过现有的居住地、工作地和目的地来解决，通过众筹的方式由业主方来供地，万帮提供充电桩并免费建设，充电桩的产权归企业所有，未来的充电服务费永久性地和业主方分享，消费者可通过手机查找附近的充电桩价格和功率等信息，并可完成充电的支付。万帮模式创造性地解决了场地难、盈利难两大难题，发展势头迅猛，截至2015年9月底，万帮已经在全国完成5034个充电桩的建设，在北上广地区，已勘查待建的桩数突破1万个。

（2）“充电桩+市政”模式

“充电桩+市政”模式是市政路灯充电桩一体化解决方案，利用已有路灯电力线路资源，解决新建电力线路高成本及充电点土地占用问题，快速实现充电网络扩展，将有望成为低成本搭建充电网的突破口。

北京已开展“路灯+充电桩”改造试点，首批路灯充电桩改造试点已经展开，位于昌平区京密北路上的88盏路灯从传统高压钠灯改造为LED灯，节省出的容量足够支撑十几辆纯电动汽车同时充电。此外，8个纯电动汽车慢充桩也开展试运行，常规充电时间为4~5个小时。杭州也开始探索路灯杆改造充电桩，除充电桩外，和其一同装备给路灯杆的还有免费WiFi、视频探头、信息推送等多种功能。路灯将实现电动汽车智能充电（补电）、视频监控、信息推送、免费

WiFi 热点、照明节能等功能的综合应用。

(3) PPP 公私合营模式

PPP 是一种公私合作的项目融资模式，具体应用到公共机构充电桩建设上来说，就是政府提供场所，企业负责投资、建设、运营、维护，按照“谁建造、谁运维、谁使用、谁付费”的原则操作，各单位根据需求提出充电桩数量，充电桩运营企业根据场地实际情况来配置、安装充电桩，并负责后期运营维护，需要充电的车主则根据实际使用情况付费。

上海率先开始 PPP 模式在公共机构试点安装公共充电桩的探索。上海计划采用该模式，在与百姓生活密切相关的标志性文化场所、学校、医院等公共机构率先推广公共充电桩建设。首批 20 个全兼容公共充电桩已于 2015 年 8 月在中华艺术宫投入使用。

(4) 大数据汽车群充电模式

特来电首创的大数据汽车群充电模式，通过打造电动汽车智能充电系统，将互联网、车联网、充电网三网融合，打造互联网充电生态系统。通过提供免费产品、免费建设、专业运营来整合充电用户资源，凭借大数据等技术提供其他增值服务来实现盈利。特来电发展迅猛，通过与当地政府、企业三方联合，已成立 18 家合资公司，覆盖 67 座城市，已建成 1.6 万个充电终端，总充电量达 420 万度。

（五）未来发展趋势

总体来看，2015 年我国新能源汽车产销量继续呈现爆发式增长，超越美国，成为全球第一大新能源汽车市场，成绩喜人。同时政策体系不断完善，使用环境不断优化，产品谱系不断丰富，新商业模式不断涌现，产业发展整体提速，呈现了规模拓展、水平提高、基础建设快、应用多样化的总体特点。

政策方面，未来购置性优惠将逐步减弱，使用环节的优惠将加强，如牌照指标、路权、停车优惠、高速优惠、便捷的充电条件等，促进新能源汽车使用量持续上升。另外，新一轮技术创新工程、重大专项等将有力推动我国新能源汽车技术研发，电池回收、关键零部件检测等标准体系将逐步完善。

产销方面，未来随着城市取消限行限购、新能源汽车附加成本持续降低、充电设施普及提升便利性、油耗法规的进一步加严，我国新能源汽车产销仍将保持快速增长。乘用车方面，插电式混合动力汽车兼具便利性和经济性优势，未来仍有较大发展；微型纯电动车凭借性价比优势，将在中小城市获得巨大的突破。客车方面，随着基础设施不断完善、电池成本持续降低，纯电动客车市场将进一步扩大，但6~8米长客车可能受到政策调整的影响，市场将出现萎缩。

产品技术方面，插电式混合动力汽车机电混合装置将进一步成熟，小型化、轻量化、专用化的混合动力发动机将成为未来重点研究方向。纯电动汽车轻量化与车身电池相结合，碳纤维与铝镁合金将开始大范围使用。随着市场对新能源汽车智能化要求的不断提高，底盘电动化、车辆智能化、交通网联化将成为新能源汽车的发展趋势。

基础设施方面，充电协议新国标的出台，着力清除了充电桩互用互通的障碍，在安全性和兼容性方面设定的高门槛，将促使充电行业洗牌。未来随着大型国企持续发力，特锐德、万帮充电等社会资本持续加大投入，预计到2020年，满足500万辆新能源汽车充电需求的基础设施网络将基本形成。

商业模式方面，“互联网+”与新能源汽车将深度融合，催生和推动不同细分领域商业模式的生成拓展。乘用车领域分时租赁模式、纯电动物流车租赁运营模式、充电基础设施的大数据共享模式、众筹模式等将得到进一步发展。

三　动力电池产业发展评析

（一）市场发展情况

1. 2015年产销分析

2015 年我国动力锂电池产量达到 15. 45 兆瓦时（GWh），较 2014 年增长 277. 67%；排名前 10 的厂家共占据约 66. 09% 的市场份额。受益于比亚迪秦、唐、e6、K9 等车型的热销，比亚迪继续占据榜首。随着宇通新能源客车的热销，配套企业宁德新能源产销增长迅猛，从 2014 年的第五位升至第二位，国轩和万向由第二、第三位下滑至第五、第六位，波士顿电池、山东威能等首次进入前 10。

表 9　2015 年分企业动力电池产销情况

单位：辆，千瓦时，%

企　业	配套车	储电量	市场份额
比亚迪股份有限公司	64837	2990937	19. 36
宁德新能源科技有限公司公司	19385	1616872	10. 47
天津力神电池股份有限公司	34080	1283286	8. 31
深圳市沃特玛电池有限公司	15027	1188830	7. 69
合肥国轩高科动力能源有限公司	13553	1143413	7. 40
万向电动汽车有限公司	25946	514687. 9	3. 33
波士顿电池（江苏）有限公司	29703	422988. 8	2. 74
山东威能环保电影有限公司	17107	395363. 9	2. 56
中航锂电（洛阳）有限公司	8101	361246. 8	2. 34
北京普莱德新能源电池科技有限公司	10002	292174. 1	1. 89

资料来源：节能与新能源汽车网，中国汽车工程研究院整理分析。

2. 2016年产销预测

在2016年1月广州举办的第六届全球新能源汽车大会上，知豆、奇瑞、北汽、江淮、广汽五家车企的2016年销量预期达到19.8万~21万辆，与2015年相比销量翻番，由此推算，我国2016年新能源汽车销量将达到60万~70万辆，锂离子电池产销将达到25~31GWh，电池生产企业产能将进一步扩张。

从技术角度来看，磷酸铁锂电池和三元锂电池仍将成为技术主流，占据较大的市场份额。三元锂电池能量高、循环性能好，是未来锂电池重要的发展方向，但是由于我国三元锂电池产业起步晚，用于客车的安全性开发和验证还不够，因此，在对安全性要求更高的客车领域，磷酸铁锂电池仍有较大的应用空间。三元锂电池在中短期内将主要应用于对续驶里程要求更高的乘用车领域，其在乘用车市场的份额将进一步提高。

（二）分类配套

2015年，我国节能与新能源汽车累计配套车用储能系统共404939套，同比增长291.68%，其中，车用动力电池389285套，超级电容器15554套。在车用动力电池配套方面，三元锂电池配套151550套，占比38.93%；镍氢电池配套13553套，占比3.48%；铅酸电池配套8330套，占比2.14%；磷酸铁锂电池配套203251套，占比52.21%；锰酸锂电池配套11556套，占比2.97%；钛酸锂电池配套1045套，占比0.27%（见图4）。与2014年相比，磷酸铁锂电池由于其安全性能优异、循环寿命好等优点，依然是国内动力电池首选，但由于三元锂电池的应用越来越广泛，已经占据了市场1/3以上的份额，使磷酸铁锂电池市场占有率较2014年略有下降；由于节能车的产量较2014年有一定提高，镍氢电池的占有率较2014年略有提升，达到2.14%。

从车型上分析，纯电动乘用车配套动力电池总成为150528套，其中磷酸铁锂45680套，占比30.35%；三元锂96115套，占比

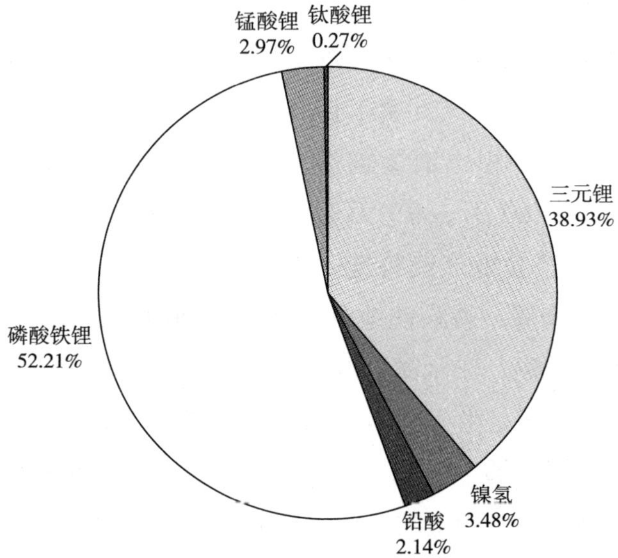

图 4　2015 年车用电池配套分布

资料来源：节能与新能源汽车网，中国汽车工程研究院整理分析。

63.85%；铅酸电池 7243 套，占比 4.81%；锰酸锂电池相对配套量较少，不到 1500 套。磷酸铁锂配套较高的企业有比亚迪和衡远；三元锂配套较多的企业有波士顿和力神等。

表 10　典型动力电池企业纯电动乘用车配套情况

生产企业	配套数量（套）	典型单体型号	电池种类	单体外形	典型配套车型	总成带电量（千瓦时）
波士顿	29686	750-0261-001	三元锂	圆柱形	吉利知豆	15.30
力　神	22227	18650	三元锂	圆柱形	吉利康迪熊猫	20.91
威　能	15224	IMP2265106	三元锂	方形	众泰云 100	17.76
比亚迪	11131	FADM07315B	磷酸铁锂	方形	比亚迪 e6	82.00
衡　远	8763	FLP-66Fe	磷酸铁锂	方形	吉利康迪熊猫	10.56

资料来源：节能与新能源汽车网，中国汽车工程研究院整理分析。

插电式混合动力乘用车共配套63755套，以磷酸铁锂为主，配套量为60813套，占比达到95.39%；三元锂配套量较2014年有大幅提高，由0.2%提升到4.61%，但占比仍较小；磷酸铁锂配套较高的企业有比亚迪和万向；三元锂配套较多的企业有Samsung SDI和LG化学等。

表11　典型动力电池企业插电式混合动力乘用车配套情况

生产企业	配套数量（套）	典型单体型号	电池种类	单体外形	典型配套车型	总成带电量（千瓦时）
比亚迪	47847	FADM07319	磷酸铁锂	方形	比亚迪秦	13.0
万向	13314	APP72161227	磷酸铁锂	圆柱形	上汽荣威550	11.8
Samsung SDI	1221	CS0400	三元锂	方形	宝马530Le	14.4
LG化学	968	P1.5	三元锂	方形	沃尔沃S60L	8.0

资料来源：节能与新能源汽车网，中国汽车工程研究院整理分析。

纯电动客车领域，总配套量为88450套，磷酸铁锂配套量为66756套，占比75.47%，位列第一；三元锂配套19707套，占比22.28%，配套量较2014年增幅明显；锰酸锂、钛酸锂以及镍氢电池占比仅为2%左右；磷酸铁锂配套数量较高的企业有ATL、沃特玛、国轩高科、力神以及中航锂电等。

表12　典型动力电池企业纯电动客车配套情况

生产企业	配套数量（套）	典型单体型号	电池种类	单体外形	典型配套车型	总成带电量（千瓦时）
ATL	17703	47/173/132.5-86Ah	磷酸铁锂	方形	宇通ZK6701BEVG3	89.16
沃特玛	10169	32650-5AH	磷酸铁锂	方形	江苏九龙HKL6600BEV	61.44
国轩高科	6639	IFP20100140A	磷酸铁锂	方形	中通LCK6663EVG	55.20

续表

生产企业	配套数量（套）	典型单体型号	电池种类	单体外形	典型配套车型	总成带电量（千瓦时）
力神	6495	18650	磷酸铁锂	圆柱形	东风 EQ6110CBEV	80.70
中航锂电	3555	CAM72，48/173/132.5 - 80Ah	磷酸铁锂	方形	中通 LCK6668EVG	55.30

资料来源：节能与新能源汽车网，中国汽车工程研究院整理分析。

插电式混合动力客车领域，储能系统共配套39382套，其中，磷酸铁锂配套16380套，占41.59%；超级电容共配套15334套，占38.94%；锰酸锂配套5755套，占14.61%；三元锂次之，配套1603套，仅占4.07%；钛酸锂和镍氢电池占比较少。超级电容配套较高的企业为美国麦克斯威；动力电池配套数量较高的企业主要是中信国安盟固利、苏州海格和万向。

表13　典型动力电池企业插电式混合动力客车配套情况

生产企业	配套数量（套）	典型单体型号	电池种类	单体外形	典型配套车型	总成带电量（千瓦时）
美国麦克斯威	11804	BCAP3000	超级电容	—	金龙 KLQ6129GAHEVC5	0.20
中信国安盟固利	4798	SPIM14245190	锰酸锂	圆柱形	中通 LCK6126PHENV	24.86
苏州海格	3869	HGL - 1	磷酸铁锂	方形	金龙 KLQ6109GCHEV1B	14.40
万向	3290	WX12I3250	磷酸铁锂	方形	安凯 HFF6120G03CHEV - 1	16.38

资料来源：节能与新能源汽车网，中国汽车工程研究院整理分析。

纯电动专用车领域，共配套储能系统47778套，其中三元锂配套数最多，有29942套，占62.67%；其次是磷酸铁锂，配套13597套，占28.46%；锰酸锂配套3315套，占6.94%；铅酸电池配套924套，仅占1.93%。三元锂配套较多的企业主要是比克；沃特玛和力神则对磷酸铁锂配套较多（见表14）。

表14　典型动力电池企业纯电动专用车配套情况

生产企业	配套数量（套）	典型单体型号	电池种类	单体外形	典型配套车型	总成带电量（千瓦时）
比　克	6656	H18650CC	三元锂	方形	金龙 KLQ5020XXYEV2	39
力　神	5312	18650	磷酸铁锂	圆柱形	东风 EQ5020XXYLBEV	32.1
沃特玛	4808	32650－5Ah	磷酸铁锂	方形	东风 EQ5070XXYTBEV	75

资料来源：节能与新能源汽车网，中国汽车工程研究院整理分析。

（三）新材料、新技术与新产品

2015年，多家科研院所及高校通过持续对新体系电池的研究，研发出了非锂－石墨体系的新型电池，但仍存在技术瓶颈，产业化还有一段距离。总体来看，我国动力电池短期内仍以磷酸铁锂和三元锂技术路线为主，目前尚未出现可量产的新产品。

1. 新材料

（1）石墨烯

石墨烯是由单层碳原子构成的六角形蜂巢晶格的平面二维材料，理论厚度仅为0.34纳米，其二维高比表面积的特殊结构使其具备优异的电子传输能力。石墨烯材料拥有优良的导热性能、力学性能、较高的电子迁移率、较高的比表面积。但其缺点同样明显，一是纯石墨烯首次循环库仑效率极低、充放电平台过高、电位滞后严重、循环稳定性较差；二是石墨烯的振实和压实密度都非常低，导致电池体积能量密度偏低；三是石墨烯制造困难，目前难以批量生产，成本高。目前来看，石墨烯还无法取代石墨类材料直接用作锂离子电池负极材料。

（2）钠离子电池

钠离子电池工作原理与锂离子电池类似，正负极由两种不同的钠离子嵌入化合物组成。充电时，Na^+从正极脱嵌，经过电解质嵌入负极，负极处于富钠态，正极处于贫钠态，同时电子的补偿电荷经外电路供给到正极，保证正负极电荷平衡。放电时则相反，Na^+从负极脱嵌，经过电解质嵌入正极，正极处于富钠态。

钠离子电池与锂离子电池相比有三个突出优势：①原料成本低，不使用锂、钴等稀有金属，且集流体可以使用铝来取代铜，与锂电池相比，成本可降低30%；②钠离子电池的半电池电势较锂离子高0.3～0.4伏，对电解液溶剂及电解质盐的耐氧化要求相对较低，选择范围更宽；③钠电池有相对稳定的电化学性能，使用更加安全；但由于钠离子半径比锂离子大25%，这使钠离子很难嵌入电极晶体结构中，导致钠离子的移动速率较慢，电池倍率充放电相对较差，目前仍难以产业化应用。

2. 新技术

小型锂离子电芯无焊接集成技术：该技术由波士顿电池首创，其8并和6并模块，创造性地采用无焊接成组技术，小型电芯在串、并联过程中不涉及电阻焊或激光焊，极大地提高了生产及回收便利性。此技术的优势在于：①制造成本降低，独特的压接机构设计，使小型动力电芯的大规模成组过程变得更加简易方便，极大地降低了电池包工厂在设备方面的投入；②对电池包的售后维修便利，可以使电池替换的最小单元达到个体单电芯的水平；③电池二次回收便利，车用电池包在整包寿命终结以后，可做到电芯的完好无损拆解，将极大地推动电池的回收和二次利用产业发展。

该技术通过多家第三方专业检测机构和客户的严格测试。采用该技术成组后的电池包，在电性能、机械强度、耐久性、安全性等方面，达到采用传统焊接工艺的电池包所能达到的水平，可以替代传统的焊接方式。

（四）重点企业

表 15　重点电池生产企业发展概况

企业	目标及定位	技术路线	主要客户	动态
比亚迪	全球领先动力电池生产商	磷酸铁锂 三元锂 磷酸铁锰锂	比亚迪	2015 年 6 月，比亚迪发布非公开发行预案，拟以 57.40 元/股的价格，发行股份募资 150 亿元。其中，铁动力锂离子电池扩产项目总投资 60.23 亿元，拟投入募集资金 60 亿元
CATL	技术领先，全产业链布局	磷酸铁锂、三元锂	北汽、华晨宝马、吉利、一汽、南车时代、厦门金龙、郑州宇通、中通客车	青海时代新能源项目一期工程将于 2016 年底完工。项目整体完工后，可年产 50 亿 Wh 电池以及 5 万吨锂电池正极材料，预计整个建设周期为 10 年
万向集团	向整车产业链延伸	磷酸铁锂	上汽集团、奇瑞汽车、广汽集团、南京金龙、宇通客车	2015 年 7 月万向与上汽合资成立新能源客车企业，规划目标年产新能源客车 5000 辆 旗下菲斯科将在加州开始建设美国的第一家工厂，2016 年将开始复产电动超跑 Karma

续表

企业	目标及定位	技术路线	主要客户	动态
波士顿电池	深耕中国市场，专注三元锂电池	混合三元体系材料	北汽新能源、北汽福田、台湾裕隆、东风汽车、苏州金龙、安凯集团、杭州电网、深圳五洲龙	10月24日，波士顿电池携手江苏中关村科技产业园和溧阳市政府，拟在江苏省溧阳市中关村产业园区内，再建设一家“超级电芯工厂”。该工厂总产能将达到10GWh，用以满足国内不断增长的动力电池需求
微宏动力	专注快充技术	钛酸锂	北汽福田、南车时代、陆地方舟、南京金龙、厦门金龙、中通客车、重庆恒通	2015年5月15日，发布基于快速充电技术的THINPACK全新产品方案，具备10~15分钟快速充电（4C）的能力，在满足续航里程达到300公里的同时，实现600000公里的使用寿命

1. 比亚迪

（1）企业现状

比亚迪动力电池业务在规模上遥遥领先于国内竞争对手，已跻身全球前五的动力电池生产企业，电池以内部供应为主，主要供给比亚迪旗下的秦、唐、e6、K9、腾势等新能源汽车。

（2）企业动态

继续扩大产能，做全球领先动力电池生产商。比亚迪旗下的动力电池业务主要分布在惠州和深圳两个基地，主要产品为磷酸铁锂动力电池。目前的有效产能为4.5GWh，其中惠州1GWh、深圳坑梓3.5GWh，2015年6月3日，比亚迪发布股票非公开发行预案，拟以57.40元/股的价格，发行股票募资150亿元。其中，铁动力锂离子电池扩产项目总投资60.23亿元，拟投入募集资金60亿元，预计到2015年底，比亚迪动力电池整体产能将达到6GWh，2016年将扩张到10GWh。

（3）技术路线

比亚迪动力电池为铝壳方形电池设计，一直以来，公司以磷酸铁锂电池路线为主，但由于磷酸铁锂能量密度低，比亚迪已开始开发磷酸铁锰锂电池，5月推出了采用该电池的新款e6，续驶里程得到一定提升。同时，比亚迪也开展了三元锂电池的自主研发，目前已进入应用阶段，并有望搭载在比亚迪宋电动版上。

2. 宁德时代

（1）企业现状

宁德时代新能源（CATL）总部位于福建宁德，其在青海设有生产基地，同时在北京、上海、德国等地设立子公司。目前，CATL在宁德和青海的合计产能达到1.4GWh，主要客户包括北汽、华晨宝马、吉利、一汽、南车时代、厦门金龙、郑州宇通和中通客车等。2015年，CATL动力电池的累计销售额已超过60亿元。

（2）企业动态

与国际接轨，输出技术，进行全产业链布局。CATL的电池技术和品质得到了国际品牌宝马等企业的认可，是国内唯一给国际车厂配套动力电池的企业。另外，CATL的产业链布局也相当完善，从材料（东莞凯欣、江西紫宸、TNS）到电池组（电芯、BMS、电池系统）再到电池回收应用（邦普），以及锂电设备领域等。

（3）技术路线

出于安全性考虑，CATL在电动大巴市场仍然采用安全性较高的磷酸铁锂电池，但在电动轿车市场已全面转向能量密度更高的三元材料，已开始为宝马、吉利等企业提供三元电池组。

3. 万向

（1）企业现状

万向收购A123之后，重新整合A123和万向电动车动力电池业务，成立了万向A123系统有限公司，成为万向集团在动力电池业务的新的平台，目前有效产能约为1GWh，主要客户有上汽集团、奇瑞汽车、广汽集团、南京金龙、厦门金龙、宇通客车、上海申沃、南车时代等。

（2）企业动态

积极向整车产业链延伸。2015年7月，万向集团与上汽集团合资成立了上汽万向新能源客车有限公司。其中万向集团占有合资公司51%的股份，上汽集团占49%的股份，规划年产新能源客车5000辆。同时旗下菲斯科计划在加州开始建设在美国的第一家工厂，2016年将开始复产。菲斯科旗下电动超跑Karma将于2016年率先在美国加州复产，将于2016年6月左右面世。

（3）技术路线

万向动力电池以聚合物软包装磷酸铁锂和三元材料电池为主，主要供应纯电动乘用车及客车，旗下A123以圆柱形电池为主，磷酸铁锂作为其技术路线，主要供应混合动力乘用车。

4. 波士顿电池

（1）企业现状

波士顿电池公司于2005年成立于美国波士顿，源自麻省理工学院的原创技术，运营总部设在北京，波士顿电池于江苏溧阳建立全自动化电芯工厂，是中国最大的锂离子动力电池生产基地之一。

（2）企业动态

一心深耕中国市场。波士顿电池不仅将运营总部设在北京，还将生产线从美国和中国台湾地区转移到中国大陆，大部分业务也已转入中国市场。公司分别与北汽新能源、北汽福田、台湾裕隆、东风汽车、苏州金龙、东风日产等公司展开合作，为近20款电动汽车提供动力电池整体解决方案。

（3）技术路线

波士顿专注三元体系锂离子动力电池，独有的混合三元体系材料，优选的稀土配方和创新的结构设计等核心技术，产品具有高能量密度（207Wh/Kg，490Wh/L）、长循环寿命、快速充电能力、宽泛的工作温度（-40℃到70℃）和极高的多重安全性能等综合优势。

5. 微宏动力

（1）企业现状

微宏动力成立于2006年，是Microvast公司的子公司，生产基地位于浙江省湖州市。微宏动力以快充钛酸锂动力电池为主。目前公司总体产能为1.5GWh左右，主要客户为北汽福田、南车时代、陆地方舟、南京金龙、厦门金龙、中通客车、重庆恒通等。2015年上半年，微宏动力的动力电池业务产值约为4.5亿元。

（2）企业动态

扩张产能，做快充技术的领导者。目前微宏动力已完成一期投产，二期、三期项目总投资达33.5亿元，正同步抓紧建设，投产后具备年产6.0GWh锂离子电池和电池包系统的制造，预计年产值将达300亿元。2015年5月15日，微宏发布了基于快速充电技术的THINPACK全新产品方案，具备10~15分钟快速充电（4C）的能力，在满足续航里程达到300公里的同时，实现600000公里的使用寿命。

（3）技术路线

微宏动力主打快充快放的钛酸锂动力电池，主攻公交和大巴市场，近期开始在乘用车市场布局，2015年发布的THINPACK产品方案，标志着微宏动力开始向乘用车市场进军。

（五）问题和发展建议

1. 存在的问题

（1）关键组件依赖进口

动力电池关键组件对相关设备的生产稳定性和生产精度提出了极

高要求，由于国内整体工业制造水平与发达国家存在一定差距，国内绝大部分企业的生产线都还不能做到全自动化高精度生产，导致国内企业动力电池正极材料、隔膜等产品一致性较差，批量生产能力与美国、日本等国的先进企业还存在较大差距。

（2）产能过剩与高端产品产能不足的问题并存

我国动力电池及电池材料生产企业众多，但多数企业产量小、技术落后、产品质量管控能力差，难以满足车用电池一致性、安全性等要求。仅有几大龙头企业产品能满足车用要求，导致动力电池整体产能不足。

（3）面临国际企业竞争，生存压力巨大

2015 年，LG、三星、松下等国际动力电池龙头企业纷纷在国内布局建厂，形成与国内企业直接竞争之势，与国内企业相比，日韩企业具有研发实力雄厚、产品技术先进、工艺控制能力强的优势，国内企业面临巨大的生存压力。

（4）电池回收体系不完善

近两年来，我国新能源汽车销量增长迅速，预计 2 ~ 3 年后，我国动力电池的报废问题将凸显，而目前国内尚未建立完善的动力电池回收制度与体系，部分回收公司存在不注重环保、操作不规范等问题，对环境造成严重污染。

2. 发展建议

（1）加大制造研发投入

加大对动力电池制造设备企业资金及政策支持力度，建立动力电池工艺技术装备的研发和服务平台，增强我国动力电池制造业自动化水平，加大动力电池制造信息化平台研究，提高我国动力电池生产在线监控水平。

（2）进一步规范市场，成立产业联盟

进一步完善动力电池产品、企业标准，加强动力电池企业考核力度，淘汰落后产能。建立全国性的动力电池产业联盟，引导行业投资方向，避免重复投资建设，推动动力电池行业的发展。

（3）整合上下游资源，形成产业生态链

建议动力电池企业整合上下游产业链资源，形成完整的产业生态链，通过产业链的联动，提高产品质量水平，同时通过加强与整车企业的合作，形成良性共生环境。

（4）完善动力电池回收体系

制定完善动力电池回收政策法规，加强动力电池回收行业管理，完善动力电池回收渠道，加强动力电池回收企业环境污染监控。建立动力电池梯次回收体系。组织全行业力量，加大动力电池回收工艺和设备研发，促进动力电池回收产业发展。

四　车用电机产业发展评析

（一）市场发展

2015 年，我国新能源汽车累计配套车用电机 399026 台（套），同比增长 313.61%，新能源整车市场带动车用电机发展作用显著。其中，乘用车配套驱动电机 232100 台（套），占比 58.17%。客车配套驱动电机 119224 台（套），占比 29.88%。专用车配套驱动电机 47692 台（套），占比 11.95%。从电机技术路线来看，同步电机（以永磁同步电机为主，少量应用磁阻同步电机）配套 278866 台（套），占比 69.89%，异步电机配套 96075 台（套），占比 24.08%，直流电机市场份额相对偏小，配套 24085 台（套），仅占 6.04%（见图 5），预计 2016 年，永磁同步电机仍将占据主要市场份额，占比将进一步提高。

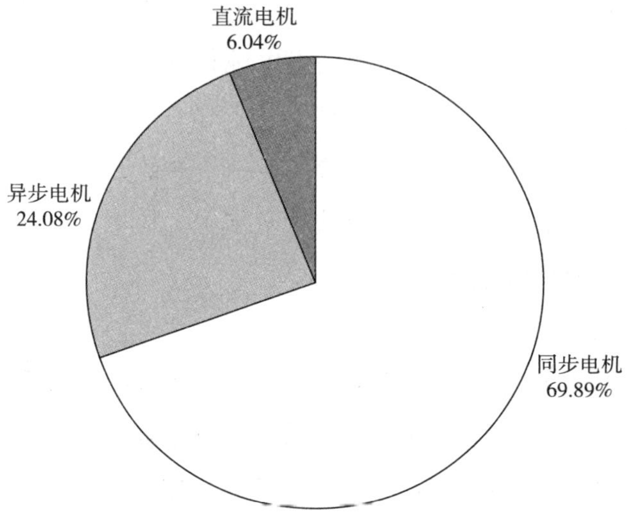

图 5　2015 年新能源汽车用电机国内配套情况

资料来源：节能与新能源汽车网，中国汽车工程研究院整理分析。

（二）产品配套

1. 纯电动乘用车

2015 年，我国纯电动乘用车配套电机总量为 150537 台（套）。从技术路线来看，永磁同步电机、交流异步电机、直流电机占比分别为 45.74%、39.42%、14.84%，份额与 2014 年相比变化不大，永磁同步电机依然占据市场主导地位。电机生产企业市场集中度略有降低，CR4 达到 60.39%，市场占有率排名前 4 的企业分别为山东德洋电子科技有限公司、永康市斯科若电器有限公司、长沙众达汽车工业有限公司、北京新能源汽车股份有限公司。电机控制器方面，市场占有率排名前 4 的企业与电机生产企业对应。

2. 纯电动客车

2015 年我国纯电动客车配套电机总量为 94985 台（套）。从技术

表 16 TOP10 纯电动乘用车电机生产企业配套情况

序号	电机生产企业	配套整车企业	序号	电机生产企业	配套整车企业
1	山东德洋电子科技有限公司	浙江吉利汽车有限公司	6	比亚迪汽车工业有限公司	比亚迪汽车工业有限公司
2	永康市斯科若电器有限公司	浙江吉利汽车有限公司	7	安徽巨一自动化装备有限公司	安徽江淮汽车股份有限公司
3	长沙众达汽车工业有限公司	湖南江南汽车制造有限公司	8	重庆百转电动汽车电控系统有限责任公司	重庆力帆乘用车有限公司
4	北京新能源汽车股份有限公司	北京汽车股份有限公司	9	南昌福瑞德科技有限公司	江铃控股有限公司
5	上海电驱动股份有限公司	奇瑞汽车股份有限公司	10	广东合普动力科技有限公司	金华青年汽车制造有限公司

表 17 纯电动乘用车典型电机企业配套

企　业	配套量台(套)	主要电机类型	典型配套车型
山东德洋电子科技有限公司	30161	无刷直流电机	吉利
永康市斯科若电器有限公司	25821	交流异步电机	康迪
长沙众达汽车工业有限公司	18266	交流异步电机	众泰
北京新能源汽车股份有限公司	16663	永磁同步电机	北京

路线来看，永磁同步电机应用最广，市场占有率达到89.74%，较2014年市场占有率69.00%有明显提升；其次是交流异步电机，占比9.97%；直流电机仅配套274台（套），应用较少。从电机生产企业来看，市场占有率排名前4的电机生产企业分别是郑州宇通客车股份有限公司、比亚迪汽车工业有限公司、深圳市大地和电气有限公司和中通客车控股股份有限公司，其CR4达44.70%，市场集中度不高，生产企业较为分散。同时，纯电动客车电机生产企业中，自产自用仍占较大比例。

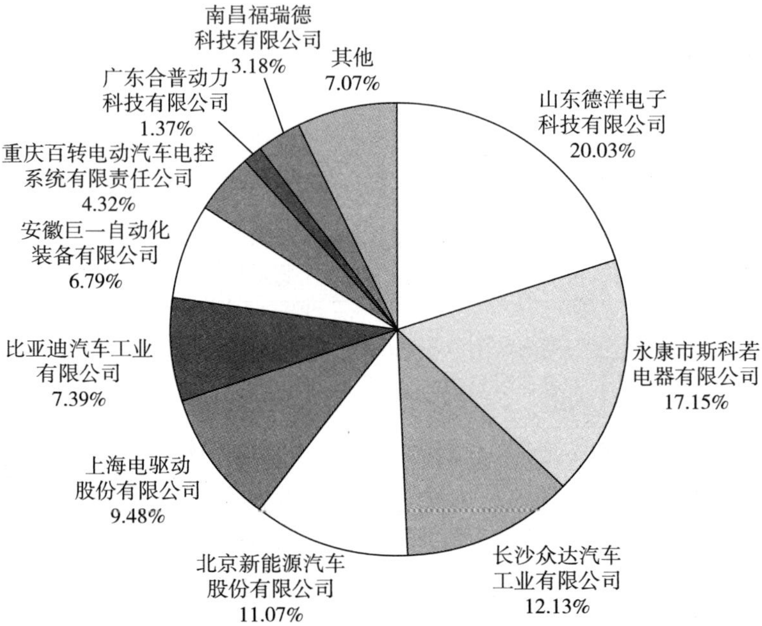

图 6　纯电动乘用车电机生产企业市场情况

表 18　TOP10 纯电动客车电机生产企业配套情况

序号	电机生产企业	配套整车企业	序号	电机生产企业	配套整车企业
1	郑州宇通客车股份有限公司	郑州宇通客车股份有限公司	6	厦门金龙旅行车有限公司	厦门金龙旅行车有限公司
2	比亚迪汽车工业有限公司	比亚迪汽车工业有限公司	7	华域汽车电动系统有限公司	江苏九龙汽车制造有限公司
3	深圳市大地和电气有限公司	奇瑞万达贵州客车股份有限公司	8	精进电动科技(北京)有限公司	东风汽车公司
4	中通客车控股股份有限公司	中通客车控股股份有限公司	9	上海力信电气技术有限公司	南京金龙客车制造有限公司
5	苏州海格新能源汽车电控系统科技有限公司	金龙联合汽车工业(苏州)有限公司	10	湖南南车时代电动汽车股份有限公司	湖南南车时代电动汽车股份有限公司

表 19　纯电动客车典型电机企业配套

企　业	配套量台(套)	主要电机类型	典型配套车型
郑州宇通客车股份有限公司	13436	永磁同步电机	宇通 ZK6641BEVG3
比亚迪汽车工业有限公司	11155	永磁同步电机	比亚迪 CK6100LGEV2
深圳市大地和电气有限公司	9808	永磁同步电机	万达 WD6602BEV
中通客车控股股份有限公司	8050	永磁同步电机	中通 LCK6668EVG

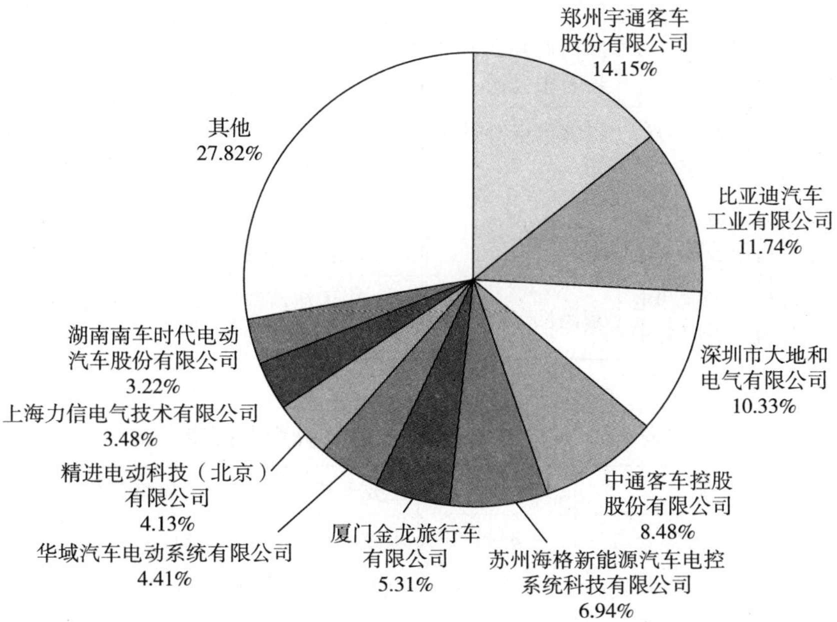

图 7　纯电动客车电机生产企业市场情况

3. 纯电动专用车

2015 年，我国纯电动专用车总共配套电机 47692 台（套），其中 53.54% 的为永磁同步电机，43.93% 的为交流异步电机，与 2014 年相比，永磁同步电机占比明显增加，直流电机占比明显减少，交流异步电机占比与 2014 年相差不大。市场占有率排名前 4 的电机生产企业分别是上海电驱动股份有限公司、陕西通家汽车股份有限公司、广东合普动力科技有限公司和南京越博汽车电子有限公司，CR4 为 44.66%，市场集中度不高。

表 20　TOP10 纯电动专用车电机生产企业配套情况

序号	电机生产企业	配套整车企业	序号	电机生产企业	配套整车企业
1	上海电驱动股份有限公司	重庆力帆汽车有限公司	6	北京新能源汽车股份有限公司	北京汽车股份有限公司
2	陕西通家汽车股份有限公司	陕西通家汽车股份有限公司	7	江苏微特利电机制造有限公司	福建新龙马汽车股份有限公司
3	广东合普动力科技有限公司	国宏汽车有限公司	8	江苏奥新新能源汽车有限公司	江苏奥新新能源汽车有限公司
4	南京越博汽车电子有限公司	东风汽车公司	9	宁波铭马电动车辆工业有限公司	苏州吉姆西客车制造有限公司
5	深圳市大地和电气股份有限公司	东风汽车公司	10	天津清源电动车辆有限责任公司	天津清源电动车辆有限责任公司

表 21　纯电动专用车典型电机企业配套

企　业	配套量台(套)	主要电机类型	典型配套车型
上海电驱动股份有限公司	8499	永磁同步电机	力帆 LF5028XXYBEV
陕西通家汽车股份有限公司	4712	交流异步电机	通家福 STJ5023XXYEV
广东合普动力科技有限公司	4025	交流异步电机	泓锋泰 HFT5021XXYBEV03
南京越博汽车电子有限公司	4024	永磁同步电机	东风 EQ5070XXYTBEV

4. 插电式混合动力乘用车

2015 年，我国插电式混合动力乘用车共配套电机 81563 台（套），且全部采用永磁同步电机。由于比亚迪秦、唐等插电式混合动力乘用车的销量大好，其自主研发的永磁同步电机占据市场绝对优势，市场占有率高达 80.50%。除比亚迪股份有限公司外，

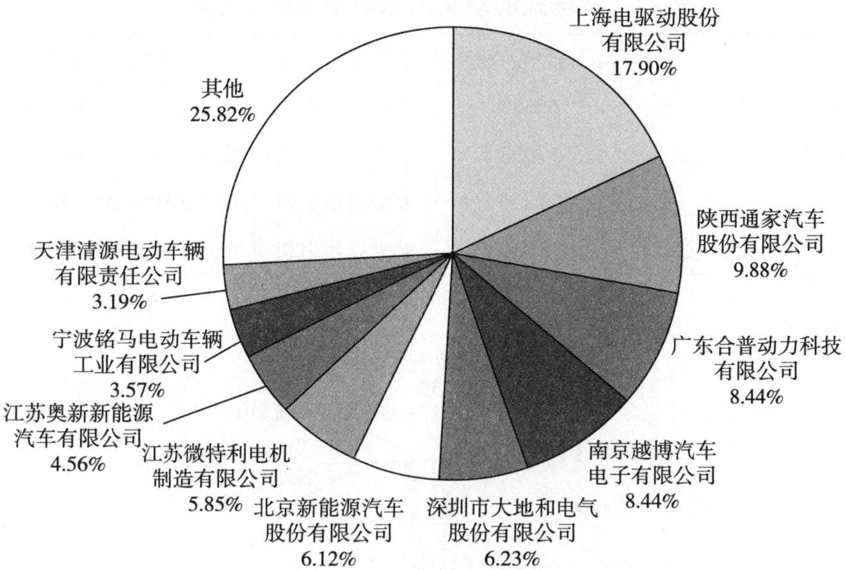

图8　纯电动专用车电机生产企业市场情况

其他为插电式混合动力乘用车配套的电机生产厂家有联合汽车电子有限公司、ZF、上海电驱动有限公司、麦格纳驱动系统集团和上海大郡动力控制技术有限公司等，但除联合电子外，其余厂家配套量均较少（见表22、表23、图9）。

表22　插电式混动乘用车电机生产企业配套情况

序号	电机生产企业	配套整车企业
1	比亚迪股份有限公司	比亚迪股份有限公司
2	联合汽车电子有限公司	上海汽车集团股份有限公司
3	ZF	华晨宝马汽车有限公司
4	上海电驱动有限公司	奇瑞汽车股份有限公司
5	麦格纳驱动系统集团	浙江豪情汽车制造有限公司
6	上海大郡动力控制技术有限公司	广州汽车集团乘用车有限公司

表 23　插电式混动乘用车典型电机企业配套

企　业	配套量台(套)	主要电机类型	典型配套车型
比亚迪股份有限公司	65655	永磁同步电机	比亚迪 BYD7150WTHEV3
联合汽车电子有限公司	12033	永磁同步电机	荣威 CSA7154TDPHEV
ZF	1221	永磁同步电机	宝马 BMW7201AMHEV
上海电驱动有限公司	1046	永磁同步电机	奇瑞 SQR7160PHEVJ42

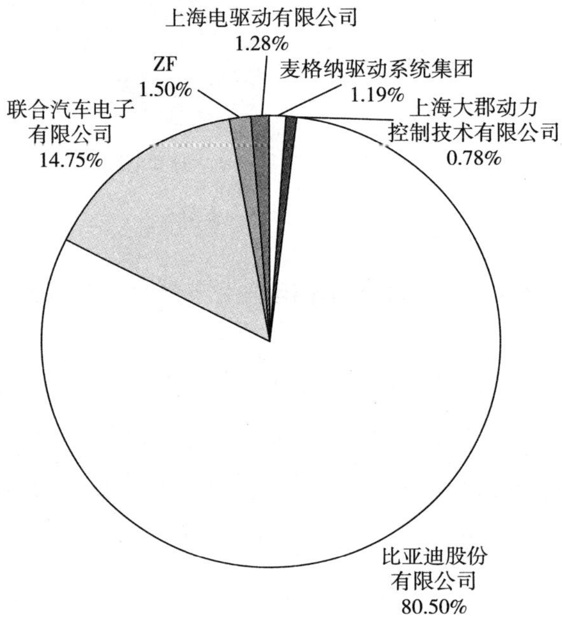

图 9　插电式混动乘用车电机生产企业市场情况

5. 插电式混合动力客车

2015 年我国插电式混合动力客车累计配套电机 24239 台（套）。从技术路线来看，同步电机（永磁同步电机居多）应用较多，占比 72. 87%，交流异步电机占比 27. 13%，直流电机仅配套 1 台（套）。市场占有率排名前 4 的电机生产企业分别是郑州宇通客车股份有限公司、苏州海格新能源汽车电控系统科技有限公司、厦门金龙旅行车有限公司、上海电驱动有限公司，CR4 为 64.63%，较 2014 年有所降低（见表 24、表 25、图 10）。

表 24　TOP10 插电式混动客车电机生产企业配套情况

序号	电机生产企业	配套整车企业	序号	电机生产企业	配套整车企业
1	郑州宇通客车股份有限公司	郑州宇通客车股份有限公司	6	湖南南车时代电动汽车股份有限公司	湖南南车时代电动汽车股份有限公司
2	苏州海格新能源汽车电控系统科技有限公司	金龙联合汽车工业（苏州）有限公司	7	苏州绿控传动科技有限公司	安徽安凯汽车股份有限公司
3	厦门金龙旅行车有限公司	厦门金龙旅行车有限公司	8	北京锋锐新源电驱动科技有限公司	北汽福田汽车股份有限公司
4	上海电驱动有限公司	中通客车控股股份有限公司	9	扬州亚星客车股份有限公司	扬州亚星客车股份有限公司
5	天津松正电动汽车技术股份有限公司	上海申龙客车有限公司	10	安徽安凯汽车股份有限公司	安徽安凯汽车股份有限公司

表 25　插电式混动客车典型电机企业配套

企　业	配套量台(套)	主要电机类型	典型配套车型
郑州宇通客车股份有限公司	6200	永磁同步电机	宇通 ZK6125CHEVNPG4
苏州海格新能源汽车电控系统科技有限公司	3870	永磁同步电机	海格 KLQ6129GAHEVC5
厦门金龙旅行车有限公司	3107	交流异步电机	金旅 XML6125JHEVA5C1
上海电驱动有限公司	2487	永磁同步电机	中通 LCK6101HEV1

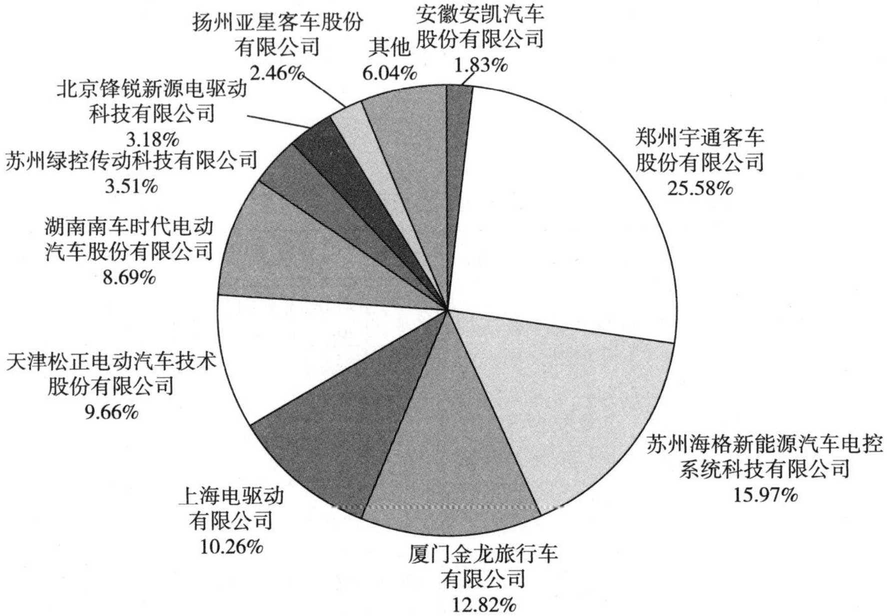

图 10　插电式混动客车电机生产企业市场情况

（三）重点企业

1. 乘用车电机电控

（1）大洋电机收购上海电驱动，抢占新能源汽车电机龙头地位

大洋电机股份有限公司（简称“大洋电机”）已建立中山工厂、北京永丰工厂、北汽大洋电机工厂三大主要生产基地。设立新动力中山技术中心、新动力北京技术中心、底特律研发中心三大技术研发中心。公司已与北汽福田、北汽新能源、上海汽车、苏州金龙、宇通客车、恒通客车、青年汽车、长安汽车、一汽集团、中联重科、三一重工等整车厂、工程机械厂商建立了合作关系。

2015 年 6 月，大洋电机完成对上海电驱动全资收购，使大洋电机的市场、技术能力全方面提升。双方在技术研发、供应链、客户资源等方面将产生显著协同效应，通过强强联合，登顶产业霸主地位。

（2）山东德阳电子主攻微型电动乘用车市场，专注集成化技术

2015 年，山东德阳电子科技有限公司共销售电动汽车 11KW 电机 31000 台、控制器 33000 台，VMS 整车集成控制系统 35000 台，电动汽车零部件销售收入两亿元。德阳电子已形成了一纵一横的产品线，纵向覆盖 3kW 到 30kW 功率，横向实现 60V、72V、144V 到 330V 电压的电机产品。在业务结构上，未来三年内单一大客户销售收入占比调整到 50% 以下，形成以知豆为主、以其他整车厂家为辅的“五角星”供应状态，形成布局、产品结构、客户结构合理的格局。

德阳电子未来的技术发展规划，电机、控制器、齿轮箱、充电机、DC/DC 将实现技术上的“五合一”，以实现更加轻量化、小型化、高效化的特点；德阳电子计划在 2016 年底，电机和变速箱一体化以及控制器和 DC/DC 一体化被纳入主要的新产品开发项目。

（3）卧龙电气与上海大郡强强联手，通过优势互补提高开发水平

卧龙电气集团股份有限公司创建于 1998 年，员工 5000 多人，旗下拥有 4 个事业部、14 家控股子公司，拥有八大生产基地。截至目前，卧龙电气已形成电机与控制、输变电、电源电池三大产品链，产品涵盖各类电机及其控制，具备年产 800 万千瓦各类电机生产能力。

2015 年 7 月 28 日，卧龙电气与其控股绍兴澳特彼电机有限公司联手，与上海大郡动力控制技术有限公司签署合资协议，共同设立浙江卧龙大郡新能源电机有限公司，此次成立合资公司，卧龙电气和控股公司可充分利用上海大郡在国内新能源汽车电机驱动集成方面的技术领先优势，三方形成优势互补，以此提高新能源汽车电机开发和制造水平。

表 26　重点电机企业发展概况

企　业	发展目标	主要技术路线	主要应用车型	动　态
大洋电机股份有限公司	致力于成为全球最优秀的驱动系统提供商	永磁同步电机	纯电动客车 纯电动乘用车	2015 年 4 月收购佩特来;6 月收购上海电驱动
山东德阳电子科技有限公司	专注于小型电动乘用车领域	永磁同步电机	纯电动乘用车 低速电动车	2015 年,投入 2000 万元左右;投资 1000 万元引进国内领先的电机自动生产线,预计 2015 年底完成
卧龙电气集团股份有限公司	成为新能源汽车驱动电气龙头企业	永磁同步电机	电动汽车	2015 年 6 月,签署《国开发展基金投资合同》 2015 年 7 月,卧龙电气与绍兴澳特彼、上海大郡合资设立浙江卧龙大郡新能源电机有限公司 2015 年 12 月收购 OLI 80% 股份

2. 商用车电机电控

(1) 南车时代积极实施智能化工厂项目，以科技抢占市场

针对新能源客车多品种、小批量的制造特点，南车时代积极实施新能源客车智能化工厂项目，以打造高质量、高效率、短交期的新能源客车柔性、混流定制化制造体系为目标，将集成应用 PLM、MES、WMS、ERP、云智通系统、售后服务系统，实现从设计、工艺到管理、制造、物流、服务等环节的集成优化，全面提升新能源客车的研发、制造和服务水平，使该公司成为中国智能制造团队中重要一员。

2015 年，湖南南车时代电动汽车股份有限公司“新能源客车智能化工厂”项目成功入选 2015 年智能制造专项项目，成为本次入选的该项目中唯一的专业研发制造新能源客车的企业。

(2) 方正电机通过并购，迈入新能源电机电控第一梯队

方正公司新能源驱动电机覆盖低速电动车、乘用车和商用车全系

列车型，并拥有众泰和宇通等新能源汽车优质客户，公司产品涉及高压产品 300V（45kW、20kW、15kW）水冷驱动电机，低压 48 ~ 80V（3kW、5kW、8.5kW、13kW）自然冷却驱动系统。

2015 年 6 月 9 日，方正电机拟收购上海海能和德沃仕 100% 股权，收购完成后，方正电机完善公司的新能源汽车驱动系统产品结构，加快向节能与新能源汽车核心零部件供应商转型。

（3）天津松正深耕插电深混商用车系统，获得资本市场青睐

2015 年 9 月 11 日，天津松正发布了五代插电式深混动力系统，该系统具有平台化、模块化、集成化、轻量化优点，可用于并联、混联、增程和纯电动等多种新能源客车，覆盖低速（公交）、高速（旅游、长途客运）领域。适配 8 ~ 12 米车型，与四代产品相比，松正五代重量下降 30%，油耗下降 50%，价格也会下降 10% ~ 20%。产品预计 2016 年初将实现量产，宜将市场份额由原来的 25% 扩大至 35%。

松正的专注使其获得业界巨头的青睐，2015 年 7 月 29 日，万向集团旗下上市公司万向钱潮拟以现金方式出资 1.1 亿元参与天津松正的增资扩股，增资完成后公司占有天津松正 10% 的出资比例。

表 27　重点电控企业发展概况

企业	主要产品	主要应用车型	动态
南车时代	整车控制器、电池管理系统、电机控制器	插电式混动客车 纯电动客车	入选 2015 年智能制造专项项目 与成都王牌商用车公司展开战略合作
方正电机	驱动电机系统	纯电动乘用车 商用车 低速电动车	全资收购上海海能和德沃仕
天津松正	深混公交车动力系统	插电式混动客车 纯电动客车	发布第五代插电式深混动力系统 万向钱潮参与扩股 通过国际科技合作基地认定

（四）存在的问题和发展建议

1. 存在的问题

产品可满足车用要求，但一致性、可靠性与国际先进水平相比尚有差距。由于我国新能源汽车在示范运行阶段，产量不大，因此，电机生产企业多采用传统落后工艺，导致产品生产一致性和可靠性差。

基于电机的动力系统集成度不高。我国受制于变速器的工业设计、制造能力，电机与变速器等部件集成水平不高，导致无法通过调整速比达到进一步优化电机性能和尺寸的效果。

测试标准及设备落后。我国电机虽然具备了小批量供货的能力，但产品通过 TS16949 质量体系标准认证的极少。同时，我国的电机试验标准落后于国外标准、试验设备缺少也导致我国电机产品质量与国外有一定差距。

电机控制器关键零部件缺失。缺乏自主、商业化的 IGBT 驱动器件，同时缺乏定制化的 IGBT 电容等元器件及其封装，造成体积功率密度与国外先进产品差距较大。

2. 发展建议

加大电机制造工艺及设备投入。从汽车应用的角度入手，联合整车厂和电机生产企业，针对电动车用电机性能指标需求，改良、升级现有电机制造工艺，同时引进国外先进电机制造技术，对我国车用电机制造工艺进行吸收再创新。

加强核心部件基础性技术的突破。加强我国变速器等传统汽车技术研发力度，推动机电一体化等系统集成开发，同时依托传统汽车技术，重点开发高性能电机散热系统，提高系统集成度。

完善车用电机标准，加大测试设备投入。构建车用电机产业联盟，推动车用电机标准完善，同时依托国家相关重大专项等，支持企业、科研院所、高校等的电机专用测试设备投入。

扶持车用电子零部件产业发展。支持电子零部件企业向车用级零部件配件转型升级，同时，重点支持有基础的电控企业做大做强，通过政策、资金扶持等方式，推动其向自动化、规模化发展。

五　新能源汽车产业发展问题及建议

（一）发展中存在的问题

1. 产品质量安全亟须加强保障

我国第一批节能与新能源公交车已运行满 5 年，整个新能源汽车市场规模也开始迅速扩大，安全隐患逐渐显现，2015 年连续出现的多起安全事故，受到国家和行业广泛关注。目前全国重点示范的政策效果主要在于数量和规模，在产品技术瓶颈突破、技术验证和系统验证等方面的工作相对薄弱，新能源汽车产业综合竞争力的提升效果仍不甚明显。

2. 基础设施建设不能满足新能源汽车发展

充电基础设施的建设涉及土地规划、电网规划、消防安全、电价政策等各方面问题，当前我国电动汽车充电基础设施已有国家顶层规划，但细化政策尚未出台，地方政策尚不明确，相关的流程、标准、规范不完善，协调难度太大。商业化方面，充电设施建设投资大、成本高、收益低、投资回收期长等因素严重影响建设积极性。

3. 技术瓶颈突破不够，研发投入不足

我国电动汽车虽然在产量和市场规模上全球领先，但技术积累较国际先进水平还有较大差距。电池核心技术的原创性不够，主要依靠仿制和跟随国外技术发展；电控核心技术的成熟度有待提高，基础硬件和开发工具基本依赖进口；基础技术积累薄弱，原理性研发少；研发投入总体不足。

4. 消费激励有待进一步加强和优化

目前，我国财政补贴主要集中在整车购买上，2009～2012 年，我国实施新能源汽车“十城千辆”示范工程，中央财政累计拨付 88 亿元；2013 年启动新一轮示范工程，中央全年拨付 20 多亿元。虽然在一定程度上刺激了消费者购车的积极性，但是，新能源汽车使用、维修、报废等环节仍缺乏激励政策支持。

（二）发展建议

1. 加大新能源汽车准入验证及各级政府监管力度

提高新能源汽车企业和产品准入条件，引导企业加大产品研发试验验证力度，国家级检测机构应加大对非主流企业产品准入试验考核力度。各级政府要加大示范监管力度，杜绝重特大安全事故发生。

2. 加快基础设施建设速度

进一步落实扶持政策，创新设施投资和商业运营模式，为社会资本参与投资建设运营提供政策支持便利。

3. 加快技术瓶颈突破，加大研发投入

第一，聚焦研发投入的重点领域，研发投入适当聚焦技术链的上游核心技术，对技术含量及附加值高的技术、具备一定量产规模的优势企业进行重点培育，发挥其龙头引领作用。

第二，在国家“互联网＋”，《中国制造 2025》等战略牵引下，依托新能源汽车各层级创新主体，建设专业化众创空间，鼓励科研院所、高校等围绕优势专业协同创新，鼓励龙头骨干企业围绕主营业务突破核心技术，实现跨界创新，鼓励重点地方和区域依托自主创新示范区、高新区集中孵化创新。

第三，创新投入方式，发挥国家财政杠杆效应，成立国家汽车产业创新发展基金，引导社会资本加大对新能源汽车产业技术创新的投入，也可创新研发组织模式，加大对行业知名的有竞争力的新能源汽车产业技术创新联盟的支持力度，引导创新主体之间协同研发。

4. 面向消费端实行多样化激励政策

加强消费端激励政策的多样性，提升税费优惠政策的引导性和有效性。侧重消费需求端的激励，落实和创新优惠模式，除了直接财政补助、税费减免外，还可以广泛采用低息贷款、车道使用、停车优惠、充电优惠、牌照优惠、车险折扣、新能源积分管理、绿色税制等方法。尤其是可以借鉴发达国家的绿色税制，以负激励方式提高传统汽车的使用成本，相对而言，创造新能源汽车的使用优势。另外，购置税减免的政策设计中，要以提高新能源汽车的性价比为核心，针对不同车型和不同节能减排程度给予差异化的税费优惠，提高消费者对新能源汽车的接受度。

零部件篇

Components and Parts

B.7 2015年汽车零部件工业发展报告

摘　要：　本报告阐述了2015年中国汽车零部件发展状况、经济数据和进出口情况，分析了汽车零部件工业2015年在技术创新、质量提升、产业布局和人才发展方面取得的成绩和存在的不足。

关键词：　汽车零部件　质量创新　集群化发展

一　2015年中国汽车零部件工业发展状况

2015年，中国汽车零部件制造业规模以上企业主营业务收入32117.23亿元，同比增长8.30%；利润总额2464.79亿元，同比增长13.41%；固定资产投资8203.43亿元，同比增长14.98%。与汽车行业整体相比，汽车零部件产业经济指标稳步提升。汽车零部件是汽车工业的组成部分，也是汽车工业发展最为重要的基础。自2015年中国汽车年销量持续突破2400万辆，新车生产不断推动汽车零部件的需求。同时，汽车保有量的不断增加，汽车零部件后市场的蓬勃发展态势，为零部件产业的快速发展带来了新的强劲动力。目前中国基本建立了较为完整的零部件配套供应体系和零部件售后服务体系，为汽车工业发展提供了强大支持。

二 2015年汽车零部件进出口情况

随着零部件全球化的发展，国内零部件工业结束了面向单一汽车集团、面向单一配套市场或售后市场的局面，加大了零部件产品的出口。2015年，我国零部件出口额累计619.17亿美元，同比下降4.18%。其中，发动机出口338.68万台，同比下降7.52%，出口额17.83亿美元，同比增长6.12%；汽车车身及附件出口额351.85亿美元，同比下降0.49%；汽车、摩托车轮胎出口额126.63亿美元，同比下降16.42%；其他汽车零部件相关商品出口额122.86亿美元，同比下降1.14%；主要出口亚洲、非洲等地区，拉丁美洲等新兴市场开拓效果逐步加强，欧美低端市场及售后配套市场也有所突破。

2015年，我国零部件进口额累计320.65亿美元，同比下降14.61%。其中，发动机进口68.13万台，同比下降15.94%，进口额18.62亿美元，同比下降17.13%；汽车车身及附件进口额267.92亿美元，同比下降14.97%；汽车、摩托车轮胎进口额5.88亿美元，同比下降16.93%；其他汽车零部件相关商品进口额28.23亿美元，同比下降8.56%。

三　汽车零部件行业发展现状与挑战

1. 汽车零部件技术创新有所突破，但技术升级能力相对薄弱

随着对零部件科技创新的逐步重视和投入，研发中心投资及建设步伐有所加快，中国品牌汽车零部件企业竞争力正在持续提升。近年来，国内汽车零部件企业加快推进产品技术创新，通过持续的创新努力，深耕专业化细分市场，一批零部件企业迅速崛起。通过国家高技术研究发展计划、重大技术专项、技术改造、强基工程、企业自主研发、合资合作及技术引进等多种方式进行汽车零部件技术攻关，在传统汽车和新能源汽车关键核心技术方面取得一定突破。在产品结构方面，我国在传统汽车发动机总成、自动变速器、新能源汽车电机控制系统等关键核心技术方面取得较大突破，底盘制动、转向、悬架等产品基本上都能够满足配套需求。据统计，目前国内拥有10余家国家级高新技术企业和近百家省级高新技术企业，同时国内构建了一批国家级和省级企业技术中心，大大提高了关键和重要零部件技术攻关能力，为下一阶段提升中国品牌汽车零部件的创新研发能力奠定了基础。

另外，由于中国品牌汽车零部件企业大多实际投入不够，加之在研发、生产、管理和人才等方面的缺失，中国品牌零部件总体产品技术升级能力仍然相对薄弱，尤其是缺乏上游基础产业的有力支撑，相当部分关键原材料、元器件及工艺、装备等还依赖进口；自主品牌汽车的电控技术尤其涉及油耗、排放、安全等指标的电控零部件技术落后，部分领域还是空白。总体来说，我国尚未掌握汽车关键零部件的核心技术，高端产品被外资企业掌控。

2. 零部件质量水平有所提升，但产品质量瓶颈仍需突破

2015年，中国汽车零部件产业整体质量水平不断提升，较好地保障了汽车工业的持续发展。但是伴随着消费需求的变化，对质量的

要求日益提高。中国自主汽车零部件企业普遍存在相对质量不高、一致性不足、耐久性较差的问题。当前，中国品牌汽车零部件相当部分企业设计开发能力较弱、工程经验积累不足，产品一致性保障体系能力弱。加之，多年来行业对原材料、元器件的重视不够，上下游企业的协作不畅等综合因素，零部件原材料、元器件相对落后，导致零部件质量稳定性不足、产品可靠性不尽如人意。

3. 产业布局有所改善，但产业结构调整还需要努力

我国汽车零部件集群化发展，已经形成东北地区、京津冀环渤海地区、华中地区、西南地区、珠三角地区及长三角地区六大汽车零部件集群区域。六大产业集群区域零部件产值占据全行业的80%左右，长三角地区零部件产值份额为37%左右，为国内汽车零部件产值最大的区域，其中上海为全国最大的零部件产业基地，产值占总产量的20%，浙江和江苏约占17%。

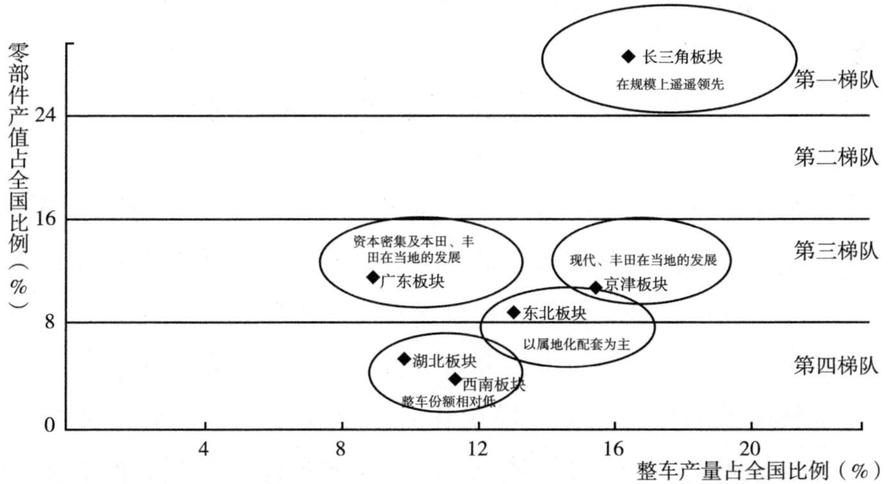

图1　全国部分板块零部件产值和整车产量占全国的比例

同时，国内零部件企业依附于整车发展，围绕整车企业，零部件产业以“扩规模、调结构、升价值”为抓手，提高了产业链纵向延伸

和相关产业横向合作的效率，产业链协同效应明显。然而，从产业结构角度深层次剖析来看，中国汽车零部件产业仍存在产业集群规模大、缺乏规模效应，企业数量多、规模小、实力弱等“群而不强”问题。

4. 人才缺乏，掣肘行业发展

国内汽车零部件核心技术的掌握要依靠创新人才，而人才需要培育和发现，需要宽容的环境鼓励创新、激励创新、宽容失败。中国品牌零部件企业尚未建立一种宽容的学术、技术氛围，在招贤纳士的同时，亟须完善人才培养体系。目前，大多数整车及零部件企业在吸引专业的技术、管理、销售、外贸人才方面存在不足，企业人才资源储备有限，尤其中小零部件企业人力资源严重短缺。相当部分国内零部件企业对技术人才的重视不足、使用不当，导致人才流失，造成高科技人才严重短缺。行业高素质的人才大都集中在外资企业。需要借鉴的是，外资品牌零部件企业在加大科技研发型人才培育的同时，也应注重本土化管理团队的建设。

四　汽车零部件行业发展趋势

在全球经济一体化的背景下，世界汽车零部件产业的发展趋势呈现四大特征：一是全球汽车零部件产业转移及全球采购逐步深化，产业集群化发展；二是零部件企业延承产品生产制造和质量管理，开始分担更多的新产品、新技术的开发，并超前于整车的发展；三是零部件技术呈现零部件通用化、模块化、系统化发展，产品呈节能环保化、安全舒适化、电气和智能化、信息交换网络化发展；四是在组织形态上，零部件企业从整车企业中分离出来，中性化独立经营成为大势所趋。

1. 节能环保、安全舒适成为技术发展总趋势

技术创新和核心关键技术攻关能力是零部件企业核心竞争力的重

要组成部分。面对整车厂推出的新车型、新品种、新技术快节奏的高需求，零部件企业需要加强“三基”关键零部件和核心技术突破，加大国内涉及油耗、排放、安全等关键零部件产品技术的攻关，提升自身的基础研发水平与配套能力。节能环保、安全舒适是汽车产品技术发展的主旋律，零部件产品亦如此。

2. 产品研发与质量管理信息化、网络化快速发展

零部件信息化发展迅速。零部件行业的信息化是指通过现代互联网技术构筑汽车行业的信息网，以优化资源配置，加快汽车零部件企业管理信息化，实现产品技术的信息化。企业内部的信息化快速发展，以开发和利用信息资源，提高管理水平、研发能力、经营水平，主要集中在研发技术、制造技术、管理技术、信息技术、自动化技术、企业管理技术等方面，其体现形式是数字化研发、数字化设计、数字化制造、数字化管理技术的应用，最终实现企业制造与管理的集成和创新。

3. 生产制造自动化和精益化加速转型

我国汽车零部件企业需要积极推进精益生产与运营，加强准时生产方式应用，通过最大限度地减少企业生产所占用的资源降低企业管理和运营成本，提升生产效率。注重结合信息化生产技术的应用，追求零库存，追求对市场变化的快速反应。同时在企业内部，追求员工目标的和谐统一，强调人力资源的重要性。结合自身的生产情况，通过精益生产模式的实践，实现先进制造目标。

汽车零部件生产制造趋于自动化方向发展。零部件企业加大高端设备及数控技术的应用，极大地提高了生产效率，解决了高速、高精加工能力，提高了产品的质量和档次，缩短了生产周期，提高了市场竞争能力。

4. 市场拓展不断加强，供应链协同持续升级

国内零部件市场呈现较长期的持续增长。汽车零部件市场中供求

增量来源于新车增长带动零部件配套量同步增长以及保有量增加带动维修及后市场增长。现存零部件企业选择增加产能或设立新厂的方式争取新增的市场蛋糕，由于售后市场需求大幅提升，逐步从前端OEM配套逐步延展到AM售后服务市场。在零部件存量市场中，势力雄厚企业加大重组并购力度，推进以市场为导向的区域市场拓展和扩张。

附　　录

Appendices

B.8

附录一　2015年主要汽车企业发展概况*

一　国内主要汽车集团

（一）上海汽车集团股份有限公司

2015 年，集团总销量为586.35 万辆，同比增长5.01%，连续11年蝉联国内汽车集团销量冠军。中国品牌销售 229.01 万辆，占中国品牌汽车销售总量的 19.13%，在中国品牌销量排行第一。2015 年集团发布或发售各个品牌车 30 余款，其中上汽乘用车 7 款、上汽大通 1 款、上汽通用 9 款、上汽通用五菱 4 款、上海大众 7 款、上汽依维柯红岩商用车 3 款。根据集团“十三五”规划，将以“新能源　互

* 国外车企销量数据来源于 Marklines，其余国内车企销量来源于产销快讯。

联网X”为其发展模式，投资200多亿元，投放30多款新能源车，到2020年达到60万辆（其中20万辆为自主品牌）的年销量目标。2015年，集团发布“芯动战略”，率先承诺2020年平均油耗降至5.0升/百公里。之后又公布了“前瞻技术”战略，通过在美国硅谷设立风投公司和创新中心，形成“技术与资本”相结合的“差异化”前瞻技术研究模式。此外，集团在11月非公开发行约9.64亿股（A股），募集资金150亿元。其中72亿元将用于新能源汽车相关项目，20亿元用于商用车的智能化大规模定制项目，19亿元用于未来的前瞻技术与车联网项目研发，39亿元将用于汽车服务与汽车金融项目。

2015年集团多个项目启动或投产。上海汽车商用车有限公司改名为上汽大通汽车有限公司，将打造成商乘跨界综合性公司，总投资额139亿元，至2020年实现销售20万辆（国内16万辆，国外4万辆）的目标。上汽通用武汉厂开始投产C系列1.0T发动机，年产能将达到30万台，总投资19.06亿元。上汽通用五菱新能源汽车基地建设启动，总投资6152万元，2016年竣工年产能扩增至20万辆，将投产宝骏首款纯电动车E100。上汽大众长沙厂于5月建成投产，规划年产能30万辆。上汽大众开展了“产能保障”项目，将新建一条EA211曲轴生产线，并对现有厂区各生产线进行升级改造，产能将扩增15万台。上汽依维柯红岩车桥有限公司全面投产，年产能17.5万根商用车车桥，到2016年全部工程（3期）完工，年产能将扩大至30万根，项目投资总额超6.85亿元。9月，集团推出了覆盖用户养车、用车、卖车以及车务服务的“全生命周期”连锁实体服务品牌——车享家。

2015年集团在合资合作方面动作频频。集团以所持上海汇众100%股权，参与华域汽车的定向增发由集团控股、上汽通用参股的上海汽车保险销售有限公司业务平台正式运营，注册资本两亿元；集团与大众汽车签署协议，双方投资65亿元，用于上汽大众汽车安亭生产基地的升级改造，并将于2016年在基地投产大众全新C级车。此外，双方还将投资12亿元，开发一款面向中国市场的纯电动车型，计划4年内在安亭基地投产；集团与阿里巴巴设立10亿元“互联网汽车基金”，计划2016年投放第1款车型，将采用阿里巴巴的操作系统yun OS和大数据等；集团与万向集团合资建立新能源客车公司，持股比例为上汽49%、万向51%，年产能5000辆；集团还与上海黄浦区政府签署战略合作协议，成立上汽安悦充电科技有限公司，实施到2020年在全国范围内建设5万个公共充电桩的规划；集团与中国石油签署战略合作协议，在会员、产品、市场营销、新业务等领域开展深入合作；此外，上汽通用与华为达成合作协议，其旗下品牌的多个车型将预装华为车载通信模块；上汽通用还与腾讯签署战略合作协议，将与腾讯微信平台、腾讯视频、腾讯游戏、腾讯移动产品群等进行全方位创新合作，致力于推动大数据分析、多屏联动、品效合一等的DMP2.0升级版。

在海外业务上，集团定义了19个重点市场，业务布点遍及35个国家。目前集团在泰国和英国建立了海外生产基地，在中东和南美建有销售公司。2015年集团在澳大利亚、南非、伊朗、马来西亚、沙特阿拉伯以及卢森堡等筹建的公司相继获得批准。上汽通用五菱印尼新厂动工，计划2017年下半年投产。MG在英国上市了由Longbridge厂生产的2016款紧凑型车MG3。上汽大通MPV G10在澳大利亚上市。集团在海外战略上对品牌进行持续投入，在英国仅MG品牌一年建设费用就高达700万英镑，而在泰国也已投入品牌建设约两亿元，泰国基地定义为上汽全球右舵中心，除生产MG，还计划引入大通Maxus皮卡。

（二）东风汽车股份有限公司

2015年集团总销量为387.25万辆，同比增长1.84%。中国品牌销量达到121.85万辆，占中国品牌总销量的10.18%，在中国品牌销量排行第三。2015年5月，原一汽集团董事长、吉林省党委会副书记竺延风就任东风汽车董事长兼党委书记。

2015年集团共发布或发售各个品牌车型近20款，其中东风乘用车6款、东风柳汽2款、东风标致1款、东风雪铁龙1款、东风日产5款、东风本田1款、东风悦达起亚1款和东风商用车1款等。根据东风乘用车“十三五”规划，2018年前东风风神要形成AX7、AX5、AX6、AX3、AX2五款SUV产品阵容，而在轿车方面则有东风1号和两款全新的三厢产品。东风柳汽计划2016年投放搭载2.0T发动机的风行X7中型SUV，2017年上市首款纯电动车景逸S50EV。根据其战略规划，未来4年将推出包括新能源车在内的14款新车。东风雪铁龙计划2016年底在成都神龙第四厂投产基于PSA最新EMP2模块化平台打造的C6大型车。东风雷诺将于2016年上半年正式投产，计划2016年3月上市第一款国产SUV科雷嘉，2017年在武汉厂投产基于Fluence Z. E. 的东风牌电动车。东风日产计划2016年投放全新B级轿车西玛。东风本田计划2016年投放两厢版哥瑞和改款艾力绅。郑州日产发布中期发展规划，2016年将形成“3+2+E”的商品矩阵。东风悦达起亚计划未来3年向市场投放19款新车。

2015年集团主要的建设项目，一是东风柳汽乘用车柳东基地2期工程正式开工，2016年11月进行试生产，产能将增至50万辆。二是东风小康十堰第2厂扩产项目得到批复，项目总投资2.7亿元，产能扩大至20万辆，主要生产东风小康C系列和K系列车型。

2015年在合资合作方面，集团与AB Volvo在年初重组了“东风商用车有限公司”，集团持股55%，Volvo持股45%，产品覆盖中重型载货车、客车、专用车以及底盘、发动机、变速箱等核心零部件。集团与PSA正式签约，双方面向B级和C级乘用车共同开发全球模块化平台（CMP），投资近2亿欧元，将共享知识产权，计划2018~

2020 年基于 CMP 平台向全球市场投放近 10 款车型。双方设立共同研发中心（DPCT），持股比例为神龙汽车 50%、集团 25%、PSA 25%。DPCT 业务覆盖前期研究、造型、平台技术、整车开发、动力总成、电子产品、模块化、新技术的研发等。集团还与国能电动汽车瑞典有限公司（NEVS）签署战略合作协议，开展纯电动车和增程式电动车的研发。NEVS 将给予东风汽车技术支持，帮助其自主品牌产品针对海外市场进行适应性改造，以满足欧洲市场的法规和技术性规范。NEVS 并依托自身在海外市场的经销商体系帮助东风汽车开拓欧洲、北美等市场。此外，东风电动车辆股份有限公司与特锐德公司全资子公司特来电签署战略合作框架协议，拟在新能源汽车销售及售后服务、充电系统及终端网络投资建设、充电运营、充电产品、充电云平台等方面展开合作。

（三）中国第一汽车股份有限公司

2015 年集团总销量为 284.38 万辆，同比下滑 7.85%。中国品牌销量 50.24 万辆，占中国品牌总销量的 4.20%，在中国品牌销量排行第十。2015 年 5 月，徐平就任一汽集团董事长兼党委书记。

2015 年集团发布或发售各品牌车型近 20 款，其中，一汽轿车推出两款搭载 1.8L 涡轮发动机的红旗 H7，并投放奔腾 B30 新车型；一汽解放 J6 天然气重型载货车全品系（牵引、载货、自卸、专用）、J6 领航版、新一代重型载货车 JH6 上市，并陆续投放了解放 6X4 11L 西南版自卸车、J6F 载货车、J6P 北方版牵引车、J6M 港口专用牵引车等定制化产品；一汽解放柳特公司投放了 5 款新产品；一汽大众发售基于第七代高尔夫打造的特殊规格车高尔夫 R-Line、新款高尔夫 GTI 和国产高尔夫·嘉旅。一汽大众捷达 2015 年型车上市；一汽奥迪 A3 e-tron 以进口的形式在国内上市。2016 年迈腾将基于 MQB 平台进行换代，搭载 1.4T、1.8T、2.0T 三款发动机。一汽丰田根据中期发展规划，未来5年内将推出9款全新车型，同时还将推出8款改款或换代车型，这些车型除继续采用丰田独特的GOA车身结构外，将全面搭载最新的主动安全组合套装Toyota Safety Sense系统。根据奥迪的规划，2016年将引入基于全新一代Q7打造的Q7 e-tron普通版，同时实现A6L e-tron国产化，而全新一代A4或将推出插电混动车型。

2015年集团多个项目投产，其中天津一汽丰田发动机厂（TFTE）投产全新1.2T发动机，年产能21.6万台，有望取代现款的1.5L和1.6L发动机。TFTE开始量产ZR-HV899F油电混合双擎发动机，将搭载于一汽丰田卡罗拉与广汽丰田雷凌中级轿车。HV899F发动机项目依托TFTE二厂ZR一期生产线进行改造，投资1.3亿元，两年内达到年产能3.9万台。一汽大众在成都和长春的EA211发动机厂投产了1.2T SI发动机，一期年产能为45万台发动机，先期将匹配高尔夫7和新速腾两款车型。一汽大众计划在四川建立新能源汽车制造基地，第一款国产车型是纯电动版e-Golf，此外还将国产插电混动版本的高尔夫GTE。

集团发布了“挚途”技术战略，打造基于“互联网+”的智能化技术创新平台。依托自主创新实力，集团已形成基于“互联网+”的设计、制造、服务一体化技术平台，节能与新能源汽车动力总成与底盘机电一体化技术平台，整车和总成电子控制嵌入式软件技术平台，汽车智能移动技术平台，D-Partner+信息服务技术平台在内的五大技术支持平台。并制订了十年技术发展规划，将从当前的“挚途”1.0发展为“挚途”4.0。目前，“挚途”1.0已应用到红旗轿车上，具备ACC、AEBS、LDW等驾驶辅助功能，为客户提供“辅助驾驶”（ADAS）；2018年实现“挚途”2.0，将发布红旗品牌互联智能乘用车和解放品牌互联智能商用车，具备单任务短时智能托管、D-Partner2.0的车辆智能服务功能，完成智能互联生态圈布局；2020年实现“挚途”3.0，将发布高速公路代驾产品及深度感知和城市智能技术，具备多任务长时托管和智慧城市解决方案提供功能；2025 年实现“挚途”4.0，将实现智能商业服务平台运营，高度自动驾驶技术整车产品渗透率达 50% 以上。

在合资合作方面，集团与华为签署战略合作框架协议，确定了长期战略合作伙伴关系，将全力推进双方在车联网、智能汽车、企业信息化、企业全球化等领域展开多方位、深层次合作。一汽丰田与互联网用车平台易到用车达成战略合作，将在环保出行领域联合开展创新性探索。一汽丰田上百辆油电混合“双擎”动力车型普锐斯将投入易到用车平台，以实现专车服务或进行上门试乘试驾体验。

（四）重庆长安汽车股份有限公司

2015 年集团总销量为 277.65 万辆，同比增长 5.67%。中国品牌销量为 153.83 万辆，占中国品牌总销量的 12.85%，在中国品牌销量排行第二。2015 年集团发售 4 款车型，发布新概念车 Raeton CC 等 3 款车型。集团“愿望 2025”战略规划致力于打造世界一流汽车企业的目标，2016 年将向市场投放 15 款产品，到 2025 年基于长安 6 大平台推出 168 款新产品。按照集团新能源汽车十年规划，将投入 180 亿元，推出 34 款不同类型新能源车，累计销量达到 200 万辆，确保到 2025 年实现新能源“518”性能目标。长安商用车计划截至 2025 年推出 13 款新车，其中 2016 年投放 CX70 和代号 V301S 的多功能车。2017 年再推出两款新车，代号分别为 R111 和 R104。此外，还有代号为 V302 的新车等。

在产品研发方面，根据集团规划，“十三五”期间，研发资金将达到 300 亿元。集团已完成第三代产品策划，如自主车型包括逸动、CS35 的换代产品，CS 家族新成员 CS55 以及一款“C301”车型和一款 MPV，将产品线分布在轿车、SUV 以及 MPV 三大主流汽车板块，车型体系较为完善。根据集团“芯动力”战略，目前集团在售车型已相继搭载1.5T、1.8T两款发动机，搭载1.0T发动机的长安CS15也将于2016年投放市场。此外，重庆长安动力研究院本部与英国研发中心正联合设计开发一款2.0T发动机。集团将推出多款DCT双离合变速箱，包括型号DCT170的5速双离合变速箱以及代号DCT270的7速双离合变速箱。此外，集团目前还在研发能够承受更大扭矩的双离合变速箱－DCT300，为将来2.0T发动机做技术储备。

集团公布智能化汽车“654”发展战略，即面向2025年智能汽车技术发展规划：搭建6大平台，掌握5大核心应用技术，分4个阶段实现智能化技术的产业化。其中6大平台指通过搭建电子电器平台、软件平台、测试环境平台、标准法规平台、中央决策平台和环境感知及执行平台，实现智能互联汽车软硬件等基础架构和控制、安全等方面的设计开发。5大核心应用技术指未来长安将拥有自动泊车技术、自适应巡航技术、智能互联技术、V2X技术和HMI交互技术。其中2016年投放的15款车将全部搭载全新智能技术，包含全速自适应巡航和半自动泊车，2017年量产全自动泊车，并在2017年实现结构化道路全自动驾驶。4个阶段指，在2015年底完成第一阶段，具备驾驶辅助功能的产品量产上市，主要应用技术包括全速自适应巡航、半自动泊车、智能终端3.0等；2018年完成第二阶段的目标，即半自动驾驶技术的开发及产业化，搭载集成式自适应巡航、全自动泊车、智能终端4.0；2020年达到第三个阶段，将完成高度自动驾驶，完成样车测试工作和示范运行，功能包括高速公路全自动驾驶、一键泊车、智能终端5.0；2025年突破第四阶段无人驾驶关键技术，并实现产业化应用。集团已完成智能网联研发所需设备、基础建设和试验场地的方案和投资规划确定，计划到2025年累计投入130亿元，开展智能网联汽车的技术研发和产品开发。

2015年，集团多个项目投产或启动。根据集团发展规划，将在重庆鱼复工业开发区打造“八大运营中心”，包括全球行政中心、全球研发中心、先进制造中心、先进物流中心、全球信息中心、全球培训中心、全球营销中心。其中全球研发中心一期项目启动，总投资5亿元，预计2017年建成投入使用。集团还斥资1.75亿元在英国新建一个研发中心。目前集团已在英国设有研发中心，担负着长安汽车动力总成的设计职能。新研发中心选址伯明翰，建设周期18个月，预计2017年初投入使用。集团在重庆市两江新区将斥资33.7亿元新建商用车整车生产基地，最大年产能达到39万辆，项目建设工期为两年，预计于2017年竣工投入使用。基地竣工后将承接长安商用车的生产职能，并有望在此投产多款MPV车型。长安福特正式收购哈飞汽车，将投资65.97亿元，建设新的生产基地，并对其进行升级改造，整体年产能将达到20万辆。长安福特浙江杭州第四厂建成投产，斥资49亿元，年产能增加25万辆，使年总产能达到140万辆。

在合资合作领域，集团与汽车之家正式签署战略合作，将在新平台搭建、产品优化以及产品开发上展开跨界合作。另外，集团还携手大股东——中国南方工业集团及其关联公司对重庆汽车金融有限公司进行增资重组。其中，集团出资11.55亿元，股权占比35%；兵器装备集团财务公司出资13.2亿元，占比40%；南方工业出资1.65亿元，股权占比5%。增资完成后，重庆汽车金融公司注册资本将由5亿元大幅提升至25亿元。主要经营个人汽车消费贷款、汽车经销商采购车辆贷款及营运设备贷款（展厅建设、零配件采购）等业务。

（五）北京汽车集团有限公司

2015年集团总销量为248.90万辆，同比增长3.67%。中国品牌销量为115.07万辆，占中国品牌总销量的9.61%，居中国品牌销量排行第4位。2015年集团发布或发售新车20余款，其中北汽8款、银翔汽车3款、北汽新能源5款、北京现代1款、昌河3款等。集团于2014年末在中国香港上市，募集资金126.79亿港币。北汽新能源汽车公司计划2016年完成上市筹备，2018年实现资本上市，首期融资将达100亿元。

2015年，集团发布2016~2020年“π计划”五年战略，具体战略目标为“3、1、4”。北汽新能源提出了“卫蓝事业计划2.0”的战略目标，到2020年力争实现整车销售20万辆以上，降低碳排放20%以上；北汽新能源将遵循“234、高中低、大中小”的产品布局，计划2015~2017年投放11款新能源汽车，占据电动车20%以上的市场份额；北汽新能源还发布了“441”充电业务战略。北京现代规划2016~2018年陆续上市混合动力、纯电动和插电式混合动力3款车型，另外还将推出8款新车，实现小排量增压、混合动力、插电式混动以及纯电动领域的全面覆盖。根据福田汽车制定的“2020战略”，到2020年福田汽车全球年销量将突破300万辆。未来，福田还将打造百万辆级汽车产业基地，形成汽车100万辆、发动机130万台的规划产能。

2015年1月，集团成立轻量化领导组织机构，明确未来5年轻量化发展目标和行动计划，即到2020年实现集团乘用车单车10%的减重目标。集团正式组建了北京汽车研究总院新技术研究院。3月，福田汽车奥铃事业本部和福田商务汽车事业本部正式合并，称为福田轻型商用车事业本部。8月，北汽新能源硅谷研发中心正式挂牌成立，成为其在海外部署的首家研发中心。集团以旗下北汽新能源、北汽福田、北京奔驰3大品牌5款核心产品及充电桩组建了新能源汽车产业生态圈。

2015年集团与多家企业进行了合资合作。年初与德国戴姆勒全资子公司MBtech合资成立“北京北汽德奔汽车技术中心有限公司”，注册资本1000万美元，出资比例为51:49；3月，与乐视控股正式签署了战略合作协议，联合打造互联网智能汽车系统；6月，与滴滴快的正式签署战略合作协议，将在无人驾驶、新能源汽车、车联网、企业用车四大领域进行深度合作；集团还与首都机场集团签订战略合作协议；集团特来电与一度、有车、恒誉、庞大、易卡等多家分时租赁公司在北京组建“约电联盟”，特来电同时还与国电鑫达、行星远大分别签署了推动北京市昌平及密云等郊区县的充电设施建设的战略合作协议。

北汽新能源亦是动作频频：6 月，与庞大汽贸、中信国安投资、北京停车协会、Ucar 科技等 30 余家企业共同成立了分时租赁联盟、电动物流联盟以及充电场桩联盟；7 月，与中国石化北京石油分公司签订战略合作协议，与青岛特来电、冀东物贸成立了中国第一家充电合资公司；9 月，与 Meta 公司合作的德国亚琛研发中心挂牌成立，成为北汽新能源的第二家海外研发中心。

2015 年集团多个项目启动或投产。北汽河北黄骅新厂投产，一期规划形成 30 万辆整车的年产能，二期规划形成 30 万辆整车、30 万台发动机的年产能，预计于 2018 年竣工投产；北汽与 Amber Dual 公司在马来西亚吉打州牛仑新建一座纯电动车组装厂，总投资为 2 亿 ~ 3 亿元，预计 2016 年 7 月投产，当年产能 2000 ~ 3000 辆。北京现代启动两个项目：4 月，北现沧州厂开工，总投资约 120 亿元，预计 2016 年底落成，年产能将达到 30 万辆整车、20 万台发动机；6 月，北现重庆厂开工，总投资 77.5 亿元，年产能将达到 30 万辆整车和 30 万台发动机，预计 2017 年初竣工投产。福田汽车启动两个项目：1 月，投资 15 亿元的山东新能源汽车基地正式投入运营，预计年产能 1 万辆；11 月，投资 50 亿元的湖南长沙纯电动载货车与环境装备产业园开工，一期项目形成年产 5 万辆汽车底盘和两万辆汽车的产能，预计 2017 年 6 月竣工投产，二期项目形成年产 10 万辆汽车底盘和 6 万辆汽车的产能。

在传统动力方面，2016 年北京现代将推出搭载 1.4T 发动机的车型。在产品研发方面，北汽新能源基于集团收购的萨博 93 平台，开发了一款标准 A 级车尺寸的 C50EB 换电模式纯电动汽车。此外，集团已与在京相关院校和研究单位合作研发无人驾驶技术，将在 2016 年推出首款无人驾驶汽车。

北汽新能源还推出线上 APP 平台“充电吧”，共收录了 360 多个公共充电站、近 3500 个充电桩信息，是数据完整、功能强大的公共充电站互联网在线查询平台。2016 年北汽新能源的分时租赁业务还将在全国 8 ~ 10 个城市中体现。

（六）广州汽车集团股份有限公司

2015 年集团销量为 130.31 万辆，同比增长 11.16%。2015 年集团全球发布或发售了 15 款车型，其中，广汽传祺 7 款，广汽丰田 4 款，广汽本田两款，广汽中兴和广汽比亚迪各 1 款。2015 年，集团发布了“十三五”总体发展规划：建立近 4000 人的研发队伍，基于 G-CPMA 跨平台模块化架构，构建 5 个车型平台、5 个动力总成平台，年开发 5 款全新车型，掌握低碳化、智能化、网联化等关键技术，自主品牌研发费用占自主品牌营业收入的比例优化至 8% ~ 10%。2016 ~ 2020 年 5 年战略目标为：汽车年产销量达 240 万辆，年复合增长率约 12%，营业收入超 4000 亿元，成为先进的汽车集团。未来 4 年广汽传祺将迎来新产品密集投放期，根据其产品规划，计划向市场投放 20 ~ 30 款车型。其 B/C 平台主打中大型车，而 A/A0 级平台则主要针对紧凑级和小型车的开发；在新能源汽车领域广汽传祺将采取“153”发展战略，即构建 1 个国家级实验室，掌握电池系统、电机系统、整车控制、机电耦合系统及系统集成 5 大核心技术，形成混动、增程、纯电 3 大产品系列；而其新能源汽车规划是，投入 20 亿元，成立新能源汽车分公司，基于混合动力、插电/增程式、纯电动三大车型平台打造 GA3S PHEV、GS4 EV 等 10 款新能源车型，2020

年产销量突破20万辆。针对SUV产品，广汽传祺将研发GS3到GS9共8款车型，覆盖小型到中大型，完善其产品架构。

2015年，广汽菲亚特克莱斯勒汽车销售有限公司（简称“广汽菲克”）于7月正式成立，其股比为广汽集团50%，菲亚特集团10%，克莱斯勒亚太40%。规划目标是：2020年末，长沙、广州两地总体产能将达到70万辆，并将拥有10款车型产品，而经销商网络预计在2018年超过500家。9月，广汽集团宣布计划收购吉奥控股集团持有的广汽吉奥汽车49%的股份。年中，广汽三菱增加产品品种方案正式获批，项目投资总额达7.6亿元。此外，广汽三菱正积极地推进新能源车项目，其中i-MiEV纯电动车将在长沙试运营。

在技术开发方面，广汽传祺计划推出1.0T直列三缸发动机，最大功率为75kW/5500rpm，最大扭矩150Nm/1500～4000rpm。广汽传祺增压发动机的范围是从1.0T到2.0T。其中1.0T发动机将匹配在小型车轿车和SUV上。

广汽集团汽车互联网生态圈项目于9月正式启动，建设包括整车电商平台、车生活平台、车联网平台和创业投融资平台4个平台。项目总投资38.5亿元，首期投资14亿元，首次注册资本金两亿元，项目资金全部由广汽集团及投资企业共同出资。

（七）华晨汽车集团控股有限公司

2015年集团总销量为85.61万辆，同比增长6.79%。中国品牌销量为56.90万辆，占中国品牌总销量的4.75%，在中国品牌销量排行中位居第七。2015年集团发售了3款车型，其中华晨华颂1款高端MPV，华晨中华1款小型SUV，华晨宝马1款插电混动车。此外，宝马新BMW 5系首款插电式混合动力豪华商务轿车亦在华上市。集团发布的“十三五”战略内容包括新产品规划、新项目、目标实现措施以及“十三五”期间的预计投资。为布局“十三五”战略，集团将投资200多亿元，打造有竞争力的产品，并实现产品设计、制造、服务等流程的智能化，打造“工业4.0”样板化企业。在产品技术应用方面，包括自动驾驶技术、解决碳排放的新能源技术（纯电动、混动技术）都将成为研发重点。“十三五”期间华晨自主品牌将力争突破技术“天花板”，包括汽车主动安全技术、动力总成技术、汽车智能化技术等，并实现企业在制造、产品方面的转型升级。未来5年，集团将打造两大模块化整车平台，覆盖乘用车及商用车，涉及华颂、中华及金杯三大品牌。

2015年集团多个建设项目启动或投产。华晨鑫源重庆汽车涪陵新厂投产，竣工的1期工程形成15万辆整车及15万台发动机产能；2期工程计划2017年竣工，新形成15万辆整车和15万台发动机产能，新厂总投资达45亿元。集团投资22.5亿元的华晨商用车新厂项目开工，预计2016年底建成。新厂达产后，集团商用车年产能将从目前的8万辆提升至20万辆，其产品也将在目前的经济型轻卡、轻客基础上全面换代升级。此外，集团绵阳新晨动力机械有限公司获得宝马的生产许可，生产2.0T王子发动机。2017年量产后的王子发动机将搭配华晨集团的整车产品。华晨宝马铁西厂产品结构调整技术改造项目通过审批，此项目共投资25.2亿元，到2017年9月年产能将从目前的20万辆扩大到40万辆。位于铁西厂附近的华晨宝马发动机厂将在2016年1月建成后投产三缸1.5T和N20系列（2.0T）两款发动机，实现40万台/年发动机的产能规划。为满足扩充国产车型产品线的需求，新发动机厂将进行二期扩建升级，项目总投资达到20.02亿元，扩建后发动机总产能将达60万台/年。

在合资合作方面，集团与博世（中国）投资有限公司签署战略合作协议，在整车方面合作开发国际领先的创新汽车产品，在新技术方面双方将在底盘主动安全、新能源汽车、车载终端及发动机控制等几大领域展开深入技术合作。4月，集团与东软集团股份有限公司签署战略合作协议，双方将充分发挥在整车设计、制造以及汽车电子领域的技术和产品优势，攻克多设备互联、车联网连接、电池管理系统等关键技术。8 月，集团与华众控股有限公司旗下的华众车载签订合作意向书，双方将共同研发新车型的车联网技术和云平台技术，其中包括智能车载终端硬件系统和软件服务的相关内容，以及帮助第三方合作商为用户提供精准及个性化的产品和服务。12 月，集团与数创信息签署战略合作协议，授权数创信息作为华晨汽车产品的电商渠道总运营商资格，携手布局汽车互联网。

在海外运营方面，集团与伊朗大型整车厂 Saipa 宣布在伊朗共同建设两条汽车组装线，年产能达 10 万辆以上。华晨汽车主要提供零部件及技术支持，Saipa 厂负责组装华晨汽车的紧凑级两厢车及三厢车 H220、H230、H320、H330，计划首年度生产 2 万 ~3 万辆。

（八）长城汽车股份有限公司

2015 年集团销量为 85.27 万辆，同比增长 16.68%。中国品牌销售 85.27 万辆，占中国品牌总销量的 7.12%，居中国品牌总销量排行第五。2015 年，公司发布或发售了哈弗 H6 Coupe、哈弗 H8 等 10 余款车型。年内，集团最高发行约 3.87 亿股私募增资 168 亿元，将用于新能源汽车、智能汽车及核心零部件的研发、试验及生产。按其规划，5 年内投入 200 亿元资金，将针对新产品、新能源、智能汽车的研发建立新技术中心。预计将斥资 117.8 亿元开展新能源汽车研发、新能源智能变速器等四大项目，其中 50.8 亿元用于新能源汽车研发项目，将进行轻混、强混、PHEV 以及 EV 车型的研发。其中纯电动轿车将开发两个版本于 2016 年推出，分别面向出租车和个人市场。H8 插电混合动力版有望于 2017 年正式上市。此外，集团与韩国 LG 化学签署协议，由其为 2017 年推出的混合动力版哈弗 H7 车型提供电池组。

2015 年在技术开发方面，集团发布了多项技术研发成果，其中包括无人驾驶技术和脑电控汽车等。在传统动力方面，展示了 5 款动力总成以及缸孔内壁陶瓷化技术等。5 款动力总成中含 1. 5 吨、2. 0 吨、3. 0 吨三款汽油机及 2. 0 吨、3. 0 吨两款柴油机，匹配 6DCT、7DCT、8AT 三种变速器。此外，集团历时两年研发出车联网技术，能为客户提供“车机 - 手机 - 网站”三种设备互联服务，首批装配于 2015 款哈弗 H6 运动版。

在海外，集团马来西亚组装生产厂 Go Automobile Manufacturing（GAM）计划投资 2. 5 亿林吉特在 Gurun 建设第二厂。定于 2016 年第三季度投产，产能将从目前的 2. 5 万辆提高至 5 万辆。新建厂属于 2014 年发布的 5 年投资计划（2014 ~2018 年）的第二期计划。

（九）安徽江淮汽车股份有限公司

2015 年集团销量为 58. 79 万辆，同比增长 26. 51%，在生产企业排名中进入第 9 位。中国品牌销售 85. 79 万辆，占中国品牌总销量的 4. 91%，居中国品牌总销量排行第 6 名。2015 年集团发售各品牌车型 7 款，其中，江淮瑞风 6 款，江淮格尔发 1 款。集团计划投资 4. 4 亿元，新投产 MPV 瑞风 M4、中高级 SUV 瑞风 S7 以及新一代重卡 N221 等 3 款车型，预计 2016 年下半年建成试车。根据新能源车“i. EV + 战略”，到 2025 年将新能源车占产销量比例提高至 30% 以上，形成节能汽车、新能源汽车、智能网联汽车共同发展的新格局。集团将非公开发行最多融资 45 亿元用于新能源产业链，拟将 20 亿元用于新能源乘用车及核心零部件建设项目，20 亿元用于高端及纯电动轻卡建设项目，5 亿元用于高端商用车变速器建设项目，形成新能源乘用车 10 万辆、动力电池总成 15 万组、ECU/电机 15 万台、高端及纯电动轻卡 10 万辆、变速器 47. 5 万台的年产能。按其新能源产品线规划，未来将推出两款纯电动车型和插电式混动车型，另外还将推出一款微型纯电动轿车，将于 2016 年中正式上市。集团还斥资 3000 万元在北京成立了新能源汽车销售公司。

2015 年，集团与经销商武汉盟盛人新能源汽车产业园发展股份有限公司在湖北武汉成立新能源汽车合资公司，注册资本 5000 万元，江淮汽车出资 70%，武汉盟盛人新能源出资 30%。合资公司 2015 年底开始建厂，施工期 12 个月，2016 年完成投产准备，计划年产能 1 万辆。集团还与华霆动力技术有限公司在合肥成立合资公司，研发和生产新能源汽车用电池重组及电池管理系统（BMS），注册资本 6000 万元，各占股比例为 50%。

8 月初，集团成立了新技术研究院和汽车电子研究院，目的是解决集团对前瞻性新技术和关键技术的突破。新技术研究院重点打造汽车行业领先的前瞻性技术，包括一些基础性的研究，如新材料、智能汽车的应用等；而全球汽车行业正在进行的一系列技术革新，属于中长期研究项目。汽车电子研究院侧重汽车电子技术研发。此外，集团还新设立了新能源研究院。这三大新业务研究单位，将与集团现有的研究院形成互补。

在轻重卡业务方面，集团将主动应对政策风险，切实抓好国 V 排放标准预应和节油工作，追求效益与规模并重。乘用车方面，在节能和品质方面加大力度，培育出排放和油耗水平领先的自主品牌。同时，在“互联网 +”的背景下，加快创新步伐，在节能减排上发力，实现技术引领。作为江淮轻型商用车的五大核心竞争力，即环保、节能、安全、科技、精致，功能上以信息娱乐、车联网、智能控制、主动安全四大板块为支撑涵盖了十大技术方向。在节能环保方面，除领先布局国 V，集团正推进降低驾驶室挥发性有机物（VOC）含量的项目研究。在轻型商用车领域打造了核心动力总成“黄金传动系”后，计划将其乘用车主力总成打造成“白金传动系”。其核心是带双气门正时的 1.5T 涡轮发动机与 6DCT 湿式变速箱的组合。在

1.5TGDi 的基础上，瑞风正在推进更高排量 2.0TGDi 的匹配与标定，未来直喷涡轮增压 DVVT DCT 的白金组合将成为瑞风乘用车的立命基础。此外，在白金传动系的基础上江淮还酝酿推出一套“钻石传动系”，将进一步加大电气化的应用。2017 年底推出基于混合动力系统的总成，而这套混动系统采用了变速箱加电机替代液力变扭器的方案。在安全方面，江淮立志开发最安全的轻型商用车，不断将 ABS、盘式制动器、SRS、HAS 等新技术应用于产品中。通过基础安全设计、视野安全设计、主动安全设计、被动安全设计，江淮轻型商用车构筑起整车 360 度安全防护体系。在科技方面，CAN 网络全覆盖、中控门锁、倒车雷达、多功能方向盘、定速巡航、电动车窗、气囊式座椅、发动机防盗、ESS 智能驾驶及保养系统等轿车智能化科技配置则广泛应用在轻型商用车上。

另外，集团正在将卖点的打造集中在创新思维上。如其智能语音系统已成为布局未来的有力配置，其在任意车速下可实现精准语音识别，且控制范围可延伸至空调等传统机械部分。集团也在生产方面向更多数字化变革靠拢，正加紧对“工业 4.0”及“互联网 +”概念进行布局，未来的生产将融汇物联网、大数据等先端科技，实现真正的智能化生产。

（十）浙江吉利汽车股份有限公司

2015 年集团销量为 56.19 万辆，同比增长 31.46%，在生产企业中排名第 10。占中国品牌总销量的 4.69%，居中国品牌总销量排行第 8 名。2015 年集团共发布或发售各品牌车型 7 款，其中吉利 5 款，沃尔沃 2 款。集团公布了未来 5 年的新能源汽车发展战略“蓝色吉利行动”，计划不仅提早实现乘用车的平均燃耗 5.0 升/百公里，还将新能源汽车销量比例提高至 90% 以上，并在 FCV 的研发方面取得实质性成果。

2015 年集团在合资合作方面动作频频。1 月，与新大洋机电集团有限公司在甘肃兰州成立新大洋电动车科技有限公司，从事微型纯电动车的研发、生产、销售及运营服务平台。注册资本 10 亿元，双方各出资 50%。同时，还将集团兰州厂与新大洋子公司山东新大洋电动车有限公司合并重组，分阶段形成 30 万辆的整车产能。3 月，与浙江万里扬变速器股份有限公司达成合作意向，由万里扬集团收购在浙江宁波的乘用车变速器生产线及相关资产后，为集团配套生产 5 速 MT 和 6 速 MT。6 月，与浙江义乌经济技术开发区签订投资协议书，建设动力总成研发中心和生产厂，投资总额 72 亿元，耗时两年形成 1.0T 发动机 40 万台和变速器（AT、MT）50 万台的产能。

集团多个项目投产或启动。7 月，集团南充新能源商用车厂开工，总投资 70 亿元，将建设冲压、焊接、组装、ECU 生产线、研究所等。目标年产新能源商用车 10 万辆、燃气发动机 5 万台，预计 2017 年建成投产。9 月，集团宁波电动车新厂动工，项目总投资 30 亿元，形成 30 万辆电动车的年产能及部分核心零部件的产能，还有 1 期工程 10 万辆年产能。宁波厂将生产新车型“知豆 D1”。11 月，集团贵阳观山湖新厂开工，将于 2017 年底开始生产甲醇汽车。

在海外集团启动了多个投资项目。3 月，向旗下的英国 London Taxis（LTI）公司投资 2.5 亿英镑，新建组装厂，计划组装生产纯电动车新一代 London Black Cab，2017 年底在英国发售，2018 年投放其他市场。组装厂同时设置研发设施和组装设施，年产能 3.6 万辆。之后追加投资 5000 万英镑，为 LTI 的 Ansty 厂扩建全新研发设备，计划 2016 年开始试生产。7 月，向冰岛 Carbon Recycling International（CRI）投资 4550 万美元，成为 CRI 的主要股东。将与 CRI 一起在中国普及可再生甲醇的合成技术，并在中国、冰岛及其他国家研发和普及甲醇汽车。

2015 年，集团旗下的沃尔沃汽车重组管理结构，将业务分为美洲、欧洲·中东·非洲（EMEA）、亚洲 3 个地区。9 月，沃尔沃汽车上海研发中心开业。当天，沃尔沃汽车亚太地区总部奠基，毗邻研发中心，建成后将负责亚太区的销售、研发、采购、生产。在海外，沃尔沃完全收购瑞典高性能车整车厂 Polestar 及其品牌。而沃尔沃在美国南卡罗来纳州的 Berkeley 新厂破土动工，该厂投资 5 亿美元，初期年产能达 10 万辆，计划 2018 年投产下一代沃尔沃 S60。

2015 年，沃尔沃发布了一系列开发的产品技术。首次公布了自动驾驶车系统的概要。2017 年将投放 100 台自动驾驶车，在瑞典哥德堡郊区进行道路测试。之后发布了自动驾驶用人机界面。其设计的自动驾驶系统“IntelliSafe Auto Pilot”能在自动驾驶和手动驾驶之间顺畅地切换。在下一代车型的开发中，沃尔沃将采用德国 VI-grade GmbH 公司制造的底盘模拟器。10 月，沃尔沃宣布将导入紧凑级车型的新平台 Compact Modular Architecture（CMA）。CMA 与新款 XC90 开始导入的平台 Scalable Product Architecture（SPA）相比应用于小型的车型，但与 SPA 同为灵活应对众多尺寸和造型的车型而开发。计划 2017 年发售采用 CMA 的新车型。CMA 与 SPA 共享动力总成（内燃机和新款 PHV 版本）、信息娱乐系统、空调及数据网络、先进安全配置等技术。通过 SPA 及 CMA 的同时开发，4 年内将实现产品阵容的更新，形成年销量 80 万辆的发展战略的基础。沃尔沃宣布了新能源汽车发展规划，所有车型均设定插电式混合动力车（PHV），以最新平台 SPA 为基础的 90 系和 60 系将率先导入 PHV，三厢车 S90 及其他新车型也计划导入 PHV，另外还将导入前轮驱动版的 PHV。依据规划，2019 年将发售新纯电动汽车。中长期来看，销售整体的 10% 将进行电动化。

（十一）中国重型汽车集团公司

2015 年集团销售商用车 15.82 万辆，其中重型载货车销量同比下跌 18.5%，由 2014 年的 12.13 万辆跌至 9.88 万辆。2015 年，集团先后发布或发售了 10 余款整车，其中包括进口替代型重卡 SITRAK 品牌的 C7H 全空气悬架牵引车、C5H 空气悬架油罐车、升级换代型 T7H AMT 牵引车、T5G 双级增压发动机渣土车、“希尔博”货车底盘随车吊、D7B 码头牵引车、斯太尔 M5G 4x2 集装箱牵引车、搭载 MC05 发动机的 HOWO 轻卡等车型。2016 年集团发展的基本目标是：销售整车 16.2 万辆，其中重型载货车 10 万辆，轻型载货车 6 万辆，客车 2000 辆，市场占有率力争提高 1 个百分点。曼 T/C 系列产品达到国际先进水平；效益水平继续保持行业领先地位。

在技术开发方面，集团推出了 MC11、MC13 大马力发动机，MC07、MC05 中重型载货车柴油机和 MT13、MT07、MT05 天然气发动机以及 MCY13、MCY11 车桥等。集团正着力打造一个与合作伙伴共存共荣的、与用户互联互通的绿色生态圈。“互联网 +”大背景下创立的“智慧重汽”平台建造了“产品、服务、体验”的新模式，首次在商用车行业自行建立了电子商务平台。

9 月，曼恩全新车联网系统正式发布，将 TCO 收益宝升级到 2.0 版本，该系统是吸收德国曼恩在国外的车联网智能技术，经 3 年专门为中国市场打造的一套车联网系统。该系统将油耗管理、车队管理、司机成本管理、运输管理、维修保养管理等纳入其中。在对多品牌车辆管理兼容性方面，该系统还预留有专用系统接口，方便实现多品牌车辆的综合运营管理。10 月，卡车公司正式启动“卡车公司智能制造系统”“卡车管理与办公智能信息化系统”项目的开发升级与实施，将车辆自动识别、设备自动控制、物联网技术应用、质量实时监控、智能移动平台建设、“互联网 流程再造”等作为升级重点，提高整车作业管理水平、在线监控能力，加强过程数据支持作用，提升产品质量和生产效率，建立卡车公司统一、共享、规范、高效的协同管理平台，打造“数字化智能工厂”。12 月，集团自主开发出“智能通”车队管理系统，主要为车队提供实时燃油管理、司机操作管理、车货实时跟踪、车辆运行数据收集传递分析、车辆运行状况监控、发动机远程诊断等。

在海外经营方面，集团与中非发展基金签署合资协议，将共同投资约 1.33 亿美元拓展非洲载货车出口市场。另外，从 2015 年开始集团出口产品已走向澳大利亚、新西兰、中东等国家和地区。目前集团境外有 6 个组装厂，300 多人常驻境外，上千个服务网点。

二　主要跨国汽车集团

（一）丰田汽车株式会社

2015 年集团全球销量为 1015 万辆，同比小幅下跌 0.8%，连续第二年全球销量突破 1000 万辆大关，也是连续第四次在汽车销量排行榜上夺得车企冠军头衔。集团在华新车销量达 112.3 万辆，同比增长 8.7%，刷新历史最高纪录。2015 年初，丰田宣布开放其拥有的 5680 件燃料电池汽车专利。9 月，丰田与爱信精机子公司爱信 AI 签署补充协议，将丰田 MT 开发、生产机能于 2016 年集中至爱信 AI。10 月，丰田发布“丰田环境挑战 2050”目标：到 2050 年在全球新车行驶时的平均二氧化碳排放量减少 90%（与 2010 年比）、全球工厂二氧化碳排放量为零。

2015 年，丰田全球发布和发售各品牌新车型 20 余款，其中在华投放了 5 款。2016 年其将继续在华推进“中小型车战略”，预计推出 9 款新车，其中中小型车 6 款。2020 年前后，丰田将在全球范围内将

Toyota New Global Architecture（TNGA）平台的配套车比例提高至5成，2015年下半年投放的车型开始陆续采用。为迎接2020年奥运会，丰田将推出8款新车，其中包括出租车和燃料电池车。2015年，丰田在华又新增两条生产线，广州新设生产线投资额约525亿日元，年产能10万辆；天津泰达厂新建生产线投资额约590亿日元，建成后年产能扩至51万辆。两基地将于2018年开始生产采用TNGA平台的新车型；此外，一汽丰田技术开发有限公司（FTRD）新研发中心一期工程已于11月完成。

2015年，丰田正式推出全新1.2T发动机，在一汽丰田天津发动机厂投产，年产能为21.6万台。新机采用丰田可变气门正时技术，将陆续装用于一汽丰田卡罗拉和广汽丰田雷凌“双车型战略”车型。丰田将从2017年开始增加车体中的铝材用量，以高档车为主，将发动机罩、保险杠和车门等部位的材料更换成铝材，车体重量有望最多减轻0.1吨。丰田还计划通过轻量化来减少汽油使用量，提高燃效。

在安全技术领域，丰田推出了Toyota Safety Sense（TSS）主动安全组合套装，包括预碰撞安全系统（PCS）、车道偏离预警系统（LDA）以及自动远光灯控制系统（AHB）三项主动安全技术。分为装用于紧凑车型的“Toyota Safety Sense C”和装用于中高级车型的“Toyota Safety Sense P”两种类型。除上述3项主动安全功能外，Toyota Safety Sense P安全系统还附加了行人预碰撞辅助系统和雷达主动巡航系统（ACC）以及新一代车道保持辅助系统等。美国第一款使用TSS系统的2016款RAV4还首次配备鸟瞰监视器（Bird's Eye View Monitor）技术。

丰田互联技术分为车载智能通信系统（G-BOOK）、能源管理系统（HEMS）以及智能交通系统（ITS）三项。2015年，丰田开始使用利用ITS专用无线通信（760MHz）的驾驶辅助系统ITS Connect。丰田在高速道路上进行了自动驾驶试验车Highway Teammate的示范行驶，目标是2020年左右实现自动驾驶车的实用化。集团还将在未来5年投资5000万美元，在麻省理工学院和斯坦福大学这两所高校建联合研究中心，在人工智能和机器人研究方面展开合作开发智能汽车。

（二）大众汽车公司

2015年集团全球总销量为993.1万辆，同比下降2.0%。其中在华销量354.9万辆，同比下滑3.4%。2015年，集团将旗下的斯堪尼亚和曼等商用车品牌整合组建载货车与客车有限责任公司（Truck & Bus GmbH），负责中重型载货车和客车业务。集团与加拿大氢燃料电池提供商巴拉德动力系统（BLDP）达成协议，向其购买价值5000万美元的车用燃料电池专利，并将与其的燃料电池外包服务合同延长两年至2019年。另外，铃木将持有的大众股份（1.5%），全部出售给Porsche Automobil Holding SE，双方的合作完全终止。2015年集团在华与多家公司合作：成为首家支持腾讯车联APP的汽车品牌，腾讯车联APP支持的手机－车机连接方式是大众汽车的Mirrorlink方案；与百度携手，向旗下车型引入车机－手机互联功能软件百度CarLife；与华为合作开发面向亚洲市场的可应对LTE通信模块；与中国工商银行签署合作备忘录，双方建立长期全球战略伙伴关系。

集团未来5年（2015～2019年）将对汽车业务投资856亿欧元，用于新车型和创新技术的研发以及全球业务，其中2/3的投资将聚焦于更加节能的车型、驱动系统和环保生产。集团未来5年的新能源车战略是在2020年底前推出20款新能源车，每年会投入11亿美元作为新能源相关项目的经费，并计划建造一个专门生产紧凑型电动汽车的MEB生产平台。集团2016年的投资金额改为120亿欧元，比原计划削减10亿欧元，但对纯电动车的投资将增加1亿欧元，同时将修正大众品牌的柴油战略。集团在华的合资企业未包括在上述5年投资规划中，2015～2019 年，在华的合资企业将使用自有资金投资 220 亿欧元，用于建设新的生产设施和开发新产品。而集团在华的整体发展战略，一是加速 SUV 产品导入，国产化 10 款全新 SUV；二是研发专属平台，国产化 15 款新能源产品；三是着重数字化和车联化技术，不断推出创新技术和解决方案。

2015 年在产品投放方面，集团全球发布或发售各品牌车型 20 余款。其中，大众发布了采用新开发 1.0L 3 缸汽油机的 Golf TSI BlueMotion 和首先投放国内市场的 colour up！车型等；奥迪发布 D 级三厢车 A4 的新车型和压缩天然气（CNG）旅行车 A4 Avant g-tron 等，并首发运动款纯电动 SUV 概念车 e-tron quattro。奥迪还计划未来 4 年为 SUV 的 Q 系列增加 3 款新车型；此外，斯柯达投放了全新 Superb Combi（Estate）车型；保时捷首发的 911 Carrera 和 911 Carrera S 微改车型投放国内市场；宾利发布将于 2016 年初发售的新款高级 SUV Bentayga；西雅特公布了作为 2016 款车型的微改车 Ibiza Cupra。兰博基尼宣布将于 2018 年发售新款 SUV；Truck & Bus 开发出新款商用厢型车 MAN TGE，预计 2017 年发售。

2015 年，大众 T5 作为大众旗下一款多用途商用车，目前以进口形式在华销售迈特威和凯路威两款商用车。在大众最新公布的“2025 战略”中，从 2016 年开始将有大量新产品导入中国，包括全新途观、夏朗、辉驭旅行轿车、e-Golf 和大众 T6 系列在内的 5 款新车。2015 年奥迪已在华发布了全新奥迪 A3 Cabriolet、A3 e-tron、全新奥迪 TT 等多款新车型，2016 年奥迪将专为中国市场推出加长款 A6L e-tron 插电混动车；斯柯达在未来两年内有望推出 6 款全新 SUV 产品，均将引入中国生产和销售。随着大众在华小排量化战略的推进，未来还将投产 1.0T 三缸涡轮增压发动机。

在技术开发方面，奥迪正在开发自动驾驶车辆的未来系统核心——中央驾驶员辅助控制器（zFAS）；奥迪还与 LG 化学和三星

SDI共同开发续航里程达500km的纯电动SUV用强力二次电池；而大众正在研究快速充电系统e-smartConnect，该系统通过机器人辅助和自动泊车技术实现自动充电操作，未来将应用于新一代大众电动车。

（三）通用汽车公司

2015年集团全球销量创984.1万辆新高，同比增长2.0%。其中在华销量创下361.2万辆新高，同比增长5.2%，首次超过大众在华销量排名第一。2015年，集团全球发布或发售四大品牌车型30余款。集团未来5年的新车规划是：2020年前将在美国发布四大品牌54款新车和改款车，其中，SUV多达19款，皮卡为6款，轿车（含敞篷车、跑车）29款。2015年，集团投资54亿美元用于美国工厂设备的更新。并继续推行小排量战略，在2017车型年，64个国家销售的通用汽车全球车型都会搭载新一代Ecotec发动机。还与五十铃签署强化南非业务关系的框架协议。与LG化学扩大合作研发电动车雪佛兰Bolt，预计在2016年底投产。

在技术开发方面，集团将在5年内推出一种更先进的快速停缸系统，采用动态跳转点火（Dynamic Skip Fire，DSF）技术，使燃油经济性提升21%，并明显降低二氧化碳排放量。集团目前正在自主开发CVT无级变速箱，预计2019年将搭载于小排量车型。通用2015款雪佛兰Silverado、Malibu、Equinox、Traverse等车型于2015年开始选配前方碰撞警示系统，而在其基础上升级的带自动制动功能的前方碰撞警示系统作为2015款雪佛兰Impala、Tahoe、Suburban等车型的选配。凯迪拉克新型旗舰三厢车CT6生产过程中，采用了5种先进的复合材料生产技术。通用汽车中国公司与上海交大正式启动为期两年的车辆共享试点项目，雪佛兰EN-V 2.0电动概念车在上海交大校园内投入试运行。6月，通用汽车在海外市场宣布，凯迪拉克2016

款车型以及别克2016款君威及君越将全系标配苹果CarPlay系统，同时还明确2017款凯迪拉克部分特定车型将采用先进的智能互联汽车技术，而Super Cruise和V2V技术也将于2016年实现应用。8月，通用汽车推出Ecotec 1.5T SIDI直喷涡轮增压发动机技术；此外，通用正在研发采用眼球追踪技术的照明灯组。欧宝新一代雅特已配备最新研发的LED头灯。

通用为维持在华销量增长，计划5年（2014～2018年）投资140亿美元，建设五大整车生产厂，支持近500万辆的年销量，投放60款新车型，其中包含9款SUV车型。上汽通用发布了新“绿动未来”战略：2020年前包括新能源汽车在内的百公里油耗将降到5升以下，未来5年将在高效动力总成和新能源技术上投入265亿元，推出超过10款新能源新品，以及更为节能环保、高性能和智能的13款新发动机、9款新变速箱。在新规划中，通用汽车将每年推出1款国产混合动力车，覆盖全类型新能源产品。

2015年，上汽通用湖北武汉乘用车厂投产。本次竣工的1期工程总投资70亿元，形成24万辆整车年产能。2期工程投资总额达75亿元，建成后年产能翻番，预计2017年投产。上汽通用五菱汽车计划投资7亿美元在印尼雅加达建立新厂，生产五菱品牌车，主要在印尼国内销售，年产能为15万辆。2015年，上汽通用与百度签订战略合作协议，将在车联网领域展开深度跨界合作，共同推动百度CarLife车联网平台的标准化应用。上海安吉星（Shanghai OnStar）与中国移动缔结战略合作关系，推出OnStar 4G LTE车载信息服务系统，2015年内首次配置上汽通用凯迪拉克车型，随后别克、雪佛兰的主力车型也将逐步搭载。通用雪佛兰与上汽就新兴国家市场的新车型家族开发共同合作投资50亿美元，新车型家族计划全系车年销售超200万辆，第一款新车型将为2019款。新型车将在巴西、中国、印度、墨西哥生产销售，也将出口至其他发展中国家市场。通用汽车正在推进将中国造别克昂科威中型跨界车销往美国的计划，填补美国本土 SUV 产品阵容的空缺，最快 2016 年第一季度将达成。另外，通用汽车“PACE 教育推进伙伴计划”在湖南大学成立其在华第五家产学研合作基地。

（四）雷诺 - 日产联盟

2015 年日产在华新车销量达 125.0 辆，同比增长 6.3%。2015 年，雷诺与日产再构建合作关系。雷诺为抑制第一大股东的法国政府对公司经营的影响扩大，授予日产所持 15% 雷诺股份的投票权。2015 年，日产 - 雷诺全球发布和发售各品牌车型 40 余款。其中在华首发和投放约 9 款车，包括东风日产 6 款、郑州日产 1 款、东风英菲尼迪 1 款、东风雷诺 1 款。根据雷诺 2016 年在华发展规划，其旗下 3 款 SUV 均将投放中国市场。首款国产 SUV 将在海外版科雷嘉的基础上进行加长，并于 2016 年正式上市，而雷诺现有 SUV 卡缤与科雷傲也将进行尺寸升级，同时按其规划，3 款车型均将搭载 1.6T 发动机。

2015 年，雷诺计划普及 1.2T 发动机，首个搭载该机的车型是卡缤，未来推出的梅甘娜、风朗、风景都将陆续搭载该款发动机。日产对日本国内销售的电动车和商用车已全部标配自动制动（Emergency Brake），并为 2015 款 Murano 和 2016 款 Maxima 搭载疲劳驾驶警示系统。日产电动车 Leaf 全球首次采用了夜光涂料的车身。日产欧洲技术中心采用 UltraTech 国际公司的 Ultra-Ever Dry 技术，开发出一款“自动清洁”车。该技术是在车身涂层与环境之间形成一层防御性空气保护层，使车身表面能免于水、油和尘土的污染。日产硅谷研究中心与美国国家航空航天局（NASA）签订 5 年合作协议，共同开发自动驾驶技术，计划在 2016 ~2020 年推出自动驾驶汽车。10 月，日产的自动驾驶试验汽车开始公路测试，按照规划，2016 年将首先搭载交通拥堵导航系统和自动刹车系统，2017 年之前，泊车辅助将升级为全自动泊车系统，2018 年实现自动规避冲撞等危险及变更车道的功能，2019 年实现远程全自动泊车，最晚在 2020 年实现可通过交叉路口的功能。

（五）现代 - 起亚汽车集团

2015 年集团在华销量为 167.9 万辆，其中现代汽车 106.3 万辆，同比下降 5.1%；起亚汽车 61.6 万辆，同比下滑 4.6%。这是 2007 年以来集团在华销量首次同比跌落。集团计划 2015 ~ 2018 年，投入 27.1 兆韩元用于国内外整车研发，平均每年投入 6.78 兆韩元；另外，计划 2020 年以前向商用车领域投资近 2 兆韩元，以提高商用车市场份额。向生产商用车的全州厂投资 4000 亿韩元，将年产能从 2014 年底的 6.5 万辆到 2017 年提高 31% 至 8.5 万辆，到 2020 年提高 54% 至 10 万辆。计划向新兴国市场追加投放低价位车型，同时扩大国内需求和出口量，并向北美和欧洲市场投放高级车型。此外，集团还计划在 2020 年之前将新能源车型数量扩增至 22 款，其中包含 12 款非插电式混动车型、6 款插电式混动车型、2 款纯电动车型以及 2 款燃料电池车型。

2015 年，集团全球发布和发售各品牌车型近 50 款，其中在华首发和投放 8 款，包括北京现代 5 款、东风悦达起亚 3 款。2015 年现代在华 2 个项目启动。一是北京现代河北沧州第 4 厂（北京现代汽车有限公司沧州分公司）奠基，投资 120 亿元，计划 2016 年 12 月竣工，初期生产经济型车和 SUV 各 1 款，产能 20 万辆，到 2018 年扩大至 30 万辆；另一个是北京现代重庆新厂（北京现代汽车有限公司重庆分公司）动工，总投资 77.5 亿元，年产能为整车 30 万辆、发动机 30 万台，预计 2017 年初竣工投产，首期投产全新 A0 级车和全新 A 级车各 1 款。

2015 年在技术开发方面，起亚通过以 HUV Niro 采用的新平台、动力总成技术为核心增加环保车的车型，由目前的 4 款车型扩大至

11 款车型，到 2020 年期望新车的平均燃耗比 2014 年下降 25%。作为 5 年计划的一环，起亚力求实现下一代氢燃料电池车年产 1000 辆左右的量产。目前致力于与 300 家合作公司的开发当中；起亚新款 K5 已开始搭载手机无线充电系统和 AEB（自动紧急制动系统）；现代原计划 2015 年底发售的混合动力专用车型（项目名称 AE），改为 2016 年发售。计划基于下一代 Avante 推出 5 门两厢的紧凑级混合动力车；现代在法兰克福车展上发布了最新的 1.0T 增压发动机，其动力输出与 1.4L 自然吸气发动机相当。集团旗下目前搭载 1.4～1.8L 自然吸气发动机的瑞奕、K2 等 13 款车型，均有望换搭排量更小的 1.0T 增压发动机。现代汽车正式发布了专为前驱车研发的全新 8 速自动变速箱，相比 6 速自动变速箱油耗表现提高了 7.3%，该款变速箱将装配于北京现代和现代汽车（中国）旗下的瑞奕、第九代索纳塔、飞思－T 等 10 款前驱车；现代正在开发自动驾驶技术，目前已在首尔市内进行了高级三厢车 Genesis 的自动驾驶车行驶试验。从横跨汉江的永东大桥北端至 COEX 行驶约 3 公里，在高楼林立卫星定位系统很难操作的市中心成功完成了维持行驶车道、慢行时改变车道及超车等数个试验课题。计划到 2020 年实现部分车型产品上自动驾驶功能商业化。

（六）福特汽车公司

2015 年集团在华销量达到 112.7 万辆，其中福特品牌销量为 111.5 万辆，同比增长 3%，林肯豪华品牌销量为 1.16 万辆，首次在华取得整年销量。2015 年，集团全球发布和发售各品牌车型 30 余款，其中在华投放 2 款。福特宣布将在 2020 年前追加 45 亿美元的投资，新推出 13 款电动车型，其中包括 2016 年将上市的新款 Focus 电动车。同时将改进车型的设计开发流程，以进一步提升消费者的使用体验。届时，福特旗下所有车型中，电动车型的占比将超过 40%。

同时，福特发表声明，为促进汽车行业电动车的研发，将公开其所拥有的电动车专利。未来5年内福特将在华投资114亿元用于增强在华的产品研发能力，同时在2020年之前在华推出包括新能源车等在内的20款新车，并引入包括新一代SYNC车载多媒体通信娱乐系统等在内的多个前瞻性、智能化技术。福特计划2016年在华投放PHV C-MAX Energi和HV版蒙迪欧两款车型。福特汽车南京测试中心已正式破土动工，项目总投资1.09亿美元，计划于2017年建成。

2015年，福特在硅谷成立了Palo Alto的研发中心，其研究领域主要包括车载互联、汽车移动、自动驾驶汽车以及大数据应用等，目前研发人员、工程师和科学家的总数达125人。福特还与DowAksa公司达成协议，共同开发低成本、可量产的汽车用碳纤维复合材料（CFRP）。福特将碳纤维材料、MuCell材料、生物材料以及硼钢材料共计4类材料应用到造车中去，对旗下车型普及轻量化技术。其轻量化战略是计划到2020年旗下小型车减重100千克，而大型车减重300千克。福特公开了未来内饰设计方向，大脑扫描和眼球追踪技术成为最新设计工具。新内饰设计思路将用于下一代福克斯、蒙迪欧等主力车型。

2015年，福特密集发布了多项和汽车安全有关的技术，其中行人探测系统通过安装在保险杠上的传感器和雷达，不停地扫描探测路边行人的动态，并通过系统分析他们可能的行进路线。紧急情况下，系统会向司机发出警报或主动介入强制制动车辆，避免碰撞事故的发生。目前，这项技术已经搭载在欧版的蒙迪欧上，未来有望在华普及。福特正在开发的先进智能照明技术，在车辆夜间通过十字路口和转弯路段时会自动扩大前大灯的照明角度，扩大驾驶员的视野。基于车载影像技术的先进前大灯智能照明系统和射光智能照明技术能有效对驾驶者做出提示和预警，帮助他们有效避让可能构成危险的路人或动物。福特上半年发布的智能限速技术已率先搭载于新款S-MAX车型。智能限速技术由一个安装在挡风玻璃上的摄像头和一套智能检测系统配合完成，会实时对路边的限速标志进行监控，当车辆超速驾驶员也没有采取减速措施时，那么该系统会通过减少发动机的喷油量来降低车速，使车辆实现平稳的减速。除了关注汽车安全技术，福特还发明了一项新技术，这项专利技术名为“医疗数据获取与报备”。该系统仅监测司机的心率和体重信息。如果检测到司机心率异常，系统会通知相关医护人员前来实施救助。福特将苹果 CarPlay 和谷歌 Android Auto 两大系统集成到自己的车载系统中，同时还将同样保留 Sync AppLink 功能，可适用于低价车和老旧车型。福特推出了采用全球云平台的下一代车载通信服务网络 Ford Service Delivery Network，首次实现为语音识别通信娱乐系统 SYNC 3 传送无线软件更新。此外，通过新网络，可事先设定后远程启动发动机、在停车场迅速发现车辆、监测车辆状态（燃料、充电量、胎压）等。福特还发布了全新车载摄像头系统 split-view camera（分屏显示摄像头），计划在 2020 年底之前对全部 SUV 进行标配。福特还推出了全新的 Sync Connect 应用程序，首款搭配 Sync Connect 应用的车型是 2017 款福特 Escape，用户可通过它控制门锁或远程启动发动机。此外，这款应用还可提供汽车的各项数据，包括燃油、机油和电池水平，并通过 GPS 在停车场快速找到自己的车。福特正全力推进其在全球范围内的智能移动计划，旨在通过联通、无线移动、自动驾驶汽车、用户体验、大数据等技术，改变人们现在的出行方式。

（七）本田技研工业股份有限公司

2015 年本田在华新车销量为 100.6 万辆，同比增长 32.5%，超过 95 万辆的全年目标，实现历史最高。本田计划 2015 财年（2015 年 4 月年至 2016 年 3 月）继续加大研发方面的投入力度，研发费用有望同比提升 7.1%，达 7200 亿日元。2015 年，本田全球发布和发售各类车型40余款，其中在华投放8款，包括广汽本田3款、东风本田4款和1款专为中国开发的SUV概念车Concept D。本田计划2016～2018年在华导入15款新车，其中2016年将推出8款，此外还包括两款中大型SUV和Acura国产车型。

2015年，本田在华2个投资项目启动或投产。广汽本田新建于广州增城的第三工厂及发动机厂投产，第三工厂年产能为成品车12万辆，发动机厂年产能为12万台。第三工厂加上现有的黄埔厂（24万辆）、增城厂（24万辆），广汽本田的年产能合计扩大至60万辆。第三工厂目前生产小型车飞度，今后还将开始生产缤智和锋范。东风本田的产能扩建项目获得湖北省发改委批准。计划在武汉经济技术开发区建设该项目，年产能扩大24万辆。扩建项目分2期实施，各形成12万辆的年产能。项目建设期为2015～2020年，投资总额将达52.25亿元。新增产能将生产B级SUV、B级三厢车、B级两厢车、新型思铭（Ciimo）、纯电动车。

在技术开发方面，本田已覆盖多个领域。2015年，本田已在华引入新的“FUNTEC”技术，包括安全、环保和舒适技术，其中，“EARTH DREAMS TECHNOLOGY”系列动力总成已成功应用，而新一代安全驾驶辅助系统Honda SENSING（安全超感）和新一代导航互联系统Honda CONNECT（智导互联）将陆续搭载于本田中级以上新车型。本田还发布了智能自适应巡航控制系统i-ACC，其既是Honda SENSING的组成部分，但又是一项独立研究和开发的项目。在动力总成布局上，本田针对中国市场推出1.0T、1.5T和2.0T三款涡轮增压发动机。2016年上市的本田全新一代思域将搭载1.0T和1.5T两款发动机。1.5T发动机动力输出超越其1.8L自然吸气发动机，有望在本田旗下7款车型上普及。本田还首次发布了应用于横置动力的10AT变速箱，该变速箱适用于前置前驱车型，有望搭载于本田旗下全部18款前置前驱车型。本田未来还将对混合动力、氢燃料电池以及自动驾驶等技术方面加大力度研发。未来 10 年本田计划大规模生产氢燃料电池车（FCV），截至 2020 年将实现该车的批量生产能力。该车将于 2016 年开始在日本销售，在欧洲和美洲开始商业化。本田计划对讴歌的旗舰三厢车 RLX 进行改造后，开发并测试自动驾驶车辆，2020 年实现高速公路自动驾驶的实用化。

B.9

附录二　2015年中国汽车工业大事记

1月

1月5日　工信部发布新修订的《乘用车燃料消耗量限值》和《乘用车燃料消耗量评价方法及指标》。两项国家强制性标准于2016年1月1日起实施，每年将设置油耗达标值，直至2020年乘用车100公里平均油耗降至5.0升。

1月5日　东风汽车集团股份有限公司转让东风商用车有限公司45%股权项目完成，转让价为55.1亿元。

1月5日　北汽福田汽车股份有限公司山东新能源基地揭牌仪式在济南举行，该项目总投资15亿元。

1月6日　长安标致雪铁龙汽车有限公司研发中心在深圳落成，总投资6.57亿元，项目包括研发中心办公大楼、试验中心、试制车间和试验跑道等。

1月6日　北汽新能源汽车有限公司青岛莱西生产基地全面开始建设，主要产品定位在家用及小型商务车领域，规划年产能10万辆。

1月7日　上海市商务委官网发布《关于在中国（上海）自由贸易试验区开展平行进口试点的通知》，上海自贸区平行进口汽车试点正式启动。

1月8日　华晨宝马汽车有限公司第100万辆国产车下线。

1月8日　戴姆勒集团与重庆市政府签署合约，将Car2Go计划正式引入中国。重庆将成为亚洲首个开通Car2Go服务的城市。

Car2Go是由戴姆勒于2009年推出的出行解决方案，是一种创新的租车服务。

1月9日 神龙汽车有限公司第400万辆汽车从武汉二厂下线。

1月9日 长安汽车股份有限公司申报的“长安汽车全球协同自主创新工程”获国家科技进步奖重大工程类——企业技术创新工程奖励。

1月10日 浙江吉利汽车股份有限公司与山东新大洋电动汽车有限公司在兰州宣布，将共同投资10亿元组建合资公司——新大洋电动汽车科技有限公司，联手打造知豆品牌纯电动汽车。

1月12日 比亚迪股份有限公司铁电池深圳基地落户坑梓工业园。建成后将成为全球较大的铁电池生产基地，铁电池每年总产能将达到10GWh。

1月15日 京沪高速电动汽车快充网络全线贯通，这是中国首个高速公路城际快充网络，负责建网的国家电网公司在京沪高速沿线建成50座快充站，单向平均每50公里建设一座快充站，京沪高速全程1262公里。

1月23日 工信部机关电动汽车分时租赁项目试点工作启动会召开，电动汽车分时租赁项目采用公务出行、个人付费的市场化租赁服务方式。

1月25日 北汽新能源汽车有限公司正式发布“卫蓝事业计划2.0”和充电业务战略。

1月26日 东风汽车集团股份有限公司与瑞典沃尔沃集团以55∶45持股比例，共同投资的东风商用车有限公司在湖北十堰正式成立并开始运营。

1月27日 百度召开“车联天下　智慧有度”战略发布会，宣布推出车联网解决方案CarLife。

1月28日 上汽通用汽车有限公司武汉分公司一期项目正式

竣工投产，一期项目总投资70亿元，占地面积约23800平方米，是继上海浦东金桥、烟台东岳和沈阳北盛之后的第四个乘用车生产基地。

1月29日 广汽本田·汉能17MW分布式光伏发电工程并网暨新能源应用推广会在广汽本田汽车有限公司增城工厂举行。

2月

2月1日 国家质检总局与海关总署联合发布关于《出入境检验检疫机构实施检验检疫的进出境商品目录》调整和商品编号联动调整的公告。公告将儿童用汽车安全座椅增设进/出境检验检疫监管要求为“A/B”，即实施进/出口商品法定检验，调整自2015年2月1日起开始实施。

2月1日 奇瑞捷豹路虎汽车有限公司生产的揽胜极光正式上市。

2月2日 上海汽车集团股份有限公司和通用汽车公司联合宣布，上汽通用五菱汽车股份有限公司将在印度尼西亚建厂，将成为上汽通用五菱在海外建设的首家工厂。该工厂计划生产五菱品牌产品，主要是7座MPV车型。

2月10日 上海市商务委员会、中国（上海）自由贸易试验区管委会发布平行进口首批17家试点企业名单。

2月12日 工信部公布《节能与新能源汽车示范推广应用工程推荐车型目录》（第66批），共有87款车型入选此次目录，其中新能源客车车型共计70款。

2月12日 广州丰力橡胶轮胎有限公司年产200万条绿色载重子午轮胎生产项目奠基仪式在合肥江淮汽车配件工业园举行。项目占地面积33.3万平方米，总投资20亿元。

2月15日 北京汽车集团有限公司与中国国际航空公司在北汽

研发基地举行战略合作框架协议签字仪式。

2月15日 上海自贸区平行进口汽车试点正式开闸，销售区域以试点企业现有销售区域为主。

2月26日 交通运输部公布《汽车维修技术信息公开实施管理办法（征求意见稿）》。

3月

3月1日 广东珠三角地区正式实施机动车国Ⅴ排放标准，停止国Ⅳ排放标准车辆上牌、新车登记注册等业务。

3月4日 工信部发布“2015年工业节能与综合利用工作要点”。在推进工业资源循环利用方面，对甲醇汽车的发展进行了工作部署。

3月7日 上汽通用安吉星与中国移动正式启动战略合作，双方携手推出安吉星车载4G LTE服务，并于2015年开始在凯迪拉克车型上搭载应用。

3月8日 工信部发布第67批《节能与新能源汽车示范推广应用工程推荐车型目录》，其中在乘用车方面，沃尔沃、一汽奔腾、东风风神、吉利、力帆等品牌的混合动力或纯电动汽车入选。

3月9日 广汽本田汽车有限公司生产的第400万辆汽车下线。

3月10日 国家发改委、商务部发布《外商投资产业指导目录（2015年修订）》，自4月10日起施行。该目录鼓励外商投资现代农业、高新技术、先进制造、节能环保、新能源、现代服务业等领域，承接高端产业转移。鼓励外资在研发环节投资，推动引资、引技、引智有机结合。鼓励类条目原则上不做删除，以保持政策连续性、稳定性和可预期性。

3月10日 一汽丰田汽车销售有限公司正式发布品牌形象新

LOGO，以往全丰田红平面及立体品牌标识停止使用，改为银色金属立体品牌图形标识与红色平面品牌文字标识组合。

3月12日　北京汽车股份有限公司和MBtech Group GmbH&Co. KGaA（奔驰技术）合资成立的北京北汽德奔汽车技术中心有限公司的签约仪式在北京举行。新合资公司将针对新能源、电动汽车、乘用车等零部件和相关技术进行研发，三年后形成整车开发能力，计划每年为北汽开发1款新产品。

3月16日　国家发改委发布《新建纯电动乘用车生产企业投资项目和生产准入管理规定（征求意见稿）》。

3月17日　中国重汽集团成都王牌商用车有限公司与湖南南车时代电动汽车股份有限公司签署《新能源商用车战略合作协议》。

3月19日　长安福特汽车有限公司发布声明，正式宣布收购哈尔滨哈飞汽车工业集团有限公司，哈飞汽车的基地将成为长安福特的第五工厂。

3月20日　吉利汽车在北京举行首批20辆吉利博瑞礼宾用车交车仪式。这些车将作为外事礼宾指定用车和驻华使节用车。

3月23日　北京汽车与乐视控股（北京）有限公司正式签署战略合作协议，将联合打造互联网智能汽车系统。

3月23日　富士康与腾讯及和谐汽车签订战略合作框架协议。根据三方战略规划，腾讯负责提供互联网开放平台及车载互联网解决方案等，富士康负责高科技移动终端与智能电动汽车整合的设计与生产制造技术，和谐汽车提出“互联网+智能电动车”的商业模式。

3月24日　长安福特汽车有限公司杭州新整车工厂建成投产，斥资49亿元，将使长安福特的年产能增加25万辆，年总产能达到140万辆，是长安福特的第四个整车工厂。

3月25日　湖北省发改委发布《关于核准上海通用汽车有限公

司武汉分公司下一代 C 系列发动机项目的批复》，未来上汽通用武汉工厂将投产 C 系列 1.0T 发动机，年产能将达到 30 万台。

4月

4月3日 北京现代汽车有限公司第四工厂奠基仪式在河北沧州举行。该项目总投资 120 亿元，增加 30 万辆整车以及 20 万台发动机的生产能力，计划 2016 年底投产。

4月8日 北京奔驰汽车有限公司 NGCC 工厂（紧凑型汽车生产工厂）正式投产。

4月13日 中国汽车技术研究中心与大陆集团合作投资、位于江苏盐城的试验中心正式破土动工。试验中心建筑面积 2500 平方米，包含办公室和测试车间。

4月10日 《外商投资产业指导目录（2015 年修订）》正式实施，首次将汽车整车制造纳入限制外商投资的产业范畴。

4月15日 广汽丰田汽车有限公司宣布推进第三条生产线的建设，计划总投资额约 27 亿元，新生产线将融入最新生产技术和 TPS，首期产能将达 10 万辆，并导入新车型进行生产。

4月15日 武汉比亚迪汽车有限公司成立，打造新能源客车、专用汽车生产基地，项目计划总投资 50 亿元，分三期建设，占地面积 66.7 万平方米。

4月15日 湖北华中马瑞利汽车照明有限公司落成典礼在湖北孝感举行。该合资公司是马瑞利和中国南方工业集团公司下属子公司湖北华中光电科技有限公司以 50∶50 股比成立的合资企业，将专门从事汽车照明系统的制造。

4月19日 东风汽车与标致雪铁龙集团联合开发的“全球模块化平台（CMP）”和“共同研发中心（DPCT）”项目签约。

4 月 19 日　上汽通用发布“2020 战略”，五年内计划投入 265 亿元，推出超过 10 款新能源产品，以及更为节能环保、高性能和智能的 13 款新发动机、9 款新变速器。

4 月 20 日　长城汽车股份有限公司在上海车展发布哈弗红蓝标战略，未来哈弗旗下车型将形成红标与蓝标的双产品线。

4 月 22 号　阿里巴巴汽车事业部与 MINI、捷豹路虎两个汽车品牌达成战略合作，合作主要包括新品首发、大数据、汽车金融、O2O 后市场服务等。

4 月 27 日　中国保险行业协会和中国汽车维修行业协会在京联合发布首个“汽车消费者常用配件负担指数”。结果显示，全部 500 款车型配件负担平均指数为 13.79，低于均值的有 301 款车，所占比例为 59.6%；高于均值的有 199 款车，所占比例为 40.4%。

4 月 29 日　财政部与科技部、工信部、国家发改委联合公布《关于 2016～2020 年新能源汽车推广应用财政支持政策的通知》，中央财政对新能源汽车的补贴标准在 5 年内按每两年下调 20% 的幅度逐步下调。其中，2017～2018 年补助标准在 2016 年的基础上下降 20%，2019～2020 年补助标准在 2016 年的基础上下降 40%。

5月

5 月 6 日　神州租车与上汽大众正式签署战略合作协议，计划在车辆采购、营销推广等方面展开全方位合作。

5 月 8 日　国务院颁布《中国制造 2025》，提出坚持“创新驱动、质量为先、绿色发展、结构优化、人才为本”的基本方针，坚持“市场主导、政府引导，立足当前、着眼长远，整体推进、重点突破，自主发展、开放合作”的基本原则，通过“三步走”实现制造强国的战略目标：到2025年迈入制造强国行列；到2035年中国制造业整体达到世界制造强国阵营中等水平；到新中国成立100年时，中国制造业大国的地位更加巩固，综合实力进入世界制造强国前列。

5月8日 工信部发布第四批免征车辆购置税的新能源汽车车型目录，此次目录共有330款新能源车型入选。其中，纯电动汽车型方面，有26款乘用车、191款客车、77款专用汽车及1款载货车入选；插电式混合动力方面，有2款乘用车及33款客车入选。

5月14日 财政部、工信部、交通运输部联合发布消息，明确从2015年起对城市公交车成品油价格补助政策进行调整，进一步理顺补助对象和环节，加快新能源公交车替代燃油公交车的步伐。三部门联合发布的《关于完善城市公交车成品油价格补助政策加快新能源汽车推广应用的通知》调整现行城市公交车成品油价格补助政策。2015～2019年，现行城市公交车成品油价格补助中的费改税补助数额以2013年实际执行数作为基数予以保留，暂不做调整。

5月15～16日 中国汽车技术研究中心主办的“2015国际电动汽车及关键部件测评研讨会”在江苏常州召开。

5月16日 国务院印发《关于推进国际产能和装备制造合作的指导意见》，明确“推进国际产能和装备制造合作，实现中国经济提质增效升级”，鼓励通过境外设厂等方式，加快自主品牌汽车走向国际市场。

5月18日 比亚迪股份有限公司与长沙经开区签署合作备忘录，宣布投资50亿元，将比亚迪电动载货汽车及专用汽车项目落户长沙。

5月18日 财政部、国家税务总局、工信部联合发布《关于节约能源，使用新能源车船税优惠政策的通知》，对节约能源车船，减半征收车船税；对使用新能源车船，免征车船税。

5月18日 一汽大众汽车有限公司举行长春EA211发动机项目一期建成投产仪式。长春项目已建成的一期工程年产能为45万台，规划产品为 EA211 1.6L 和 1.4TSI 等发动机。

5 月 20 日 长安汽车公告称，该公司收到国务院国资委有关批复函件，原则上同意该公司本次非公开发行 A 股股票方案，并同意中国长安集团以 24 亿元现金参与认购。

5 月 20 日 阿里汽车事业部与上海外高桥汽车交易市场有限公司达成协议，将在线上经营平行进口汽车，专营平行进口车业务的“车海淘”在天猫上线。

5 月 25 日 首届亚洲消费电子展在上海开幕。奥迪正式宣布与百度、华为、中国移动合作，致力于为中国用户带来更好的互联科技体验。

5 月 25 日 中国汽车技术研究中心成立 30 周年纪念大会在天津举行。

5 月 26 日 宝马集团向神州租车批量交付 600 辆 BMW 5 系轿车，其中包括 100 辆新 BMW 5 系插电式混合动力车型。

5 月 27 日 中国汽车技术研究中心在天津公布 2015 年度第一批 20 个车用儿童约束系统产品评价结果。

5 月 29 日 《中国（天津）自由贸易试验区开展平行进口汽车试点实施方案》经天津市商务委员会、天津市市场和质量监督管理委员会、天津滨海新区人民政府、天津海关、天津出入境检验检疫局五部门联合签发，天津市平行进口汽车试点相关工作开始实施。

6月

6 月 1 日 各财产保险公司在黑龙江、山东、广西、重庆、陕西和青岛 6 个试点地区全面启用新版商业车险条款费率。费改试点启动之后，费率与风险将更加匹配，众多低风险车主将享受更低的车险保费。

6月2日 中山大洋电机股份有限公司披露资产重组预案，计划以35亿元的价格购买上海电驱动有限公司100%股权，该公司为中国较大的新能源汽车驱动电机系统专业生产企业之一。

6月3日 大众汽车集团与上汽集团在大众汽车集团位于德国柏林的DRIVE展厅，就双方在中国进一步合作发展新能源车签署协议。根据协议内容表明，双方将在中国生产本土化插电式混合动力以及纯电动汽车。

6月4日 工信部发布《新建纯电动乘用车企业管理规定》，宣布自2015年7月10日起，新建纯电动乘用车企业投资项目的投资总额和生产规模不受《汽车产业发展政策》有关最低要求限制，可由投资主体自行决定。

6月4日 全国首个区域性的机动车排放污染防治工作机构——京津冀及周边地区机动车排放控制工作协作小组办公室在北京揭牌成立。京津冀区域将在全国率先实现跨区域机动车排放超标处罚、机动车排放监管数据共享和新车环保一致性区域联合抽查等。

6月4日 滴滴快的和北汽集团签署合作协议，在无人驾驶、新能源汽车、车联网和企业用车四大领域进行深度合作。

6月8日 力帆股份与阿里汽车签署战略合作协议，在整车销售、汽车金融、后市场服务和营销推广等领域开展战略合作。

6月9日 工信部发布《汽车有害物质和可回收利用率管理要求》。对汽车行业M1类车辆中的铅、汞、镉、六价铬、多溴联苯和多溴联苯醚6种有害物质使用的含量限值以及可再利用率、可回收利用率等方面提出了具体要求，明确自2016年1月1日起，将上述两项指标纳入《车辆生产企业及产品公告》进行管理。

6月9日 大陆集团宣布，与华域汽车系统股份有限公司共同投资组建华域大陆汽车制动系统（重庆）有限公司。

6月9日 为规范有形汽车市场的建设和经营管理，促进市场的标准化建设，商务部组织有关单位起草《有形汽车建设和管理规范》（征求意见稿），对其公开征求意见。

6月11日 海南省唯一的汽车整车进口口岸——海口港区汽车整车进口口岸基础设施和监管设施正式通过由海关总署、商务部、工信部、国家质检总局四部委组成的国家汽车整车进口口岸联合验收组验收。

6月12日 国家反垄断局组织召开筹备会议，正式启动汽车业《反垄断指南》的研究起草工作。内容将涉及零部件生产与供应、汽车销售与售后服务等环节，全方位涵盖汽车业常见的垄断行为以及滥用市场支配地位、配件和售后维修技术信息等问题。

6月12日 上海通用汽车有限公司发布公司名称变更通知函称，“上海通用汽车有限公司”及其子/分公司正式更名为“上汽通用汽车有限公司”。

6月19日 力帆及下属子公司力帆国际与重庆两江新区管理委员会签署战略合作框架协议，成立“新能源汽车（重庆）投资发展有限公司”和设立“新能源汽车产业发展基金”，并投资“力帆智能新能源汽车锂电芯项目”。

6月23日 北京现代重庆工厂在重庆市两江新区鱼复工业区开工，是北京现代首次在西南地区投资建设的工厂。

6月23日 贵阳市举行首批100辆甲醇出租车投放运营仪式，标志着贵阳作为国家甲醇汽车试点运行城市工作正式启动。

6月24日 华晨商用车新工厂改造项目开工建设，总投资22.5亿元。

6月25日 中国生态汽车评价规程（C-ECAP）发布仪式在北京举行。C-ECAP是在安全指标之外的健康、节能、环保三个方面对汽车产品进行生态性评价。

6月25日 长安福特汽车有限公司哈尔滨分公司出现在工信部

网站发布新一批《道路机动车辆生产企业及产品公告》，意味着长安福特收购哈飞已完成工信部审批许可。

6月27日 天津市宁河县与天津经济技术开发区签订一汽大众华北生产基地项目协议，一汽大众华北生产基地最终落户宁河。

6月28日 国能新能源汽车有限公司和国能汽车技术开发有限公司在天津滨海高新区奠基，旨在把萨博汽车技术引入中国，进行新能源汽车生产和研发，以生产纯电动汽车和增程式电动汽车为主要目标，同时为国内国外汽车企业提供整车和关键总成的委托研发服务。

7月

7月7日 达喀尔官方驾驶学院在北京揭牌成立。这是达喀尔官方在全球开设的首家驾驶学院。

7月11日 长城汽车公布，将投资117.8亿元开展新能源汽车研发和新能源智能变速器等四大项目。

7月15日 吉利集团新能源商用车研发和制造基地开工仪式在四川南充市举行。规划总投资70亿元，占地面积102万平方米，是吉利集团在中国布局建设的首个新能源商用车项目。

7月17日 浙江吉利控股集团与湘潭市政府签署合作协议，共同推进吉利汽车湘潭生产基地新增新能源SUV产品平台项目建设。

7月16日 广汽菲亚特克莱斯勒汽车销售有限公司在上海举行启动发布会，该公司负责广汽菲克在中国市场所有车型的销售管理、市场推广、产品规划和售后服务。

7月22日 安徽江淮汽车股份有限公司发布公告，募集资金净额不超过45亿元，用于投资新能源乘用车及核心零部件、高端及纯电动轻型载货车、高端商用车变速器3个项目。

7月24日 张家口市与福田汽车集团签署《关于福田汽车集团

北京厂区工业制造业务迁入宣化区战略合作协议书》，将就北汽福田北京厂区泵送机、起重机、环卫车、消防车、渣土车、动力和储能电池产业转移及后续发展事宜开展战略合作。

7月24日　华泰汽车集团与天津力神电池有限公司签署战略合作协议。华泰首批采购力神一万套锂电池，双方在巩固现有合作成果的基础上进行优势互补，推动天津市新能源汽车产业链实现完善提升。

7月27日　力帆全资新工厂在俄罗斯利佩茨克联邦经济特区奠基，占地面积60万平方米，计划建设现代化的焊接、涂装和总装车间。

7月28日　广西玉柴机器股份有限公司自主研发、具有原创性技术的对置式柴油发动机在试验台架上点火成功。

7月30日　比亚迪宣布，将同欧洲城市大型客车和旅行大型客车制造商亚历山大·丹尼斯有限公司（ADL）联合，达成价值约1.8亿元的交易，共同为伦敦打造51辆零排放单层电动公交客车车队。

7月31日　天津比亚迪汽车有限公司在新建成的武清基地举办“金马”牌纯电动大型客车下线仪式。通过重生“金马”这一天津大型客车本土品牌，天津比亚迪填补了天津市新能源大型客车整车制造的空白。

8月

8月13日　美国江森自控有限公司与沈阳市政府签署投资协议，计划投资2亿美元在当地兴建一座汽车电池生产厂，以扩大在中国的业务。

8月17日　观致汽车有限公司启用全新品牌口号“行，有观点”，并公布未来5年的产品规划。

8月18日　国家电网天津城南公司在津门湖设立的10个快速直

流充电桩开始试运行，这是天津市规模较大的直流充电桩群。

8月20日 上汽通用五菱印尼汽车有限公司正式开工建设。该公司位于班加西县芝加朗镇，投资7亿美元，占地面积60万平方米（60公顷），包括一个面积30万平方米（30公顷）的主机厂及一个面积30万平方米（30公顷）的零部件园区。未来在该工厂生产的新车将悬挂五菱品牌标识，此前五菱产品悬挂雪佛兰商标在海外销售的局面将被打破。

8月20日 北汽新能源在青岛举行莱西基地总装车间竣工暨首批纯电动汽车交付仪式，莱西基地于2014年9月2日开工，项目一、二期总投资约50亿元。

8月21日 北汽新能源硅谷研发中心正式挂牌成立。该中心隶属北汽新能源工程研究院，初期拥有科研人员20余人，每年研发4~6款车型。

8月22日 临汾经济开发区、洪洞县与深圳市沃特玛电池有限公司举行新能源汽车核心技术产业园项目签约仪式。该项目总投资30亿元，计划两年内投资建成3GWh产能电池生产线。

8月23日 中国第一汽车集团公司对旗下的自主品牌架构进行重新调整，红旗品牌成立独立事业部，与奔腾、欧朗等品牌进行分拆，并将针对产品线进行丰富。

8月24日 山东玲珑轮胎泰国公司全线投产，中国轮胎企业海外生产的首条载货车全钢子午线轮胎下线。

8月24日 宝马集团正式启动针对中国市场的售后服务品牌战略调整，升级后的品牌战略更新为“为悦常伴”。

8月26日 中国汽车技术研究中心主办的“智能车辆产业技术创新战略联盟”成立大会在北京召开。

8月29日 中国恒天集团与天津滨海高新区就建设中国恒天新能源汽车研发及产业基地举行签约仪式。

9月

9月8日　江淮汽车发布公告，称与武汉盟盛人新能源汽车产业园发展股份有限公司签署合作框架协议，明确在武汉市蔡甸区投资建设年产1万辆新能源汽车项目。

9月8日　百度披露车联网发展战略。除了CarLife手机车机映射，还将布局MyCar车辆私有云、CoDriver智能语音副驾以及CarGuard汽车卫士三大OEM解决方案。

9月9日　沃尔沃在上海启动新建设的中国研发总部，并为集团亚太区总部奠基。

9月9日　奇瑞汽车对外发布最新的新能源汽车战略，计划到2020年实现产销20万辆，产品线将覆盖所有系列乘用车的插电式混合动力与纯电动汽车。

9月11日　2015中国汽车产业发展（泰达）国际论坛召开，会议主题为“新常态·2020产业愿景与路线图”。

9月11日　工信部公布第五批免购置税新能源车名单，其中乘用车共有26款。宝马i3成为中国首款入围免购置税名单的进口电动汽车。

9月14日　江森自控宣布与北汽集团旗下企业北京海纳川汽车部件股份有限公司签署谅解备忘录，计划共同组建汽车电池销售及生产合资公司。

9月16日　比亚迪定向增发150亿元发展新能源汽车方案获得批准。

9月16日　长城汽车在俄罗斯图拉市注册成立俄罗斯哈弗汽车制造有限责任公司。计划投资33.3亿元，用于工厂建设及经营。

9月18日　北汽新能源与Meta公司合作的亚琛研发中心在德国

亚琛挂牌成立，主要承担增程式电动汽车动力系统研发。

9月21日 广汽本田第三工厂暨发动机工厂正式投产，首辆下线新车为第三代飞度。第三工厂初期年产能为12万辆。

9月15日 国机重工（洛阳）有限公司研发的目前中国最大吨位的非公路自卸汽车下线。该车是国机重工（洛阳）有限公司2015年自主研发的新产品，自身质量28吨，货厢容量32立方米，可载运货物65吨，总质量可达93吨。

9月29日 国务院宣布，从2015年10月1日至2016年12月31日，对购买1.6L及以下排量乘用车的实施减半征收车辆购置税的优惠政策。

10月

10月10日 陕汽集团研发出插电式混合动力码头牵引车。

10月15日 一汽大众奥迪宣布与清华大学经济管理学院联合创建“清华大学（经济管理学院）中国产业发展研究中心一汽大众奥迪汽车产业研究中心”。

10月19日 广汽菲亚特克莱斯勒汽车有限公司生产的Jeep自由光在长沙工厂首次下线。

10月21日 丰田纺织集团中国地区总部暨研发中心新址开业仪式在上海自由贸易试验区举行。

10月22日 福特汽车在中国推出面向2020年的“创新2020战略”，2016~2020年，将投资18亿美元支持本地研发和新技术导入，并投放20款新车，包括新能源汽车，这是福特在中国首次阐述其新能源汽车规划。

10月27日 南京LG化学新能源电池项目（一期）举办竣工投产仪式。该项目是LG化学的全球较大电动汽车电池厂，每年可生产

10 万辆新能源汽车所需电池。

10 月 28 日　上汽集团与上海市黄埔区政府举行战略合作协议签约仪式，宣布成立上汽安悦充电科技有限公司。

10 月 28 日　长安汽车宣布，计划到 2025 年向市场推出 34 款新电动汽车和插电式混合动力汽车，其中 27 款为电动汽车，7 款为插电式混合动力汽车。

11月

11 月 5 日　汕尾市与比亚迪股份有限公司签署合作框架协议。根据协议，比亚迪将在汕尾市投资建设新能源汽车产业基地等 6 个项目，项目总占地面积约 6.2 平方千米，投产后预计年产值将达 200 亿元。

11 月 7 日　中国汽车技术研究中心投资 20 亿元的盐城汽车试验有限公司正式开业。

11 月 6 日　上汽集团发布募集资金 150 亿元的非公开发行股票方案，投资布局汽车产业前后端市场。

11 月 12 日　长城汽车股份有限公司哈弗 H6 第 100 万辆车在天津工厂正式下线。

11 月 17 日　比亚迪与青海省政府签署合作协议，未来 5 年比亚迪力争在青海布局 10GWh 的动力电池项目。

11 月 18 日　吉利集团首次公布吉利新能源战略：到 2020 年吉利新能源汽车产销量要超过 100 万辆。

11 月 19 日　北汽新能源推出源自萨博平台的 EU260 车型，是北汽第一款纯电动 A 级车型。

11 月 19 日　广汽集团发布公告，宣布已通过《关于广汽三菱汽车有限公司重组三菱进口汽车销售业务项目的议案》，广汽三菱将收购三菱汽车销售（中国）有限公司100%的股权。

11月20日 广汽集团在2015广州车展上公布“十三五”战略规划。力争“十三五”期末完成汽车产销量240万辆，年复合增长率约12%，营业收入超4000亿元，利税总额超500亿元。

11月21日 环保部、公安部、财政部、交通运输部、商务部等五部门联合印发《关于全面推进黄标车淘汰工作的通知》，要求各地积极开展营运黄标车集中清理工作，督促企业及时淘汰2005年底前注册登记的营运黄标车，集中排查达到强制报废标准的机动车，严格查处报废车上路行驶的违法行为。

11月24日 贵阳吉利新能源汽车产业化项目开工仪式在贵阳举行，该项目是贵州省目前唯一的乘用车生产项目，填补了贵州省轿车制造的空白，项目建成后，吉利M100甲醇汽车将实现批量生产。

11月25日 工信部发布《国务院关于积极推进“互联网+”行动的指导意见》行动计划，提出到2018年，互联网与制造业融合进一步深化。

11月25日 奇瑞汽车股份有限公司与浙江万里扬变速器股份有限公司就变速器业务整合签署合作框架协议。奇瑞将变速器技术及生产设备剥离至浙江万里扬，奇瑞汽车将成为浙江万里扬主要股东之一。

11月27日 国家质检总局正式公布新《缺陷汽车产品召回管理条例实施办法》。该管理办法于2016年1月1日起正式实施，其中明确了将零部件生产者也一并纳入到产品召回管理办法规定的内容中。

12月

12月2日 工信部网站发布“特别公示车辆生产企业（第2批）

公告”。7 家整车制造类企业，70 家客车及运输类专用汽车生产企业被登入“黑名单”。特别公示期为 2015 年 12 月 1 日至 2017 年 11 月 30 日。特别公示期间不受理被特别公示企业的新产品申报。

12 月 2 日　江铃汽车股份有限公司发布公告，计划与普天新能源有限责任公司签订战略合作协议，双方拟在市场推广、充电网络建设和创新服务模式等方面开展全面合作，共同推进新能源汽车的批量推广。

12 月 3 日　乐视宣布与阿斯顿·马丁签署全面战略合作谅解备忘录，双方计划携手打造互联网新能源汽车。

12 月 8 日　力帆股份与四川省能源投资集团有限责任公司签订《战略合作协议》，就利用各自优势资源，在新能源项目、金融和贸易服务等领域开展战略合作。

12 月 10 日　中国汽车技术研究中心与国家体育总局汽摩运动管理中心携手举办的国家级汽车赛事——2015 中国量产车性能大赛在内蒙古牙克石结束。

12 月 11 日　上海大众汽车有限公司官网发布公告，该公司自 2015 年 12 月 7 日起，正式更名为上汽大众汽车有限公司（SAIC VOLKSWAGEN AUTOMOTIVE COMPANY LIMITED，简称上汽大众）。

12 月 14 日　上汽集团在西南地区唯一变速器生产企业——柳州上汽汽车变速器有限公司计划投资 25 亿元，投产 CVT 变速器，主要为上汽通用五菱提供配套汽车变速器系列产品。

12 月 14 日　国家电网表示将在已经建成的京沪、京港澳、青银、沪蓉和宁沪杭环线，“两纵两横一环”城际快充网络的基础上，建设“七纵四横两网格”高速公路快速充电网络。

12 月 15 日　财政部、科技部、工信部、国家发改委、国家能源局联合下发《关于“十三五”新能源汽车充电设施奖励政策及加强新能源汽车推广应用的通知（征求意见稿）》。征求意见稿指出，为加快推动充电基础设施建设，培育良好的新能源汽车市场服务和应用环境，2016～2020年中央财政将继续安排资金对充电基础设施给予奖励。

12月15日 国家发改委等四部门联合发布《电动汽车充电基础设施发展指南2015～2020年》。该发展指南提出，到2020年新增集中式的充电和更换站超过1.21万座，以满足全国500万辆电动汽车充电需求。

12月15日 第十七届中国专利奖颁奖大会在北京举行。比亚迪股份有限公司的“混合动力专利技术”获中国专利金奖。

12月15日 北汽集团、山东宝雅集团以及德州市政府在济南举行新能源汽车项目签约仪式。该项目落户山东德州，总规划年产40万辆新能源汽车，总投资60亿元。

12月15日 长安汽车2015年第100万辆中国品牌乘用车下线。

12月15日 北汽福田与承德市政府签订《关于承德福田汽车新能源智能化产业基地项目》战略合作协议。该项目建设内容涉及新能源、车联网和高精尖汽车部件三大板块，总投资50亿元。

12月16日 财政部等五部门发布《关于“十三五”新能源汽车充电设施奖励政策及加强新能源汽车推广应用的通知（征求意见稿）》。此次补贴明确面向全国所有省市。在奖励的额度上，在大气污染重点省市奖励额度较高，每辆车达到9000元。在重点城市，续航里程大于150公里的纯电动乘用车每辆奖励9000元，纯电动客车每辆奖励108000元。

12月17日 “十三五”新能源汽车重大专项申报工作启动。新能源汽车试点专项重点围绕动力电池与电池管理、电机驱动与电力电子、电动汽车智能化、燃料电池动力系统、插电/增程式混合动力系统和纯电动力系统等6个创新链（技术方向），部署38个重点研究任务。

12 月 18 日　天津一汽夏利股份有限公司夏利 N3 车型正式停产，同时第 2161319 辆夏利产品下线。夏利 N3 车型停产之后，1.0L 排量的夏利 N5 车型将成为天津一汽的入门级轿车。

12 月 18 日　奇瑞汽车迎来第 500 万辆汽车下线，成为第一个乘用车产量突破 500 万辆的中国品牌汽车企业。

12 月 18 日　中国重汽在 2016 年商务年会正式发布“智慧重汽”电子商务平台。首期上线的主要功能包含配件商城、配件防伪、一键报修、智能通和用车宝典等实用功能。

12 月 27 日　上汽通用首批出口北美市场的别克昂科威在山东烟台港装船启程。这是上汽通用首次实现对北美市场的整车出口，也是继雪佛兰新赛欧批量出口南美、中东地区后，上汽通用开拓海外市场的又一重大突破。

12 月 29 日　北京市财政局透露，截至当时，已拨付 2015 年市级纯电动小客车示范推广补助资金 4.5 亿元，支持推广新能源小客车 1.57 万辆。而 2016 年北京市将安排新能源汽车示范推广资金 17 亿元。

12 月 29 日　天津市公安交通管理局发布《关于新能源汽车不受机动车尾号限行等交通管理措施限制的通告》，自 2016 年 1 月 1 日起，该市核发号牌的新能源汽车不受机动车尾号限行管理措施限制。

12 月 30 日　深圳市小汽车指标调控管理中心表示，2015 年度计划配置的 2 万个电动小汽车指标，已经全部用完。其中，2000 个电动汽车分时租赁指标已于 12 月 30 日全部完成上牌。

B.10
附录三 2015年中国汽车行业标准化工作综述

2015 年，增速放缓、销量下滑，大概可以概括中国汽车市场的现状，而这种现状也被称为新态势。在这种新态势下，新能源汽车的发展却值得关注，政府多项扶持政策的出台，使新能源汽车呈现爆发式增长。另外的新亮点则是车联网，如果说“互联网 + 汽车”的概念在 2014 年刚被提及，那么 2015 年已经迅速被行业广泛传播。特别是随着《中国制造 2025》战略的出炉，借助互联网推动汽车产业升级，已经成为国内汽车企业的共识。车联网的发展仅仅是个开始，传统制造领域的创新发展则是坚实的基础。

2015 年，也是标准化工作全面进行体制改革的开端，2015 年 3 月，国务院印发《深化标准化工作改革方案》。为了更好地发挥政府作用，将着力解决标准体系不完善、管理体制不顺畅、与社会主义市场经济发展不适应的问题，改革标准体系和标准化管理体制，改进标准制定工作机制，强化标准的实施与监督，更好地发挥标准化在推进国家现代化进程中的基础性、战略性作用，促进经济持续健康发展和社会全面进步。汽车行业也将按照国务院标准化改革要求，研究、提出并逐步落实汽车标准化工作改革方案。

回顾 2015 年，虽然汽车标准化工作在标准体系建设、重点领域标准制修订、国内外标准交流合作等方面通过努力取得一定成绩，但是还需要继续聚焦产业发展重点，进一步加强汽车标准化工作，不断创新工作方法和工作机制，更加注重顶层设计和标准体系建设，加强部门间的沟通和协调，开展重点标准的研制，进一步提升国际标准法规话语权。

一　2015年汽车行业主要标准化活动

（一）召开汽标委主任委员工作会议及汽标委大会

2015 年 6 月，协助工信部组织召开了汽标委主任委员工作会议，将汽标委换届、汽标委落实国家标准化改革的措施以及汽车标准有关项目的协调作为主要内容，与汽标委各副主任委员单位，即协会及各相关部委进行了意见沟通。2015 年 9 月 24 日，第四届全国汽车标准化技术委员会 2015 年委员大会在北京召开。大会上，汽标委主任委员、工信部装备工业司张相木司长和汽标委秘书长、中汽中心赵航主任分别就产业发展形势、汽标委工作及规划等内容做了重要报告。在落实产业发展规划、建立更为完善的管理和工作程序、加强行业和部门的协调沟通、发挥企业主体作用、加大标准投入和标准预研、加强标准国际化工作、完善标准评估体系等方面提出了新的工作目标。国家标准化管理委员会工业一部肖寒副主任也高度肯定了汽标委的工作和取得的成绩，并传达介绍了标准化改革的最新精神、安排和举措，要求汽标委认真学习，做好贯彻落实工作。为了让委员更多地了解汽标委的重要工作和重点领域，秘书处向委员汇报了汽车标准化工作概况介绍、汽车标准“十三五”规划纲要建议方案、汽车智能网联标准体系研究、新能源汽车标准体系建设、汽车节能标准体系建设等内容。

（二）召开汽标委秘书长工作会议

为落实国家标准化管理部门和汽车行业管理部门对汽车标准化工作的部署，加强汽标委各分技术委员会的管理，规范标准化工作，促进汽标委内部的沟通与交流，切实反映各分技术委员会对标准化工作的需求，汽车行业每年组织召开标委会秘书长工作会议。2015 年 3 月召开的秘书长工作会议传达了国家标准化改革思路，总结了一年中汽车标准化工作情况，并协调沟通了各分标委工作中的问题，听取工作建议。

（三）提出《汽标委落实国务院关于深化标准化工作改革方案的工作建议》

为贯彻落实《国务院关于深化标准化工作改革方案》，汽车标委会经过认真研究，对汽车标准化工作提出了《汽标委落实〈国务院关于深化标准化工作改革方案〉的工作建议》，并征询了汽车标委会委员的意见。基本思路是：（1）充分发挥汽标委的交流沟通协调机制为“高效权威的标准化统筹协调机制”提供技术支撑；（2）以安全、环保、节能为主线，整合、精简强制性国家标准；（3）优化完善推荐性标准，在低碳化、信息化、智能化等领域加强标准研究力度，引领、支撑技术和产业发展；（4）充分利用国际交流平台，积极参与国际协调，提高我国汽车标准国际化水平；（5）适应各方面需要，提高汽标委的综合技术服务能力；（6）汽标委积极为汽车国际产能合作和标准“走出去”提供技术支持。

（四）落实标准体系建设方案

按照工业和信息化部《工业和通信业“十二五”技术标准体系建设方案》的部署，汽车行业积极落实和推进相关工作，按照“重点突破、整体提升”的指导思想和工作方针，加强顶层设计和规划，强化产业急需、具有创新成果和国际水平的重要技术标准研制工作，成套成体系的建立适应产业发展的技术标准体系。2015 年汽车行业在标准体系建设的进展情况重点体现在狠抓方案落地和进行方案修订两个方面。

汽车行业在方案的落实工作中坚持服务产业，紧密围绕产业发展和技术创新的需求，针对各细分领域开展研究，进一步优化技术标准体系，支撑汽车工业平稳较快发展；注重突出重点，紧紧抓住产业发展、行业发展面临的关键问题，注重提出产业急需、具有创新成果和国际先进水平的重要技术标准，突破制约标准化工作的瓶颈，带动标准整体水平提升；加强统筹协调，注重国家标准与行业标准的统筹协调，国内标准与国际标准和国外先进标准的统筹协调，重要技术标准项目与一般标准项目的统筹协调。

2015 年汽车行业共有 32 项行业标准计划得到立项，其中体系内项目 23 项，体系外项目 9 项。另有 13 项行业标准提出立项申请，尚未公示，其中 11 项为体系内项目，2 项为体系外项目。2015 年汽车行业共有 46 项行业标准得到发布，其中体系内项目 45 项，体系外项目 1 项。

（五）标准为行业服务

标准的宣贯是标准程序中不可缺少的一个环节，加强标准宣贯对于标准的实施和应用、帮助使用方正确理解标准、掌握标准十分关键。2015 年 1 月 21 日在北京组织召开了乘用车燃料消耗量第四阶段标准宣贯会、2015 年 1 月 22 日在天津召开了强制性国家标准 GB 13057 -2014《客车座椅及其车辆固定件的强度》标准宣贯会、2015 年 3 月 18 日在海南省海口市召开了 GB 11551 -2014《汽车正面碰撞的乘员保护》标准宣贯会、2015 年 6 月 3 ~4 日在连云港市召开了 GB 11562 -2014《汽车驾驶员前方视野要求及测量方法》和 GB/T 30677 -2014《轻型汽车电子稳定性控制系统性能要求及试验方法》标准宣贯会、2015 年 7 月 22 日在哈尔滨召开了 GB/T 31498 -2015《电动汽车碰撞后安全要求》等 5 项电动汽车整车安全标准的宣贯会、2015 年 9 月 10 日在重庆市召开了 8 项电动汽车电池标准的宣贯会。标准的主要起草人就标准制定过程、标准主要内容以及企业实施中的注意事项等方面进行了详细阐述。会议还邀请了中机车辆技术服务中心的专家就公告管理中涉及标准的相关内容进行了讲解。会议得到了与会代表的充分肯定，对于企业提高对标准的理解，促进标准的实施，加强行业和产品管理起到了积极作用。

作为汽车标准归口和管理单位，组织一些专业性强、技术内容深入的研讨会，为企业创造技术交流的平台，邀请国内外技术专家进行交流是汽标委秘书处的一项重要工作。2015 年，我们在电动汽车、车辆安全、专用汽车、智能网联等方面开展了各种技术与标准交流研讨活动。这样的交流活动参与方多、影响面广，反响强烈，对于促进标准制定、推动技术发展具有重要意义。比如：2015 年 8 月举办“GB 7258 -2012《机动车运行安全技术条件》标准实施情况交流会”听取各企业对 GB 7258 -2012 标准修订工作的建议；2015 年 8 月召开“汽车 48V 系统技术国际研讨会”，与会专家从不同角度探讨了 48V 技术的现状与发展。2015 年 8 月召开“2015 年汽车行业标准法规信息交流会”，就汽车标准制修订动态、国际标准化工作、汽标委秘书处的工作情况以及新能源汽车、节能、环保、整车以及汽车电子与智能网联等重点领域标准制修订动态以及发展趋势向行业代表进行汇报；2015 年 8 月组织“2015 智能网联汽车技术及标准法规国际研讨会”，共同探讨智能网联汽车发展的战略规划、整体思路、政策方向和智能网联汽车技术发展过程中的热点、难点以及共性问题，并分享国内外智能网联汽车技术及产业的应用、现状及发展；2015 年 9 月召开“第四届道路车辆功能安全标准及应用国际研讨会（2015）”，就道路车辆功能安全系列标准的理解、应用、危险分析和风险评估、确定安全目标和定义安全完整性等级、产品研发过程中导入功能安全标准的应对措施和案例、功能安全产品评估流程等方面进行了互动交流；2015 年 10 月，“2015 新能源汽车标准国际研讨会”召开，重点研讨日本、美国、欧洲、中国、韩国等国家和地区的新能源汽车标准体系建设；2015 年 11 月，“2015 年（第四届）汽车被动安全技术及标准法规国际研讨”召开，就被动安全标准法规动态及趋势、主流 NCAP 评价规程及未来发展变化、主要安全零部件标准、被动安全试验等主题展开研讨和互动交流。2015 年 11 月，“2015 汽车电磁兼容技术国际研讨会”召开，就汽车电磁兼容国内外标准现状和规划、技术研发、汽车电磁兼容开发体系建设、汽车电磁兼容整改技术以及电磁兼容与人体防护等主题展开研讨。

（六）积极组织开展国际标准化工作

汽标委于 2010 年向 ISO/TC22/SC35/WG2（原 ISO/TC22/SC11）提出的汽车电热玻璃试验方法国际标准项目的申请，2011 年立项成功。历时 4 年，经历过 8 次会议讨论，8 次修改及试验验证，成功协调了其中的问题，ISO17449《道路车辆—安全玻璃材料—电热玻璃性能试验方法》（*Road vehicles—Safety glazing materials—Test method of properties of electrically heated glazing*）终于于 2015 年 11 月初通过 FDIS 的投票，11 月 16 日出版印刷。这个标准是汽车行业第一个圆满完成并发布的国际标准。

汽标委积极参与国际标准化活动，分别在 2015 年 1 月、6 月和 10 月派员参加了在柏林、日本京都和瑞典召开的 ISO/TC22/SC32/WG8 功能安全工作组和各个工作小组（软件工作小组、硬件工作小组、商用车工作小组、摩托车工作小组以及 3 个分议题组）会议、SC32 分委会会议，深入了解标准内容的技术变更、前沿热点问题、修订动向和各国意见，并在会上代表中国进行了投票工作。

2015 年，在工业和信息化部装备司的指导下，C-WP29 秘书处继续组织、协调行业力量，全面参与 WP29 及其下属各专家工作组的全部会议。为切实履行中国作为《1998 年协定书》缔约方的责任和义务，针对 WP29 会议待审议和投票的文件，C-WP29 秘书处组织行业相关企业和机构开展新制定全球技术法规或现有全球技术法规修正本适用性分析及试验验证工作，同时，充分听取国内政府管理部门及行业协会意见，并在此基础上形成中国的意见，由参加 WP29 会议的中国代表团进行投票。2015 年，共完成了 GTR3（摩托车制动）的修正本 2 草案和 GTR4（全球统一重型车排放规程，WHDC）的修正本 3 草案的国内征求意见和投票工作。与此同时，紧密跟踪并积极参加全球技术法规的制修订工作。截至目前，已参与并完成了 WLTP 全球技术法规 1b 阶段的全球比对、验证工作。对于其他正在制修订的全球技术法规，如安静道路运输车辆、轮胎、行人保护等，C-WP29 秘书处也给予了广泛的关注，认真分析、研究各个法规的技术内容和发展方向，组织行业进行必要的验证试验，积极参与技术讨论，根据我国汽车行业发展现状及技术水平，提出中国的思路和意见。对于较为敏感或可能会对我国汽车行业产生较大影响的问题，在立足于充分征求和协调国内企业意见的基础上，据理力争，维护我国汽车行业的利益。

作为 WP29 电动车安全（EVS）非正式工作组和电动车环保（EVE）非正式工作组的副主席国牵头 EVS 法规中电动商用车、整车防水、电池安全等内容的制定，并全面参与、协调两个工作组的工作。2015 年 3 月，电动汽车非正式工作组电动汽车安全法规 EVS-GTR 小组会和第七次全体大会在法国巴黎 UTAC 会议室举行，中国代表团一行 7 人参加了全部 TF 小组会和全体大会，并作为组长主持了 3 个 TF 小组会。2015 年 5 月，EVS-GTR 第五工作组 TF5（电池单体热扩散）小组会在北京召开，参会各方对于动力电池系统安全试验能否取代单体安全试验进行了意见交换，中国作为 TF5 组长将进一步收集欧洲、日本等地区和国家意见，同时等待美国、加拿大、韩国等国意见，以便向大会汇报。2015 年间，共组织召开了 4 次国内专家电话讨论会，参与了近 10 次国际电话会议。

2015 年，汽车行业与国际标准化组织的合作交流活动也十分精彩，这种双边对话机制的持续进行可使双方互相借鉴标准国际化经验，更好地合作。2015 年 2 月，工信部组织标准所和中电联标委会与德国 GIZ、DIN、VDA 和 DKE 等德国相关标准组织机构就两个电动汽车路线图的进展工作进行技术交流，双方商定在“电动汽车标准化路线图合作”框架内进行中德电动汽车标准化路线图的比较，制定共同的行动建议。2015 年 5 月，配合国家标准委参加“2015 年中德经济合作联委会标准化合作委员会会议”，就电动汽车标准化合作工作进行了专题交流。中德共同成立了充电、通信协议、整车安全和智能电网四个工作组，开展联合研究，取得了一系列的成果。2015 年 6 月，和美国国家标准协会承办了由科技部、美国贸发署主办的“中美电动汽车技术和标准交流会”。中美双方研究机构和专家就电动汽车信息安全、电动公交车安全、电动汽车抢险救援、电动汽车无线充电、动力电池回收利用等技术和标准研究合作达成了共识，为下一阶段加强中国和美国在电动汽车技术和标准领域的沟通，促进两国标准化机构、科研机构和企业之间的交流与合作，协调两国电动汽车标准和技术发展路线奠定了坚实基础。2015 年 10 月，与日本 JASIC 共同组织的第 8 届 CATARC-JASIC 汽车标准法规高层论坛在东京召开，论坛始终围绕中日两国汽车技术法规、标准和产品管理政策的发展趋势、国际汽车技术法规协调热点问题等内容进行交流，对促进双方就一些共同关心问题的理解，起到了积极的作用。

二 2015年重要领域标准制修订情况

（一）严格汽车标准制定程序，加强标准制修订管理

为解决标准制定周期长的问题，在标准制修订流程管理上，汽标

委出台了《汽标委秘书处关于标准立项及报批工作补充细则》，进一步加强汽标委秘书处对标准流程工作的管理，提高工作效率，缩短标准流程时间，加快标准发布进程。

2015 年，汽车行业有 27 项国家标准项目和 33 项汽车行业标准项目获得批复。下达的 27 项国家标准项目中包括 5 项强制性标准项目。全年共报批了 9 项强制性国家标准、27 项推荐性国家标准、1 项强制性标准修改单和 58 项汽车行业标准。2015 年，汽车行业共有 4 项强制性国家标准、37 项推荐性国家标准、46 项汽车行业标准获得国家标准委及工信部的发布。

全年新发布的标准中，GB 18408 –2015《汽车及挂车后牌照板照明装置配光性能》、GB 32086 –2015《特定种类汽车内饰材料垂直燃烧特性技术要求和试验方法》、GB 32087 –2015《轻型汽车牵引装置》三项强制性标准在不同方面对车辆产品安全性进行规定。GB/T 18384. 1 –2015《电动汽车 安全要求 第一部分：车载可充电储能系统（REESS)》等三项系列标准、GB/T 31498 –2015《电动汽车碰撞后安全要求》标准发布对于电动汽车的整车安全性能提出了更高要求，GB/T 18488. 1 –2015《电动汽车用驱动电机系统 第一部分：技术条件》等两项系列标准、GB/T 31467. 1 –2015《电动汽车用锂离子动力蓄电池包和系统 第一部分：高功率应用测试规程》等三项系统标准、GB/T 31485 –2015《电动汽车用动力蓄电池安全要求及试验方法》等几项关于电动汽车用电机、动力电池的标准陆续于 2015 年出台，将对整个电动汽车安全标准体系进行全面完善。除此之外，还有汽车电子、整车、挂车、制动、玻璃、滤清器等领域多项推荐性标准于 2015 年发布，在整车及部分零部件产品性能及试验方法方面予以规范要求。

（二）继续加强重要领域标准的研制

2015 年，汽车行业在重要技术领域标准研究方面取得一定成果，又一批新标准发布或更新，在支持政府管理、加强产品管理、实施产品质量监督等方面发挥应有的作用。

1. 新能源车辆标准领域

在电动汽车整车安全方面，GB/T 18384《电动汽车安全要求》三项系列标准修订完成，并于2015年发布。标准从车载可充电储能系统对整车的安全要求、整车功能安全和人员防触电三个方面进行规范。电动汽车碰撞后安全标准GB/T 31498也于2015年发布，提出在碰撞后要能防止触电以及可充电储能系统防止电解液泄漏、起火和爆炸的要求，是对电动汽车整车碰撞安全性的考核。

作为电动汽车的最关键部件之一，参考了ISO 12405等标准制定的针对电池系统的7项电动汽车动力蓄电池国家标准于2015年发布，GB/T 31486、GB/T 31467. 1和GB/T 31467. 2分别规定了单体和系统的电性能及试验方法，GB/T 31484规定了单体、模块和系统的使用寿命，GB/T 31485和GB/T 31467. 3规定了单体和系统的安全性要求。

GB/T 18487、GB/T 20234和GB/T 27930等充电接口和系统标准的修订工作，经汽车、电力等几个行业携手努力，在充分沟通与了解的基础上，于2015年形成五项标准送审稿，以尽快推动充电的互联互通，为电动汽车进入千万家庭做好铺垫。目前，GB/T 18487、GB/T 20234等共四项充电接口标准已经获批。这些标准的完成全面提升了充电的安全性和兼容性。目前，我国电动汽车直流接口、控制导引电路、通信协议等国家标准与美国、欧洲、日本并列为世界4大直流充电接口标准，显著提升了中国在国际充换电领域的影响力。

热点标准：

电动汽车安全要求系列标准（GB/T 18384）——从车载可充电储能系统对整车的安全要求、整车功能安全和人员防触电三个方面进行规范，建立了电动汽车整车级别的安全防护规范，保证车辆不对驾乘人员和道路使用者产生危害。修订后的标准内容更加完善，部分指标也进一步加严。该系列标准共包括 3 个部分。一是电动汽车可充电储能系统（REESS）的要求，提出了 REESS（主要是动力电池）的绝缘电阻、电气间隙和爬电距离等方面的要求，以保证 REESS 在正常使用和发生故障的情况下不会对人员造成伤害。二是操作安全和故障防护的要求，规定了电动汽车必须通过哪些操作才能通电和行驶、如何操作才能倒车、车辆应具有低电量和低功率的提醒、充电时和驻车时车辆应处于何种状态，防止误操作，也规定了出现故障时应具有的保障措施。三是人员触电防护的要求，提出了电动汽车高电压系统针对可能发生的人员触电危险应具备的防护措施，例如，绝缘、物理遮挡、等电位设计等。

电动汽车传导充电用连接装置系列标准（GB/T 20234 - 2015）——电动汽车充电用接口及通信协议作为实现电动汽车传导充电的基本要素，其技术内容的统一和规范，是保证电动汽车与充电基础设施互联互通的技术基础。此次 5 项标准修订全面提升了充电的安全性和兼容性。在安全性方面，新标准增加了充电接口温度监控、电子锁、绝缘监测和泄放电路等功能，细化了直流充电车端接口安全防护措施，明确禁止不安全的充电模式应用，能够有效避免发生人员触电、设备燃烧等事故，保证充电时对电动汽车以及使用者的安全。在兼容性方面，交直流充电接口型式及结构与原有标准兼容，新标准修改了部分触头和机械锁尺寸，但新旧插头插座能够相互配合，直流充电接口增加的电子锁止装置，不影响新旧产品间的电气连接，用户仅需更新通信协议版本，即可实现新供电设备和电动汽车能够保障基本的充电功能。交流充电占空比和电流限值的映射关系与国际标准兼容，并为今后交流充电的数字通信预留拓展空间。

《电动汽车低速提示音技术条件》标准工作已开展室外及室内车辆低速提示音测试验证试验工作，以完善试验方法。暂停功能、静止发生等技术要点已基本定型，但在声压级限值的制定、试验方法研究等方面还需要做进一步的工作。正在修订中的《电动汽车操纵件、指示器及信号装置的标志》和制定中的行业标准《电动汽车再生制动能量回收系统测试和评价方法》已形成征求意见稿征求行业意见。《电动汽车用动力蓄电池产品规格尺寸》标准起草方案、GB/T19596《电动汽车术语》修订－电池部分已经工作组讨论，形成初稿。QC/T《电动汽车用充放电式电机控制器》、QC/T《电动汽车用增程器》、GB/T18387《电动车辆的电磁场发射强度的限值和测量方法》、GB/T《电动汽车用驱动电机系统电磁兼容性要求和试验方法》等标准的制修订工作正在各工作组的努力下向前推进。动力电池回收利用领域开展的拆卸、包装运输、拆解、余能检测、梯次利用、材料回收等六项推荐性国家标准的制定也在摸索中逐步完善。

“中国新能源汽车产品检测工况研究和开发”（简称CATC）研究任务，中国汽车技术研究中心受工信部委托，牵头组织行业开展相关工作，开发包括乘用车和各类商用车的全国行驶循环工况。经过一段时间的研究和准备，已草拟了CATC开发方法。

2015年，新能源汽车领域全面铺开了《中国电动汽车标准化工作路线图（第二版)》的修订工作，汽标委秘书处召集基础设施和紧急救援等相关行业，从电动汽车国内政策方向、技术发展、市场培育、产品开发及用户消费等不同层面，开展了广泛的调研和论证，并通过与国外同行的交流与讨论，在具体分析和研究国外电动汽车标准路线图的基础上，提出我国电动汽车标准化工作路线图的修订方案，修改内容涉及了电动车辆、界面及通信、基础设施和相关产业的各细分领域，着重体现了当前及未来10年内相关标准项目在不同时期的不同需求程度。路线图的编制得到了主管部门的关心和指导，也受到了国外政府和机构的关注，并专门展开交流与磋商。9月，路线图修订草案提交至电动车辆分标委征求意见，2016年1月进行评审，形成最终版本。

2. 汽车节能标准领域

在全球新一轮燃料消耗量法规不断加严的背景下，为更好地落实《节能与新能源汽车产业发展规划（2012～2020年）》，自2014年乘用车燃料消耗量第四阶段标准出台后，《轻型商用车辆燃料消耗量限值》标准修订完成，新标准GB 20997－2015进一步加严了轻型商用车的燃料消耗量限值要求，标准既充分考虑了我国轻型商用车产品结构、技术水平和市场发展等因素，又参考了国际发展趋势，同时兼顾标准的可操作性和可实施性，经过对轻型商用车产品进行科学、客观的调查和节能技术发展、节能潜力和成本分析，最终制定出符合国家节能降耗要求，有利于汽车产业可持续健康发展的节能目标、燃料消耗量评价体系和指标要求。

《轻型汽车能源消耗量标识第一部分：汽油和柴油汽车》和《轻型汽车能源消耗量标识第二部分：可外接充电式混合动力电动汽车和纯电动汽车》两项强制性国家标准制修订完成，通过技术委员会审查，已经报批。补充完善传统汽柴油车辆燃料消耗量标识标准，完善、增加标识表达信息，并将标识范围扩展至新能源汽车。这既是贯彻落实规划、满足政府加强汽车节能管理、健全我国汽车产品管理和节能标准法规体系的重要内容，也是适应消费者需求，更好地服务消费者、引导消费者购买低油耗节能车辆的必要措施，并且为相关政策法规和中长期规划的制订提供重要依据。

近期，中美两国元首再次发表关于气候变化的联合声明，提出共同推进下一阶段重型商用车燃料消耗量标准制定，其中中国将于2016年制定完成重型商用车辆燃料消耗量第三阶段限值标准并于2019年实施。按照《节能与新能源汽车产业发展规划（2012～2020年）》提出的要求，2020年商用车新车燃料消耗量应接近国际先进水平，这给标准制定和重型商用车行业带来了巨大挑战。目前重型车油耗标准起草组已就节能目标、燃料消耗量基础数据收集、评价体系讨论等开展了技术工作，将于2015年底提出标准草案并于2016年初征求意见。

汽车节能领域，2015年新启动了换挡提醒装置、制动能量回收、怠速起停和高效空调等几项循环外技术标准研究。循环外技术标准研究难度大，涉及工况、测试方法等多方面内容，循环外技术评价方法标准的制定应遵循可量化评价、宁缺毋滥原则，避免将鼓励先进变成普惠政策，影响整体节能目标。

在汽车节能标准不断修订和完善的基础上，工信部将继续推进以节能指标为核心的财税政策制定和改革，从而推动整个汽车工业节能减排工作。

3. 汽车安全标准

安全领域标准在汽车行业强制性标准中所占数量最多，覆盖面最广。

（1）一般安全领域

强制性国家标准GB1589《道路车辆外廓尺寸、轴荷及质量限值》已于2015年8月完成了意见征求。标准起草组初步完成了意见处理，为有利于标准下一步推进，根据工信部的要求，又组织召开了"GB1589征求意见情况通报及技术交流会议"，对意见处理情况进行说明，并进一步对标准中的部分指标进行了修改。标准经过部门间的意见协调统一后已于2016年12月底通过标准化技术委员会的审查。这项工作对我国客货车产品结构改进和技术水平提升、提高公路运输效率、加强道路交通安全管理、减少重大事故发生等具有重要意义。

针对近年来面包车事故多发的情况，按工业和信息化部要求，已开展讨论微型车安全技术升级相关事宜。在达成共识的基础上，相关部委同时要求从标准制修订层面规范引导面包车的安全技术升级。《微型车安全技术要求》标准立项已获国标委批准立项。标准制定经过事故形态调研分析、用户市场形态调研、微车结构安全研究、微车主动安全和一般安全研究等一系列前期工作，经工作小组意见协调，已初步确定标准框架，包括增加 ABS、EDR 等安全配置要求、考核车身强度、要求正面碰撞试验和侧面碰撞试验项目及侧倾稳定性试验等多项内容。

GB/T 12536《汽车滑行试验方法》、GB/T 12548《汽车速度表、里程表检验校正方法》等两项标准的修订工作完成，顺利通过技术委员会审查，标准已经报批。

GB 24545《车辆车速限制系统技术要求》是对 GB/T 24545 标准的修订，将形成标准征求意见稿。标准修订主要针对商用车辆安全、牵引车和挂车的匹配等方面的问题，提高商用车的安全性能。

（2）被动安全领域

《汽车和挂车侧面及后下部防护要求》标准整合了 GB 11567. 1 – 2001 和 GB 11567. 2 – 2001，现已修订完成并通过技术委员会审查，进行报批。《汽车侧面柱碰撞的乘员保护》国家标准则重点对全球技术法规的动向进行了紧密跟踪并确定了我国国家标准内容的框架，标准已完成征求意见稿反馈意见的汇总整理，不久可提交审查。《气囊误作用》标准虽作为强制性标准立项，但经过较长时间的工作和意见反馈，2015 年已完成征求意见稿的修改，标准工作小组全体成员一致同意以推荐性标准试行，近期将提交技术审查。

在儿童乘车安全保护方面，根据产品特点和今后产品管理需要，《机动车用儿童约束系统产品型号编制规则及识别代号》和《机动车用儿童约束系统产品标识》两项基础标准的制定经过工作组的辛苦工作，已形成征求意见稿进行公示。儿童约束系统侧面碰撞保护标准及试验方案也进入实质性预研阶段。

GB9656《汽车安全玻璃》标准已提出修订计划，将 ECE R43 法规新版作为参考，在钢化玻璃碎片、玻璃材料冲击性能等方面对技术要求及试验方法进行修订。对新型汽车玻璃材料（塑料材料）的试验验证工作也在进行，为GB9656修订，增加对该种材料的要求进行准备。

GB18296－2001《汽车燃油箱安全性能要求和试验方法》的修订立项计划已申报。标准将按ECE R34进行转化，一方面提升国标的技术水平，另一方面便于油箱企业开发产品能够减少重复工作。

（3）主动安全领域

《商用车辆缓速制动系统性能试验方法》、《气压制动器 外置式间隙自动调节装置技术要求及台架试验方法》、《汽车电涡流缓速器性能要求及台架试验方法》和《汽车驻车制动用拉索总成性能要求及台架试验方法》等标准经技术委员会审查通过，进入报批程序。

为了完善制动系统强制性标准体系，提高汽车行驶安全，特别是在用车辆的制动安全性能，《道路车辆 制动器换装零部件技术要求和试验方法》国家强制性标准预研工作完成，已提交立项等待批准。作为先进的主动安全装置，并对提高车辆事故主动预防有积极作用的《道路车辆 自动紧急制动系统技术要求和试验方法》国家推荐性标准已立项，并已正式开展标准制定工作。

《乘用车轮胎气压监测系统的性能要求和试验方法》经过起草组艰苦的工作，继续向前推进，有关强制安装的内容还有待进一步的验证和讨论，待协商完善后提交技术委员会审查。该标准有关轮胎气压监测系统（TPMS）功能、性能要求主要基于我国TPMS技术发展、应用状况及验证试验情况确定，同时借鉴了国内外已有的标准和技术法规。该标准为强制性标准，等同于技术法规，尽管部分技术指标略低于GB/T 26149－2010，但主要技术指标均高于美国FMVSS138技术法规和联合国UN R64技术法规，是目前世界上最严格的TPMS技术法规。

汽车安全重要部件灯光及灯具领域强制性标准工作持续进行，GB 5920－2008《汽车及挂车前位灯、后位灯、示廓灯和制动灯配光性能》、GB 23255－2009《机动车昼间行驶灯配光性能》标准修订已征求过行业意见，进入审查环节。GB4785《汽车及挂车外部照明和光信号装置的安装规定》经过起草组多次讨论，也已形成征求意见稿。

（4）客车安全标准

近两年，客车安全标准推进卓有成效。2015 年，GB 32086－2015《特定种类汽车内饰材料垂直燃烧特性技术要求和试验方法》标准发布，主要针对客车产品垂直悬挂的窗帘等内饰材料的燃烧特性提出了要求。GB 13094《客车结构安全要求》、GB《客车灭火装备配置要求》经过两次严格的标准审查和征求相关部委意见，终于形成报批稿进入报批程序。《客车内饰材料燃烧特性》同样是为了加严客车产品的内饰防火要求而提出的新标准项目，经过前期调研和分析工作后，标准进入实质性起草阶段，各种验证工作陆续开展。QC/T《客车应急锤》和 QC/T《城市客车塑料座椅》两项行业标准也已经进入报批程序。

4. 汽车智能网联标准

国务院于 2015 年 5 月发布的《中国制造 2025》明确提出了汽车低碳化、信息化、智能化的发展方向，并将智能网联汽车与节能汽车、新能源汽车并列作为我国汽车产业未来发展的重要战略方向。为贯彻落实《中国制造 2025》，引导和规范智能网联汽车相关技术及产业发展，工业和信息化部按照国务院要求，组织中国汽车工业协会、中国汽车工程学会、全国汽车标准化技术委员会协同开展智能网联汽车产业发展、技术路线图及标准体系研究与建设工作。2015 年，经各方专家、代表进行多次讨论、座谈和行业调研，共同确定了我国智能网联汽车标准体系建设的基本原则和指导方针，提出了《中国智能网联汽车标准体系建设方案》（第一版）。按照智能网联汽车的技术逻辑结构、产品物理结构、智能化等级划分和的系统工程过程的构建思路，综合不同的功能要求、产品和技术类型、各子系统间的信息流和数据流，将智能网联汽车标准体系框架定义为“基础”“通用规范”“产品与技术应用”“相关标准”四个部分。

5. 回收利用及零部件再制造标准

回收利用领域，将参考其他行业的有害物质管控经验，将禁用物质的范围逐步扩展，并将有害物质管控逐步扩展至车内空气 VOC、气味、雾化等项目。后续，《汽车内饰非金属材料气味特性检测要求》《汽车内饰非金属材料雾化检测要求》《车内非金属部件挥发性有机物和醛酮类物质检测方法》等项目已开展了大量的标准前期研究工作，并向主管部门提出了立项申请。

汽车零部件再制造标准在行业专家的支持下，目前已经完成了 8 项国家标准的发布实施，同时发动机、自动变速器、机油泵再制造标准也已经完成报批，缸体、缸盖、发动机水泵再制造标准、标识规范标准通过技术委员会审查。目前机油泵再制造标准正在推进，将形成征求意见稿。曲轴、连杆、凸轮轴三项行业标准进行了前期预研，准备提交立项申请。

6. 汽车电子电器标准

2015 年，GB《道路车辆电磁兼容性要求和试验方法》标准顺利通过审查提交报批。推荐性国家标准《道路车辆　车辆对窄带辐射电磁能的抗扰性试验方法》第 1 部分至第 4 部分以及《道路车辆　电气/电子部件对窄带辐射电磁能的抗扰性试验方法》第 1 部分至第 5 部分已经报批。道路车辆功能安全标准起草工作正在加快进度，10 个系列标准中 1 ~4 部分已上网征求意见，其余部分已在工作小组内部多次修订形成征求意见草案。

7. 专用汽车标准

随着危险品运输车辆和运输量的不断增长，其带来的安全事故也越来越多，国务院及其各主管部门高度重视。这两年，危险品运输车的相关标准工作快速推进。2015 年，强制性国家标准《运油车辆加油车辆技术要求》通过标准审查，将报批。作为危险品车用关键零部件，汽车行业标准《道路运输汽车罐式车辆　油气回收组件》《道路运输轻质燃油罐式车辆　防溢流系统》《运油车辆、加油车辆　卸油阀》《道路运输易燃液体危险货物罐式车辆　呼吸阀》《道路运输易燃液体危险货物罐式车辆　人孔盖》也于2015年顺利通过标准的审查。

8. 挂车标准

按照标准制修订程序要求，国家标准《道路车辆　牵引车与挂车之间的电气和气动连接位置要求》标准已通过标委会审查进入报批程序。按照国家标准委关于GB 1589《道路车辆外廓尺寸、轴荷及质量限值》与GB/T 26774《车辆运输运输车通用技术条件》、GB/T 6420《挂车系列型谱》三项标准同步修订的工作部署，中置轴挂车列车试验验证、双挂列车试验验证工作已开展并提出意见；同时围绕着GB/T 26774、GB/T 6420两个标准修订需要，组织多次研讨会和工作组专题会议以推动标准进程。

除标准制修订以外，交通运输部拟加强节能环保、综合运输、城市客运、运输装备等领域的标准制修订工作，挂车领域开展了多项标准研究项目，如：通过道路甩挂运输标准体系的研究、汽车列车驾驶工况循环研究等，更多的标准项目需要与工信部协调统一制定。

9. 燃气汽车标准

《燃气汽车泄漏报警装置技术要求》推荐性国家标准进入实质性起草阶段，标准经多次起草组讨论，已具有成熟的框架。目前针对几个比较集中的，如传感器寿命指标的确定、硅中毒试验方法及浓度的确定等几个关键问题在进行进一步的工作，标准有望在2015年底、2016年初提交征求意见。下一步，将针对燃气泄漏报警的整车安装要求以及GB 19239标准修订中增加报警器的内容方面，择机开展标准的立项和预研工作。

10. 基础标准

GB 16735《道路车辆　车辆识别代号（VIN）》和 GB 16736《道路车辆　世界制造厂识别代号》两项标准修订工作进展顺利，已于 2015 年进行审查并报批。随着 GB 30509－2014《车辆及部件识别标记》等标准的发布实施，车辆中以标签作为信息载体，进行随车标识的地方越来越多，关于标牌、标签的相关要求需要重新修改，因此，GB/T 25978《道路车辆　标牌和标签》、GB/T 18410《车辆识别代号条码标签》、GB/T 18411《道路车辆 产品标牌》标准修订工作启动，并已立项，相关工作顺利推进。

11. 噪声标准

GB 1495《汽车加速行驶车外噪声限值及测量方法》标准征求意见稿草案已完成并提交环保部，之后根据环保部意见进行了两轮修改，标准计划与定置噪声标准分开征求意见。随着 GB 1495 工作的收尾，下一阶段的工作重心会逐步过渡到定置噪声的讨论以及室内通过噪声测量方法的修订上。未来三年，应在完成 GB 1495、GB 16170 标准基础上，进一步扩大标准研究范围，逐步建立健全工况噪声体系，以全面控制车辆在实际道路行驶中的噪声污染，提高市区声环境，提高市区居住舒适性。

12. 其他标准

滤清器领域《汽车用空气滤清器试验方法》、《汽车用柴油滤清器试验方法》和《汽车柴油机纸质滤芯柴油细滤器总成技术条件》三项行业标准以及《柴油机　燃油滤清器油/水分离效率的评定方法》《汽车发动机和压缩机进气空气滤清装置　第 1 部分：细颗粒分级效率测试》《汽车发动机和压缩机进气空气滤清装置　第 2 部分：粗颗粒分级效率测试》《汽车发动机柴油滤清器和汽油滤清器　滤清效率和纳污容量的测定方法　颗粒计数法》《燃油滤清器　单次通过原始滤清效率试验方法》五项推荐性国家标准顺利通过技术委员会审查，即将报批。这批标准是ISO标准采标典范并及时完善补充了滤清器标准领域标准体系。

三　汽车行业标准发展趋势

汽车行业将积极落实《国务院关于深化标准化工作改革方案》的工作建议，充分发挥汽车标委会的交流沟通协调机制为“高效权威的标准化统筹协调机制”提供技术支撑。以安全、环保、节能为主线，整合精简强制性国家标准。优化完善推荐性标准，在低碳化、信息化、智能化等领域加强标准研究力度，引领、支撑技术和产业发展。充分利用国际交流平台，积极参与国际协调，提高我国汽车标准国际化水平。并且要积极为汽车国际产能合作和标准“走出去”提供技术支持。

在新能源汽车标准领域，根据《节能与新能源汽车产业发展规划（2012～2020年）》和《中国制造2025》，将继续加强新能源汽车安全标准的研究与制定，根据应用示范和规模化发展需要，加快研究制定新能源汽车以及充电、加注技术和设施的相关标准。重视电动汽车无线充电、远程监控、安全、智能控制及燃料电池汽车加氢协议、电堆可靠性、电堆氢泄漏测量方法等重要标准的研究与制定。

在汽车节能标准领域，以《节能与新能源汽车产业发展规划（2012～2020年）》和《中国制造2025》为指导，完善节能标准和管理体系，满足政府主管部门管理需求，促进我国汽车节能技术发展和汽车行业的节能减排。加强基于新工况的试验方法标准完善；标准实施保障方案研究；循环外技术研究和标准实施效果评估。

在汽车安全标准领域，将全面升级和完善汽车安全强制性法规，促进车辆先进安全技术的应用和发展，尽快淘汰高安全风险车型。加快提升和改进微型面包车的安全性能；进一步提高客车和公共汽车的车身结构强度、内饰材料阻燃性能等客车安全技术标准；进行基于货车乘员保护技术与货物安全技术以及对其他道路车辆防护技术为基础的大型货车安全运行要求；加强先进的汽车侧面和后面碰撞安全评价技术研究，完善车辆后部防撞结构安全要求；加快先进主动安全技术的应用和发展以及标准体系的建立。

在汽车电子标准及智能控制、智能网联标准领域，智能网联标准体系建立与完善和车辆控制系统功能安全标准体系、测试评价方法将是接下来的工作重点。以先进驾驶辅助系统（ADAS）和制动、转向先进控制技术等汽车主动安全相关为重点，开展先进驾驶辅助及自动驾驶领域的标准研究。依据危害分析和风险评估方法建立我国道路车辆电控系统的功能安全流程开发、安全管理、技术开发、测试评价的标准体系和规范。

在汽车关键零部件标准领域，重点关注技术含量高、对汽车整车技术性能的影响很大的关键零部件产品和核心技术。如先进变速器试验评价技术研究、自动离合器性能评价技术研究、转向系统性能评价技术研究、电控助力转向系统性能评价技术研究等。

在汽车绿色制造与循环经济标准领域，重点研究汽车有害物质限值、检测方法、替代技术分析、挥发性有机物、气味、雾化、可再利用率、可回收利用率等新产品设计制造阶段，产品的绿色特性要求，建立检测评价方法体系，研究提出限值的要求。重点研究汽车报废以后，关键零部件如发动机、安全气囊、新能源汽车动力电池等部件的拆解、再利用、再制造以及材料回收等标准化，减少汽车报废以后对环境的危害性。

在管理类基础类标准方面，随着车辆技术的提升、产品的变化、道路环境的改善和社会需求的增加，为适应新的变化所涉及轴荷、尺寸限值、车辆分类、代码、车辆识别代号（VIN）等管理基础类标准的修订工作不容忽视。

四 2015年批准发布的汽车行业国家标准及行业标准列表

表1 2015年批准发布的汽车国家标准及行业标准

序号	标准号	标准名称	代替标准号	批准日期	实施日期
1	GB 18408 -2015	汽车及挂车后牌照板照明装置配光性能	GB 18408 -2001	2015 -10 -09	2016 -07 -01
2	GB 32086 -2015	特定种类汽车内饰材料垂直燃烧特性技术要求和试验方法		2015 -10 -09	2016 -07 -01
3	GB 32087 -2015	轻型汽车牵引装置		2015 -10 -09	2016 -07 -01
4	GB/T 18333.2 -2015	电动汽车用锌空气电池	GB/Z 18333.2 -2001	2015 -02 -04	2015 -09 -01
5	GB/T 18488.1 -2015	电动汽车用驱动电机系统 第1部分:技术条件	GB/T 18488.1 -2006	2015 -02 -04	2015 -09 -01
6	GB/T 18488.2 -2015	电动汽车用驱动电机系统 第2部分:试验方法	GB/T 18488.2 -2006	2015 -02 -04	2015 -09 -01
7	GB/T 19754 -2015	重型混合动力电动汽车能量消耗量试验方法	GB/T 19754 -2005	2015 -05 -15	2015 -10 -01
8	GB/T 18384.1 -2015	电动汽车 安全要求 第1部分:车载可充电储能系统(REESS)	GB/T 18384.1 -2001	2015 -05 -15	2015 -10 -01

续表

序号	标准号	标准名称	代替标准号	批准日期	实施日期
9	GB/T 18384.2-2015	电动汽车 安全要求 第2部分:操作安全和故障防护	GB/T 18384.2-2001	2015-05-15	2015-10-01
10	GB/T 18384.3-2015	电动汽车 安全要求 第3部分:人员触电防护	GB/T 18384.3-2001	2015-05-15	2015-10-01
11	GB/T 31498-2015	电动汽车碰撞后安全要求		2015-05-15	2015-10-01
12	GB/T 31465.1-2015	道路车辆 熔断器 第1部分:定义和通用试验要求		2015-05-15	2015-12-01
13	GB/T 31465.2-2015	道路车辆 熔断器 第2部分:用户指南		2015-05-15	2015-12-01
14	GB/T 31465.3-2015	道路车辆 熔断器 第3部分:片式熔断器		2015-05-15	2015-12-01
15	GB/T 31465.4-2015	道路车辆 熔断器 第4部分:插座式和螺栓式熔断器		2015-05-15	2015-12-01
16	GB/T 31465.5-2015	道路车辆 熔断器 第5部分:板型熔断器		2015-05-15	2015-12-01
17	GB/T 31466-2015	电动汽车高压系统电压等级		2015-05-15	2015-12-01
18	GB/T 31467.1-2015	电动汽车用锂离子动力蓄电池包和系统 第1部分:高功率应用测试规程		2015-05-15	2015-05-15

续表

序号	标准号	标准名称	代替标准号	批准日期	实施日期
19	GB/T 31467.2－2015	电动汽车用锂离子动力蓄电池包和系统 第2部分:高能量应用测试规程		2015－05－15	2015－05－15
20	GB/T 31467.3－2015	电动汽车用锂离子动力蓄电池包和系统 第3部分:安全性要求与测试方法		2015－05－15	2015－05－15
21	GB/T 31484－2015	电动汽车用动力蓄电池循环寿命要求及试验方法		2015－05－15	2015－05－15
22	GB/T 31485－2015	电动汽车用动力蓄电池安全要求及试验方法		2015－05－15	2015－05－15
23	GB/T 31486－2015	电动汽车用动力蓄电池电性能要求及试验方法		2015－05－15	2015－05－15
24	GB/T 31848－2015	汽车贴膜玻璃 贴膜要求		2015－07－03	2016－06－01
25	GB/T 31849－2015	汽车贴膜玻璃		2015－07－03	2016－06－01
26	GB/T 5921－2015	汽车和挂车 气压制动系 部件上接口的识别标记	GB/T 5921－1986	2015－09－11	2016－01－01
27	GB/T 13873－2015	道路车辆 货运挂车试验方法	GB/T 13873－2009	2015－09－11	2015－12－01
28	GB/T 19515－2015	道路车辆 可再利用率和可回收利用率 计算方法	GB/T 19515－2004	2015－09－11	2015－12－01

续表

序号	标准号	标准名称	代替标准号	批准日期	实施日期
29	GB/T 31879 - 2015	道路车辆 牵引座通用技术条件		2015 - 09 - 11	2015 - 12 - 01
30	GB/T 31881 - 2015	汽车非金属部件及材料紫外加速老化试验方法		2015 - 09 - 11	2015 - 12 - 01
31	GB/T 31883 - 2015	道路车辆 牵引连接件、牵引杆孔、牵引座牵引销、连接钩及环形孔 机械连接件使用磨损极限		2015 - 09 - 11	2015 - 12 - 01
32	GB/T 31970 - 2015	汽车用气压制动卡钳总成性能要求及台架试验方法		2015 - 09 - 11	2016 - 01 - 01
33	GB/T 31973 - 2015	汽车非金属材料及部件自然暴露试验方法		2015 - 09 - 11	2016 - 01 - 01
34	GB/T 32085. 1 - 2015	汽车 空调滤清器 第 1 部分:粉尘过滤测试		2015 - 10 - 09	2016 - 03 - 01
35	GB/T 32085. 2 - 2015	汽车 空调滤清器 第 2 部分:气体过滤测试		2015 - 10 - 09	2016 - 03 - 01
36	GB/T 32088 - 2015	汽车非金属部件及材料氙灯加速老化试验方法		2015 - 10 - 09	2016 - 04 - 01
37	GB/T 18487. 1 - 2015	电动汽车传导充电系统 第 1 部分:通用要求	GB/T 18487. 1 - 2001	2015 - 12 - 28	2016 - 01 - 01

续表

序号	标准号	标准名称	代替标准号	批准日期	实施日期
38	GB/T 20234. 1 - 2015	电动汽车传导充电用连接装置 第1部分:通用要求	GB/T 20234. 1 - 2011	2015 - 12 - 28	2016 - 01 - 01
39	GB/T 20234. 2 - 2015	电动汽车传导充电用连接装置 第2部分:交流充电接口	GB/T 20234. 2 - 2011	2015 - 12 - 28	2016 - 01 - 01
40	GB/T 20234. 3 - 2015	电动汽车传导充电用连接装置 第3部分:直流充电接口	GB/T 20234. 3 - 2011	2015 - 12 - 28	2016 - 01 - 01
41	GB 20997 - 2015	轻型商用车辆燃料消耗量限值	GB 20997 - 2007	2015 - 12 - 31	2018 - 01 - 01
42	QC/T 991 - 2015	乘用车 轻合金车轮 90°冲击试验方法		2015 - 04 - 30	2015 - 10 - 01
43	QC/T 717 - 2015	汽车车轮跳动要求和检测方法	QC/T 717 - 2004	2015 - 04 - 30	2015 - 10 - 01
44	QC/T 52 - 2015	垃圾车	QC/T 52 - 2000	2015 - 04 - 30	2015 - 10 - 01
45	QC/T 652 - 2015	吸污车	QC/T 652 - 2000	2015 - 04 - 30	2015 - 10 - 01
46	QC/T 992 - 2015	市政工程救险车		2015 - 04 - 30	2015 - 10 - 01
47	QC/T 993 - 2015	爆炸物品运输车		2015 - 04 - 30	2015 - 10 - 01
48	QC/T 994 - 2015	背罐车		2015 - 04 - 30	2015 - 10 - 01
49	QC/T 995 - 2015	液压驱动模块运输车		2015 - 04 - 30	2015 - 10 - 01
50	QC/T 764 - 2015	道路车辆 液压制动系统 单喇叭口金属管、螺纹孔、螺纹接头及软管端部接头	QC/T 764 - 2006	2015 - 04 - 30	2015 - 10 - 01

续表

序号	标准号	标准名称	代替标准号	批准日期	实施日期
51	QC/T 239 - 2015	商用车辆行车制动器技术要求及台架试验方法	QC/T 239 - 1997 QC/T 479 - 1999	2015 - 04 - 30	2015 - 10 - 01
52	QC/T 996 - 2015	汽车空气干燥器技术要求及台架试验方法		2015 - 04 - 30	2015 - 10 - 01
53	QC/T 997 - 2015	客车全承载整体框架式车身结构要求		2015 - 04 - 30	2015 - 10 - 01
54	QC/T 998 - 2015	汽车空调滤清器技术条件		2015 - 04 - 30	2015 - 10 - 01
55	QC/T 999 - 2015	汽车用分流式机油滤清器总成技术条件		2015 - 04 - 30	2015 - 10 - 01
56	QC/T 1000.1 - 2015	汽车滤清器用非织布性能要求和测试方法 第1部分:乘驾室空气滤清器用		2015 - 04 - 30	2015 - 10 - 01
57	QC/T 1000.2 - 2015	汽车滤清器用非织布性能要求和测试方法 第2部分:空气滤清器用		2015 - 04 - 30	2015 - 10 - 01
58	QC/T 1001 - 2015	汽车用机油滤清器过滤性能的评定　颗粒计数法		2015 - 04 - 30	2015 - 10 - 01
59	QC/T 1002 - 2015	摩托车和轻便摩托车台架耐久性试验方法		2015 - 07 - 14	2016 - 01 - 01

续表

序号	标准号	标准名称	代替标准号	批准日期	实施日期
60	QC/T 1003－2015	摩托车金属载体催化转化器贵金属含量的测定方法		2015－07－14	2016－01－01
61	QC/T 1004－2015	汽车电动真空泵性能要求及台架试验方法		2015－07－14	2016－01－01
62	QC/T 200－2015	汽车和挂车气压制动装置用储气筒性能要求及试验方法	QC/T 200－1995	2015－07－14	2016－01－01
63	QC/T 35－2015	汽车和挂车　气压控制装置技术要求及台架试验方法	QC/T 35－1992、QC/T 36－1992	2015－07－14	2016－01－01
64	QC/T 37－2015	汽车与挂车　气压调节保护装置技术要求及台架试验方法	QC/T 37－1992、QC/T 38－1992	2015－07－14	2016－01－01
65	QC/T 77－2015	汽车液压制动轮缸技术要求及台架试验方法	QC/T 77－1993	2015－07－14	2016－01－01
66	QC/T 1005－2015	汽车防抱制动系统液压电磁调节器技术要求及台架试验方法		2015－07－14	2016－01－01
67	QC/T 1006－2015	汽车防抱制动系统气压电磁调节器技术要求及台架试验方法		2015－07－14	2016－01－01

续表

序号	标准号	标准名称	代替标准号	批准日期	实施日期
68	QC/T 1007－2015	汽车用燃油滤清器过滤性能的评定　颗粒计数法		2015－07－14	2016－01－01
69	QC/T 1008－2015	油箱通风用过滤器技术条件		2015－07－14	2016－01－01
70	QC/T 1009－2015	乘用车自动变速器用过滤器技术条件		2015－07－14	2016－01－01
71	QC/T 1010－2015	离合器液压气助力系统助力器技术要求和台架试验方法		2015－07－14	2016－01－01
72	QC/T 1011－2015	离合器液压气助力系统总泵技术要求和台架试验方法		2015－07－14	2016－01－01
73	QC/T 1012－2015	汽车液压助力转向系统清洁度技术要求及测定方法		2015－07－14	2016－01－01
74	QC/T 1013－2015	转向器输入轴用旋转轴唇形密封圈技术要求和试验方法		2015－07－14	2016－01－01
75	QC/T 1014－2015	汽车、摩托车起动电机用换向器		2015－10－10	2016－03－01
76	QC/T 1015－2015	汽车空调控制器		2015－10－10	2016－03－01
77	QC/T 501－2015	汽车信号闪光器	QC/T 501－1999	2015－10－10	2016－03－01

续表

序号	标准号	标准名称	代替标准号	批准日期	实施日期
78	QC/T 1016－2015	乘用车门内饰板总成		2015－10－10	2016－03－01
79	QC/T 1017－2015	汽车用前照灯清洗喷嘴总成		2015－10－10	2016－03－01
80	QC/T 1018－2015	汽车用踏步板		2015－10－10	2016－03－01
81	QC/T 1019－2015	汽车变速换挡操纵装置性能要求及台架试验方法		2015－10－10	2016－03－01
82	QC/T 1020－2015	汽车等速万向节及其总成试验方法		2015－10－10	2016－03－01
83	QC/T 1021－2015	汽车独立悬架球头销总成性能要求及台架试验方法		2015－10－10	2016－03－01
84	QC/T 648－2015	汽车转向拉杆总成性能要求及台架试验方法	QC/T 304－1999、QC/T 648－2000、QC/T 650－2000	2015－10－10	2016－03－01
85	QC/T 1022－2015	纯电动乘用车用减速器总成技术条件		2015－10－10	2016－03－01
86	QC/T 1023－2015	电动汽车用动力蓄电池系统通用要求		2015－10－10	2016－03－01
87	QC/T 1024－2015	汽车用单组分聚氨酯密封胶		2015－10－10	2016－03－01

五　2015年下达的国家标准计划项目列表

表3　2015年下达的汽车国家标准计划项目

序号	项目编号	项目名称	性质	代替标准号	采标号
1	20150598-Q-339	轻型商用车辆燃料消耗量限值（已完成）	强制	GB 20997-2007	
2	20154191-Q-339	汽车安全玻璃	强制	GB 9656-2003	
3	20154190-Q-339	汽车车轮安全性能要求及试验方法	强制		
4	20154192-Q-339	汽车和挂车　制动器用零部件技术要求及试验方法	强制		ECE R90
5	20154193-Q-339	汽车燃油箱安全性能要求和试验方法	强制	GB 18296-2001	ECE R34-02
6	20151489-T-339	道路车辆 自动紧急制动系统（AEBS）技术要求及试验方法	推荐		无
7	20150675-T-339	电动汽车无线充电系统 通用要求	推荐		无
8	20150676-T-339	电动汽车充电连接装置检验试验规范 车辆侧	推荐		无
9	20150672-T-339	电动汽车能量消耗率和续驶里程试验方法	推荐	GB/T 18386-2005	无
10	20150680-T-339	电动汽车能量消耗率限值	推荐		无
11	20150673-T-339	电动汽车驱动电机系统电磁兼容性要求和试验方法	推荐		无
12	20150674-T-339	电动汽车仪表	推荐		无

续表

序号	项目编号	项目名称	性质	代替标准号	采标号
13	20150679 - T - 339	插电式混合动力商用车技术条件	推荐		无
14	20150678 - T - 339	车用动力电池回收利用 包装运输规范	推荐		无
15	20150677 - T - 339	车用动力电池回收利用 材料回收要求	推荐		无
16	20150670 - T - 339	车用动力电池回收利用 拆卸要求	推荐		无
17	20150671 - T - 339	车用动力电池回收利用 梯次利用要求	推荐		无
18	20153973 - T - 339	车辆行驶跑偏试验方法	推荐		无
19	20153358 - T - 339	车内非金属部件挥发性有机物和醛酮类物质检测方法	推荐		无
20	20153970 - T - 339	道路车辆 标牌和标签性能要求及试验方法	推荐	GB/T 25978 - 2010	无
21	20153971 - T - 339	道路车辆 产品标牌	推荐	GB/T 18411 - 2001	无
22	20153969 - T - 339	电动摩托车和电动轻便摩托车用仪表	推荐		无
23	20153974 - T - 339	电动汽车与插电式混合动力汽车能耗折算方法	推荐		无
24	20153972 - T - 339	旅居挂车技术要求	推荐		无
25	20153651 - T - 339	汽车安全玻璃试验方法 第1部分:力学性能试验	推荐	GB/T 5137.1 - 2002	无
26	20153652 - T - 339	汽车玻璃使用识别代号	推荐		无
27	20153968 - T - 339	液化天然气汽车技术条件	推荐		无

皮书起源

“皮书”起源于十七、十八世纪的英国，主要指官方或社会组织正式发表的重要文件或报告，多以“白皮书”命名。在中国，“皮书”这一概念被社会广泛接受，并被成功运作、发展成为一种全新的出版形态，则源于中国社会科学院社会科学文献出版社。

皮书定义

皮书是对中国与世界发展状况和热点问题进行年度监测，以专业的角度、专家的视野和实证研究方法，针对某一领域或区域现状与发展态势展开分析和预测，具备原创性、实证性、专业性、连续性、前沿性、时效性等特点的公开出版物，由一系列权威研究报告组成。

皮书作者

皮书系列的作者以中国社会科学院、著名高校、地方社会科学院的研究人员为主，多为国内一流研究机构的权威专家学者，他们的看法和观点代表了学界对中国与世界的现实和未来最高水平的解读与分析。

皮书荣誉

皮书系列已成为社会科学文献出版社的著名图书品牌和中国社会科学院的知名学术品牌。2011 年，皮书系列正式列入“十二五”国家重点出版规划项目；2012~2015 年，重点皮书列入中国社会科学院承担的国家哲学社会科学创新工程项目；2016 年，46 种院外皮书使用“中国社会科学院创新工程学术出版项目”标识。

法律声明